EGBERTO L. TELES

CONTABILIDADE FINANCEIRA

para cursos de graduação e pós-graduação de acordo com pronunciamentos, interpretações e orientações técnicas do CPC.

INCLUI QUESTÕES DOS EXAMES DE SUFICIÊNCIA DO CFC | VOLUME 01

EGBERTO L. TELES

CONTABILIDADE FINANCEIRA

para cursos de graduação e pós-graduação de acordo com pronunciamentos, interpretações e orientações técnicas do CPC.

INCLUI QUESTÕES DOS EXAMES DE SUFICIÊNCIA DO CFC | **VOLUME 01**

EDITORA CIÊNCIA MODERNA

Contabilidade Financeira (para cursos de graduação e pós-graduação de acordo com pronunciamentos, interpretações e orientações técnicas do CPC) Inclui questões dos exames de suficiência do CFC – Volume 01

Editor: Paulo André P. Marques
Produção Editorial: Dilene Sandes Pessanha
Capa: Daniel Jara
Diagramação: Daniel Jara
Copidesque: Equipe Ciência Moderna

FICHA CATALOGRAFICA

TELES, Egberto Lucena.

Contabilidade Financeira (para cursos de graduação e pós-graduação de acordo com pronunciamentos, interpretações e orientações técnicas do CPC) Inclui questões dos exames de suficiência do CFC – Volume 01

Rio de Janeiro: Editora Ciência Moderna Ltda., 2021.

1. Contabilidade
I — Título

ISBN: 978-65-5842-015-6 CDD 657

Editora Ciência Moderna Ltda.
R. Alice Figueiredo, 46 – Riachuelo
Rio de Janeiro, RJ – Brasil CEP: 20.950-150
Tel: (21) 2201-6662/ Fax: (21) 2201-6896
E-MAIL: LCM@LCM.COM.BR
WWW.LCM.COM.BR

02/21

Dedicatória

A Deus pelas dádivas que me foram contempladas. A minha mãe Margarida, pelos ensinamentos repassados e por ter acreditado em mim incondicionalmente desde a minha infância. Aos meus filhos, Henrique, Amanda, Felipe, Giovana, Matheus e Isabelly, que são a razão da minha busca por melhoramentos pessoais e da força necessária para transpor as pedras do caminho. Aos professores que marcaram minha vida.

Agradecimentos

Aos Professores Cleiton Martins Duarte da Silva e Pedro Xavier da Penha, amigos que lecionam comigo no IFMG e sempre me apoiaram e incentivaram, inclusive nessa obra.

Sumário

Capítulo 1

Capítulo 2

Capítulo 3

Capítulo 4

Capítulo 5

Capítulo 6

Capítulo 1

Introdução: A Linguagem Universal dos Negócios

Na visão de Kam (1990, p. 02), a força primária para o desenvolvimento da contabilidade é a formação e o desenvolvimento de entidades empresariais em um complexo ambiente de mercado. Podemos indicar como impulsionadores ao crescimento das organizações empresariais: a) o espírito capitalista; b) certos eventos político-econômicos; e c) inovações tecnológicas. Estas três razões para o crescimento de organizações empresariais, podem ser denominadas de forças sociais, as quais resultam por consequência na ampliação da utilização e importância da contabilidade no ambiente de negócios.

A contabilidade, por ser uma ciência social, é influenciada pelo ambiente político, social, econômico e legal onde atua. Dessa forma, os princípios e as práticas que norteiam a contabilidade em cada país são normalmente diferentes.

Como linguagem universal dos negócios, a contabilidade é o principal meio de comunicação entre as entidades empresariais e os diversos agentes que têm interesse em informações econômico-financeiras sobre o desempenho empresarial.

Na realidade, a existência de diversos padrões contábeis no mundo tem sido um entrave para: a) a comparabilidade do desempenho empresarial de empresas diversas de países diferentes, b) a diminuição dos custos de financiamento empresarial externo, e c) a minimização da complexidade e dos custos envolvidos na conversão das demonstrações contábeis em padrões de outro país.

Assim sendo, a adoção de uma linguagem contábil global, ou seja, um único conjunto de normas contábeis para toda a comunidade internacional (harmonização) gera diversos benefícios, de forma inegável. Um dos principais benefícios é a possibilidade de comparação das informações contábil-financeiras produzidas por entidades empresarias de países distintos.

A decisão da Comunidade Europeia em adotar o IFRS (*International Financial Reporting Standards* – Normas Internacionais de Relatório Financeiro) e IAS (*International Accounting Standard* – Normas Internacionais de Contabilidade), desde 2005, como padrão obrigatório para as companhias abertas, certamente materializou-se em impulso substancial para a consolidação dessa tendência mundial.

O IASB (*International Accounting Standards Board* – Conselho de Normas Contábeis Internacionais), organização internacional sem fins lucrativos, responsável pela edição e atualização das normas internacionais de contabilidade, denominadas IFRS e IAS, tem agido de forma relevante para a disseminação dessas normas, conscientizando principalmente reguladores, no sentido do entendimento dos benefícios da adoção do padrão internacional. Nesse aspecto, podemos citar como principais objetivos do IASB: a) desenvolver um conjunto de normas contábeis internacionais de alta qualidade, compreensíveis para demonstrações contábeis de uso geral e que auxiliem os participantes do mercado de capitais e outros usuários em suas tomadas de decisões econômicas; b) promover a utilização e a aplicação dessas normas contábeis com o rigor técnico necessário; c) promover a convergência entre normas contábeis locais e as normas internacionais de contabilidade.

No Brasil, a promulgação da Lei nº 11.638/2007, do ponto de vista legal, tornou realidade a convergência das normas contábeis adotadas no Brasil às normas internacionais através da revisão do capítulo contábil da Lei das Sociedades por Ações (Lei nº 6.404/76[1]).

A Lei nº 11.638/2007, entre seus dispositivos mais importantes, permitiu a convergência das normas contábeis adotadas no Brasil às normas internacionais, alterou a estrutura das demonstrações contábeis, estabeleceu que as normas contábeis a serem editadas pela CVM (Comissão de Valores Mobiliários) devem seguir as normas contábeis internacionais, assinalou a segregação entre escrituração mercantil e fiscal (neutralidade fiscal), provocou a adoção dos novos padrões contábeis ao nível da contabilidade individual e não apenas nas demonstrações consolidadas como acontece em outras nações, criou o conceito de empresas de grande porte com obrigações equivalentes às sociedades anônimas e deu a opção às companhias de capital fechado de adotarem as normas da CVM.

Nesse contexto, foi criado o CPC (Comitê de Pronunciamentos Contábeis), através da Resolução nº 1.055/2005 do CFC (Conselho Federal de Contabilidade), com o objetivo de buscar a unificação e assim viabilizar a convergência das normas contábeis brasileiras aos padrões internacionais, centralizando a emissão dessas normas (pronunciamentos técnicos, orientações e interpretações). Em termos gerais, o CPC edita os pronunciamentos que depois são aprovados por resoluções do CFC – Conselho Federal de Contabilidade e deliberações da CVM – Comissão de Valores Mobiliários.

O Comitê de Pronunciamentos Contábeis no Brasil foi idealizado a partir da união de esforços e comunhão de objetivos das seguintes entidades representativas do mercado:

- ABRASCA (Associação Brasileira das Companhias Abertas);
- APIMEC (Associação dos Analistas e Profissionais de Investimento do Mercado de Capitais);
- BM&F Bovespa (Bolsa de Valores, Mercadorias e Futuros de São Paulo);
- CFC (Conselho Federal de Contabilidade);
- FIPECAFI (Fundação Instituto de Pesquisas Contábeis, Atuariais e Financeiras da FEA/USP);
- IBRACON (Instituto dos Auditores Independentes do Brasil).

Os pronunciamentos contábeis emitidos pelo CPC são, em sua maioria, traduções adaptadas das respectivas normas emitidas pelo IASB. Assim sendo, as entidades empresariais passaram a adotar os padrões da contabilidade internacional através da adoção e aplicação dos CPCs. Dessa forma, com a adoção inicial das normas internacionais em 2010, através dos pronunciamentos do CPC, a contabilidade brasileira segue o caminho da globalização e passa a utilizar um padrão de contabilidade também utilizado por grande parte dos países desenvolvidos, a contabilidade brasileira se consubstancia na atualidade em CONTABILIDADE INTERNACIONAL.

O quadro a seguir evidencia as normas brasileiras de contabilidade atuais editadas pelo CFC – Conselho Federal de Contabilidade e as correlações entre a norma do IASB, do CPC e CFC.

[1] Sempre que aparecer citações à Lei nº 6.404/76 nesta obra, estará subentendido que refere-se à lei societária atualizada pelas Leis nº 11.638/2007 e nº 11.941/2009.

Nome da Norma	CFC	Correlação CPC	Correlação IASB
Estrutura Conceitual para a Elaboração e Divulgação de Relatório Contábil-Financeiro	NBC TG ESTRUTURA CONCEITUAL	CPC 00R1	Framework
Redução ao Valor Recuperável de Ativos	NBC TG 01 (R4)	CPC 01R1	IAS 36
Efeitos das Mudanças nas Taxas de Câmbio e Conversão de Demonstrações Contábeis	NBC TG 02 (R3)	CPC 02R2	IAS 21
Demonstração dos Fluxos de Caixa	NBC TG 03 (R3)	CPC 03R2	IAS 7
Ativo Intangível	NBC TG 04 (R4)	CPC 04R1	IAS 38
Divulgação sobre Partes Relacionadas	NBC TG 05 (R3)	CPC 05R1	IAS 24
Operações de Arrendamento Mercantil (revogada a partir de 31/12/2018)	NBC TG 06 (R2)	CPC 06R1	IAS 17
Operações de Arrendamento Mercantil (vigora a partir de 1º/01/2019)	NBC TG 06 (R3)	CPC 06R2	IFRS 16
Subvenção e Assistência Governamentais	NBC TG 07 (R2)	CPC 07R1	IAS 20
Custos de Transação e Prêmios na Emissão de Títulos e Valores Mobiliários	NBC TG 08	CPC 08R1	IAS 39(part)
Demonstração do Valor Adicionado (DVA)	NBC TG 09	CPC 09	Não há
Pagamento Baseado em Ações	NBC TG 10 (R3)	CPC 10R1	IFRS 2
Contratos de Seguro	NBC TG 11 (R2)	CPC 11	IFRS 4
Ajuste a Valor Presente	NBC TG 12	CPC 12	Não há
Adoção Inicial da Lei nº. 11.638/07 e da Medida Provisória nº 449/08	NBC TG 13	CPC 13	Não há
Combinação de Negócios	NBC TG 15 (R4)	CPC 15 R1	IFRS 3
Estoques	NBC TG 16 (R2)	CPC 16R1	IAS 2
Investimento em Coligada, em Controlada e em Empreendimento Controlado em Conjunto	NBC TG 18 (R3)	CPC 18R2	IAS 28
Negócios em Conjunto	NBC TG 19 (R2)	CPC 19R2	IAS 31
Custos de Empréstimos	NBC TG 20 (R2)	CPC 20	IAS 23
Demonstração Intermediária	NBC TG 21 (R4)	CPC 21	IAS 34
Informações por Segmento	NBC TG 22 (R2)	CPC 22	IFRS 8
Políticas Contábeis, Mudança de Estimativa e Retificação de Erro	NBC TG 23 (R2)	CPC 23	IAS 8
Evento Subsequente	NBC TG 24 (R2)	CPC 24	IAS 10
Provisões, Passivos Contingentes e Ativos Contingentes	NBC TG 25 (R2)	CPC 25	IAS 37
Apresentação das Demonstrações Contábeis	NBC TG 26 (R5)	CPC 26R1	IAS 1
Ativo Imobilizado	NBC TG 27 (R4)	CPC 27	IAS 16
Propriedade para Investimento	NBC TG 28 (R4)	CPC 28	IAS 40
Ativo Biológico e Produto Agrícola	NBC TG 29 (R2)	CPC 29	IAS 41
Ativo Não Circulante Mantido para Venda e Operação Descontinuada	NBC TG 31 (R4)	CPC 31	IFRS 5
Tributos sobre o Lucro	NBC TG 32 (R4)	CPC 32	IAS 12
Benefícios a Empregados	NBC TG 33 (R2)	CPC 33R1	IFRS 19
Demonstrações Separadas	NBC TG 35 (R2)	CPC 35 R2	IAS 27
Demonstrações Consolidadas	NBC TG 36 (R3)	CPC 36 R3	IFRS 10
Adoção Inicial das Normas Internacionais de Contabilidade	NBC TG 37 (R5)	CPC 37R1	IFRS 1
Instrumentos Financeiros: Apresentação	NBC TG 39 (R5)	CPC 39	IAS 32
Instrumentos Financeiros: Evidenciação	NBC TG 40 (R3)	CPC 40	IFRS 7
Resultado por Ação	NBC TG 41 (R2)	CPC 41	IAS 33
Adoção Inicial das NBC Ts Convergidas em 2009	NBC TG 43	CPC 43R1	Não há
Demonstrações Combinadas	NBC TG 44	CPC 44	Não há
Divulgação de Participações em Outras Entidades	NBC TG 45 (R3)	CPC 45	IFRS 12
Mensuração do Valor Justo	NBC TG 46 (R2)	CPC 46	IFRS 13
Receita de Contrato com Cliente	NBC TG 47	CPC 47	IFRS 15
Instrumentos Financeiros	NBC TG 48	CPC 48	IFRS 9
Contratos de Concessão	ITG 01 (R1)	ICPC 01R1	IAS 12
Distribuição de Lucros in Natura	ITG 07 (R1)	ICPC 07	IAS 17
Contabilização da Proposta de Pagamento de Dividendos	ITG 08	ICPC 08 R1	Não há
Demonstrações Contábeis Individuais, Demonstrações Separadas, Demonstrações Consolidadas e Aplicação do Método de Equivalência Patrimonial	ITG 09 (R1)	ICPC 09	Não há
Interpretação sobre a Aplicação Inicial ao Ativo Imobilizado e à Propriedade para Investimento	ITG 10	ICPC 10	Não há
Mudanças em Passivos por Desativação, Restauração e Outros Passivos Similares	ITG 12	ICPC 12	IAS 1
Direitos a Participações Decorrentes de Fundos de Desativação, Restauração e Reabilitação Ambiental	ITG 13 (R2)	ICPC 13	IAS 5
Passivos Decorrentes de Participação em Mercado Específico – Resíduos de Equipamentos Eletroeletrônicos	ITG 15	ICPC 15	IAS 6
Extinção de Passivos Financeiros com Instrumentos Patrimoniais	ITG 16 (R2)	ICPC 16	IAS 19
Contratos de Concessão: Evidenciação	ITG 17	ICPC 17	SIC 29
Custos de Remoção de Estéril de Mina de Superf Fase de Produção	ITG 18	ICPC 18	IFRIC 20
Tributos	ITG 19	ICPC 19	IFRIC 21
Limite de ativo de benefício definido, requisitos de custeio (funding) mínimo e sua interação	ITG 20	ICPC 20	IFRIC 14
Transação em Moeda Estrangeira e Adiantamento	ITG 21	ICPC 21	IFRIC 22
Entidades de Incorporação Imobiliária	CTG 01	OCPC 01	Não há
Esclarecimentos sobre as Demonstrações Contábeis de 2008	CTG 02	OCPC 02	Não há
Aplicação da Interpretação Técnica ITG 02 – Contrato de Construção do Setor Imobiliário	CTG 04	OCPC 04	Não há
Contratos de Concessão	CTG 05	OCPC 05	Não há
Apresentação de Informações Financeiras Pro Forma	CTG 06	OCPC 06	Não há
Evidenciação na divulgação dos relatórios contábil-financeiros de propósito geral	CTG 07	OCPC 07	Não há
Reconhecimento de determinados ativos e passivos nos relatórios contábil-financeiros de propósito geral das distribuidoras de energia elétrica emitidos de acordo com as normas brasileiras e internacionais de contabilidade	CTG 08	OCPC 08	Não há

1.1 – Objetivos da Contabilidade

Os objetivos definem o que se pretende atingir com determinada atividade. Nesse contexto, qualquer que seja a atividade humana, a engenharia, a medicina, a geografia, a paleontologia, todas apresentam um propósito ou objetivo. No caso da contabilidade não poderia ser diferente.

> O atendimento das demandas do usuário da informação contábil é a razão de ser da contabilidade. Dessa forma, a contabilidade, enquanto ciência, está subordinada aos objetivos maiores dos seus usuários de forma ampla. (Lopes e Martins, 2012, p. 125)

A contabilidade registra e controla as modificações no patrimônio empresarial advindos de fatos administrativos diversos que têm impacto econômico na entidade e podem ser mensurados monetariamente. O objeto de estudo da contabilidade é o patrimônio e suas mutações. Assim sendo, podemos dizer que o *input* de todo o processo contábil é materializado pelas transações que a entidade efetua no dia a dia, em suas operações. Por outro lado, o *output* são as demonstrações financeiras.

A contabilidade é um sistema de informações que tem por objetivo, fornecer aos diversos tipos de usuários informações econômico-financeiras para a tomada de decisões racionais.

> O objetivo básico da Contabilidade, portanto, pode ser resumido no fornecimento de informações econômicas para os vários usuários, de forma que propiciem decisões racionais. (Iudícibus, 2010, p. 07)

Essas informações econômico-financeiras são apresentadas através das demonstrações financeiras. Por certo, podemos inferir a dificuldade que permeia gerar uma informação padronizada, ou seja, demonstrações financeiras de propósito geral, que seja útil para variados tipos de usuários.

Segundo o CPC 00 (R1) - Estrutura Conceitual para a Elaboração e Divulgação de Relatório Contábil-Financeiro, demonstrações contábeis elaboradas nos padrões da Estrutura Conceitual objetivam fornecer informações que sejam úteis na tomada de decisões econômicas e avaliações por parte dos usuários em geral, não tendo o propósito de atender finalidade ou necessidade específica de determinados grupos de usuários.

A Estrutura Conceitual estabelece os conceitos e fundamentos que amparam a elaboração e a apresentação de demonstrações contábeis destinadas a usuários externos, visando satisfazer as necessidades comuns dos usuários. Além disso, evidencia as características qualitativas da informação contábil-financeira útil, e as bases de definição, reconhecimento e mensuração dos elementos a partir dos quais as demonstrações contábeis são elaboradas.

O objetivo do relatório contábil-financeiro (conjunto de demonstrações financeiras) de propósito geral, estabelecido pelo CPC 00 (R1), é fornecer informações contábil-financeiras úteis acerca da entidade (normalmente uma organização empresarial) que reporta essa informação a investidores existentes (acionistas, por exemplo) e em potencial, credores por empréstimos (bancos, por exemplo) e outros credores (fornecedores de mercadorias, por exemplo), sem hierarquia de prioridade.

Warren Buffett, um dos maiores investidores do mercado acionário norte-americano, reconhece a importância das informações evidenciadas pelas demonstrações financeiras em suas tomadas de decisões:

É por meio da análise das demonstrações financeiras que Buffett garimpa empresas com uma vantagem competitiva durável. São elas que lhe informam se ele está analisando uma companhia medíocre, sempre atolada em resultados ruins, ou uma organização que tem uma vantagem competitiva durável e que vai torná-lo riquíssimo. (Buffett e Clark, 2010, p. 23)

1.2 – Usuários da Informação Contábil

Para Sunder (2014, p. 16), uma das formas de entender a contabilidade e o funcionamento da empresa é através da chamada Teoria Contratual da Firma. Sob o ponto de vista teórico, a empresa é vista como um conjunto de contratos entre os diversos agentes. Cada agente oferece uma contribuição e em troca recebe algum benefício. Acionistas contribuem com capital e recebem dividendos. Fornecedores contribuem com produtos e serviços e recebem pagamentos em dinheiro. Empregados contribuem com seu esforço e recebem salários. Dessa forma, qualquer relação entre a empresa e os diversos agentes que interagem com ela acontece através de contratos explícitos ou não, de curto prazo ou longo prazo.

Agentes devem ser entendidos como pessoas (físicas ou jurídicas) com preferências individuais e recursos econômicos. A cooperação mútua entre esses agentes faz com que a empresa funcione e seja viável em termos de continuidade operacional.

Tipo de Agente	Contribuição	Direitos
Acionista	Capital Social	Dividendos
Gestor	Habilidade Gerencial	Salários e benefícios
Instituição Financeira	Empréstimo	Principal e juros
Fornecedor	Mercadorias e serviços	Créditos a receber

A maioria desses agentes tem interesse nos resultados financeiros da empresa e, portanto, podem ser entendidos como potenciais usuários da informação contábil.

Podemos entender os usuários da informação contábil como agentes que têm algum tipo de contrato com a empresa, na lógica do modelo contratual da firma, tendo algum interesse econômico no desempenho da entidade. Diversos são esses usuários com necessidades informacionais diferenciadas.

Tipos de Usuários da Informação Contábil	Exemplos de Informação Requerida
Administradores, Gestores	Comparação entre receitas versus despesas, retorno do capital, produtividade, endividamento, geração de fluxo de caixa.
Acionistas Majoritários	Retorno do capital investido, resultados globais (lucro ou prejuízo), endividamento, necessidade de investimentos, geração de fluxo de caixa.
Acionistas Minoritários	Retorno do capital investido, distribuição de dividendos.
Instituições Financeiras	Capacidade de pagamento, geração de fluxo de caixa, endividamento.
Fornecedores	Capacidade de pagamento, geração de fluxo de caixa, endividamento.
Clientes	Comportamento das receitas de vendas, capacidade de produção.

Sindicatos de Empregados	Capacidade de pagamento, resultado global da empresa (lucro ou prejuízo), produtividade.
Entidades Governamentais	Impostos pagos e a pagar, lucro tributável, valor adicionado, produtividade.

A informação econômico-financeira dirigida aos usuários da contabilidade, como embasamento para a tomada de decisão, como já sabemos, é concretizada através das demonstrações financeiras.

1.3 – Características Qualitativas da Informação Contábil

De acordo com o CPC 00 (R1), as características qualitativas da informação contábil-financeira útil distinguem os tipos de informações que são consideradas mais úteis para investidores e credores.

> O objetivo essencial da divulgação financeira é o fornecimento de informações para permitir que os investidores, particularmente aqueles desprovidos de autoridade para especificar a informação que desejam, sejam capazes de predizer os fluxos futuros de caixa da empresa. Para que essa informação seja útil, ela deve ser relevante (isto é, deve ser oportuna e ter valor preditivo e valor como *feedback*), e deve ser confiável (isto é, deve ter fidelidade de representação, ser verificável e neutra). (Hendriksen e Breda, 2012, p. 107)

As características qualitativas da informação contábil-financeira útil devem ser aplicadas à informação contábil-financeira fornecida pelas demonstrações contábeis e outros meios (por exemplo, notas explicativas).

Para que a informação contábil-financeira possa ser considerada útil, essa informação necessita obrigatoriamente ter embutidos dois aspectos principais que são entendidos como características qualitativas fundamentais: a) a relevância; e b) a representação fidedigna. Por outro lado, a utilidade dessa informação é melhorada se ela for comparável, verificável, tempestiva e compreensível (características qualitativas de melhoria).

Relevância

Informação contábil-financeira relevante é aquela capaz de fazer diferença nas decisões que possam ser tomadas pelos usuários. Nesse aspecto, é capaz de fazer diferença nas decisões se tiver valor preditivo (dado de entrada para predizer futuros resultados), valor confirmatório (confirmar ou alterar avaliações do passado) ou ambos.

> (...) o conceito de relevância implica na apresentação de toda informação que possa ajudar na predição dos tipos de informação exigidos pelos processos de tomada de decisão, ou que possam ajudar diretamente na tomada de decisões. (Hendriksen e Breda, 2012, p. 103)

O CPC 00 (R1) assinala que o valor preditivo e o valor confirmatório da informação contábil-financeira estão inter-relacionados. A informação que tem valor preditivo muitas vezes também tem valor confirmatório. Ainda em relação à relevância, devemos atentar para o aspecto da materialidade da informação. A informação é material se a sua omissão ou sua divulgação distorcida puder influenciar decisões que os usuários tomam com base na informação contábil-financeira acerca da entidade específica que reporta a informação.

> A materialidade pode estar relacionada à significância de mudança de valor, a correções de erros em relatórios anteriores ou aos vários mecanismos de divulgação de dados quantitativos e descrições ou qualificações relevantes desses dados. Tais mudanças, correções e descrições deverão ser consideradas como possuidoras de materialidade se forem suficiente-

mente grandes ou importantes para influenciar as decisões dos usuários de relatórios financeiros. (Hendriksen e Breda, 2012, p. 103)

Representação Fidedigna

Sobre a representação fidedigna assinala o CPC 00 (R1) que os relatórios contábil-financeiros representam um fenômeno econômico em palavras e números. Para ser útil, a informação contábil-financeira, além de representar um fenômeno relevante, tem também que representar com fidedignidade (de forma verdadeira, correta) o fenômeno que se propõe representar. Para que a representação seja perfeitamente fidedigna, a realidade retratada precisa ter os seguintes atributos: a) ser completa; b) neutra; e c) livre de erro. Em termos gerais, o objetivo a ser buscado é maximizar os referidos atributos na extensão que seja possível.

Um retrato completo da realidade econômica deve incluir toda a informação necessária e disponível para a compreensão do usuário a respeito do fenômeno que está sendo retratado, incluindo todas as descrições e as explicações necessárias. Por outro lado, um retrato neutro da realidade é livre de viés na seleção ou na apresentação da informação contábil-financeira. Um retrato neutro não é uma informação distorcida ou manipulada ao bel prazer de quem informa. E por fim, um retrato da realidade econômica livre de erros significa que não há erros ou omissões no fenômeno retratado, e que o processo utilizado, para produzir a informação reportada, foi aplicado livre de erros.

Em relação às características qualitativas de melhoria, o pronunciamento especifica o seguinte:

- **Comparabilidade**: é a característica qualitativa que permite que os usuários identifiquem e compreendam similaridades e diferenças entre dois eventos econômicos diferentes. A comparação requer no mínimo dois itens. A comparabilidade está relacionada com a uniformidade e a consistência da informação. A uniformidade implica no entendimento de que eventos iguais estejam sendo tratados da mesma forma. A consistência relaciona-se com a utilização dos mesmos procedimentos contábeis ao longo do tempo para permitir análises e previsões temporais comparativas;

- **Verificabilidade**: significa que diferentes observadores independentes podem chegar a um consenso quanto ao retrato de uma realidade econômica em particular ser uma representação fidedigna. Informação quantificável não necessita ser um único ponto estimado para ser verificável. Uma faixa de possíveis montantes com suas probabilidades respectivas pode também ser verificável;

- **Tempestividade**: significa ter informação disponível para os respectivos usuários a tempo de poder influenciá-los em suas decisões. Em geral, a informação mais antiga é a que tem menos utilidade;

- **Compreensibilidade**: Classificar, caracterizar e apresentar a informação com clareza e concisão torna-a compreensível. Certos fenômenos são inerentemente complexos e não podem ser facilmente compreendidos. A exclusão de informações sobre esses fenômenos dos relatórios contábil-financeiros poderia tornar a informação mais facilmente compreendida. Contudo, esses referidos relatórios seriam considerados incompletos e potencialmente distorcidos.

Ainda quanto à característica da compreensibilidade, a Orientação Técnica OCPC 07 especifica que essa engloba a nomenclatura das contas nas demonstrações contábeis e a redação utilizada nas notas explicativas.

Na realidade, as características qualitativas de melhoria, quer sejam em grupo ou individualmente, não têm o condão de tornar a informação útil, se por um acaso essa informação não for relevante ou não representar com fidedignidade o fenômeno reportado. Em termos gerais, as características qualitativas de melhoria devem ser maximizadas na extensão possível. Em alguns momentos, uma característica qualitativa de melhoria pode ter que ser diminuída para maximização de outra.

O CPC 00 (R1) também chama a atenção para a relação existente entre o custo da geração da informação e o benefício gerado por ela. No meio empresarial, o processo de elaboração e divulgação de relatórios contábil-financeiros (conjunto de demonstrações contábeis) impõe custos que devem ser menores que os benefícios trazidos pela divulgação da informação aos usuários. Por outro lado, usuários de informação contábil-financeira também incorrem em custos de análise e interpretação da informação fornecida. Se a informação demandada não é fornecida, os usuários incorrem em custos adicionais de obtenção da informação que necessitam, por meio de outras fontes ou por meio de sua estimativa.

A elaboração e divulgação de relatório contábil-financeiro que seja relevante e que represente com fidedignidade o que se propõe representar auxiliam os usuários a tomarem decisões com maior grau de confiança. Isso deve resultar em funcionamento mais eficiente dos mercados de capitais e em custos menores na captação de recursos para a economia como um todo.

Os investidores e credores também se beneficiam desse processo por meio de decisões embasadas na melhor informação disponível. Entretanto, não é possível para relatórios contábil-financeiros de propósito geral evidenciar toda e qualquer informação que todo tipo de usuário entenda como relevante. Assim sendo, é incumbência do órgão regulador balizar a relação custo/benefício na normatização referente à elaboração e divulgação de informações contábil-financeiras.

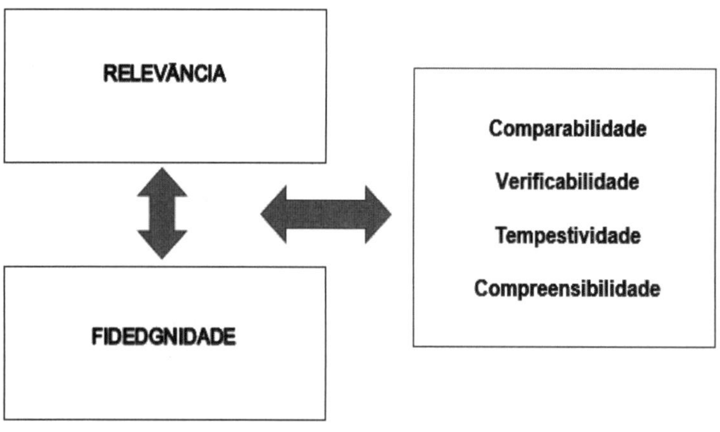

1.4 – Visão Geral das Demonstrações Financeiras

Na realidade, as demonstrações contábeis são uma representação estruturada da posição patrimonial, financeira, do desempenho e dos fluxos de caixa da entidade que reporta e útil a um razoável número de usuários da informação contábil em suas diversas avaliações e prospecções para validar a tomada de decisões econômicas. Dessa forma, as informações das demonstrações contábeis em conjunto com as notas explicativas auxiliam investidores e credores a prever futuros fluxos de caixa da entidade, em extensão, época de ocorrência e grau de certeza razoável.

De acordo com o CPC 26 (R1) - Apresentação das Demonstrações Contábeis, as demonstrações contábeis, de propósito geral, são aquelas cujo propósito reside no atendimento das necessidades informacionais de usuários externos que não se encontram em condições de requerer relatórios especificamente planejados para atender às suas necessidades peculiares.

O objetivo geral desse pronunciamento é definir a base para a apresentação das demonstrações contábeis, estabelecendo requisitos gerais para a evidenciação, diretrizes para a sua estrutura e os requisitos mínimos para seu conteúdo.

Nesse entendimento, o conjunto completo de demonstrações contábeis inclui: a) balanço patrimonial ao final do período; b) demonstração do resultado do período; c) demonstração do resultado abrangente do período (a legislação societária brasileira requer que seja apresentada a demonstração do resultado do exercício separadamente da demonstração do resultado abrangente do período); d) demonstração das mutações do patrimônio líquido do período; e) demonstração dos fluxos de caixa do período; f) notas explicativas, compreendendo as políticas contábeis significativas e outras informações elucidativas; g) informações comparativas com o período anterior; h) demonstração do valor adicionado do período, se exigido legalmente ou por algum órgão regulador ou mesmo se apresentada voluntariamente.

Segundo o CPC 26 (R1), demonstrações preparadas de acordo com as práticas contábeis brasileiras devem ser entendidas como aquelas que foram preparadas levando-se em consideração a legislação societária brasileira e os pronunciamentos, as interpretações e as orientações emitidas pelo CPC.

O CPC 26 (R1) alerta também para a necessidade de a entidade apresentar com igualdade de importância todas as demonstrações contábeis que façam parte do conjunto completo das demonstrações contábeis reportadas. A entidade cujas demonstrações contábeis estão em conformidade com os pronunciamentos, interpretações e orientações do CPC, cumprindo todos os seus requisitos, deve declarar isso explicitamente e sem reservas nas notas explicativas.

MAGAZINE LUIZA S.A. **Demonstrações contábeis em 31 de dezembro de 2017 e 2016**
Notas explicativas às demonstrações contábeis
2. Apresentação e elaboração das demonstrações contábeis **2.1. Bases de elaboração, apresentação e declaração de conformidade** As demonstrações contábeis individuais e consolidadas da Companhia foram elaboradas tomando como base as práticas contábeis adotadas no Brasil, que compreendem as disposições da legislação societária, previstas na Lei nº 6.404/76 e alterações posteriores e os padrões internacionais de contabilidade ("IFRS") emitidos pelo International Accounting Standards Board ("IASB") e interpretações emitidas pelo International Financial Reporting Interpretations Committee ("IFRIC"), implantados no Brasil por meio do Comitê de Pronunciamentos Contábeis ("CPC") e suas interpretações técnicas ("ICPC") e orientações ("OCPC"), aprovados pela Comissão de Valores Mobiliários ("CVM").

Em relação à frequência de apresentação das demonstrações contábeis, o CPC 26 (R1) afirma que o conjunto completo das demonstrações contábeis deve ser apresentado pelo menos anualmente (inclusive informação comparativa). As sociedades anônimas no Brasil publicam suas demonstrações em três reportes trimestrais e uma publicação com a evidenciação referente ao ano.

Quando da apresentação das demonstrações contábeis a entidade deve apresentar como informação mínima duas demonstrações comparativas, a demonstração contábil com valores do período atual e a do período anterior. Procedimento esse que deve ser aplicado a todas as demonstrações contábeis reportadas, como forma dos usuários realizarem análises mais adequadas sobre previsões e o desenho de tendências.

Nesse aspecto, aperfeiçoar a comparabilidade das demonstrações financeiras entre períodos distintos ajuda os usuários em demasia a tomar decisões econômicas mais apuradas, permitindo avaliar tendências na informação financeira para finalidade de previsões. Torna-se evidente a importância de se manter a apresentação e a classificação de itens das demonstrações contábeis de um período para o outro na busca de consistência.

1.4.1 – Balanço Patrimonial

O Balanço Patrimonial evidencia a posição patrimonial e financeira da entidade em determinado momento. No seu lado esquerdo encontramos o ativo (bens e direitos) e em seu lado direito o passivo (obrigações exigíveis) e o patrimônio líquido (obrigações não exigíveis). Em termos gerais, no balanço são apresentados todos os bens, direitos e obrigações da empresa. É considerada uma demonstração estática tendo em vista que mostra um saldo final para cada linha do balanço, ou seja, para cada conta patrimonial. Na verdade, representa uma foto instantânea da empresa em determinado momento. É estruturada com base no regime de competência. Será estudada em seus detalhes no capítulo 02.

1.4.2 – Demonstração do Resultado do Exercício e Demonstração do Resultado Abrangente do Período

A Demonstração do Resultado do Exercício (DRE) evidencia o resultado econômico da entidade, ou seja, o lucro ou prejuízo contábil em determinado período (mês, trimestre ou ano). É considerada uma demonstração dinâmica por apresentar em suas linhas (contas de resultado) um acúmulo de receitas ou despesas de determinado período, diferentemente do balanço patrimonial, que apresenta apenas saldos finais. Quando receitas são maiores que despesas temos lucro. Por outro lado, quando as despesas são maiores que as receitas temos prejuízo no período.

A Demonstração do Resultado Abrangente do Período (DRA) engloba: a) o lucro ou prejuízo do exercício decorrente de operações da entidade com terceiros; e b) outros resultados abrangentes decorrentes de ajustes ao valor justo de determinados itens patrimoniais contabilizados diretamente no patrimônio líquido no grupo de ajustes de avaliação patrimonial. Outros resultados abrangentes compreendem, em síntese, itens de receita e despesa (incluindo ajustes de reclassificação), que não são reconhecidos na demonstração de resultado do exercício como requerido ou permitido pelos pronunciamentos, interpretações e orientações emitidos pelo CPC.

Tanto no caso da Demonstração do Resultado do Exercício quanto no da Demonstração do Resultado Abrangente do Período são estruturadas com base no regime de competência. A DRE será estudada em mais detalhes no capítulo 03 e DRA no capítulo 04 (volume 02).

1.4.3 – Demonstração dos Fluxos de Caixa

A Demonstração dos Fluxos de Caixa (DFC) evidencia todos os recebimentos e pagamentos em dinheiro de determinado período contábil (mês, trimestre ou ano). Apresenta um fluxo de entradas e saídas de caixa, ou seja, um fluxo de recebimentos e pagamentos efetivados financeiramente. É eminentemente uma demonstração de base financeira subdividida em três grupos de fluxos de caixa: Atividades Operacionais, Atividades de Investimento e Atividades de Financiamento. Segundo a Lei nº 6.404/76 a companhia fechada com patrimônio líquido, na data do balanço patrimonial, inferior a R$ 2.000.000,00 (dois milhões de reais) não será obrigada à elaboração e publicação da demonstração dos fluxos de caixa. É uma demonstração estruturada com base no regime de caixa. Será estudada em seus detalhes no capítulo 05 (volume 02).

1.4.4 – Demonstração de Lucros ou Prejuízos Acumulados

A Demonstração de Lucros ou Prejuízos Acumulados (DLPA) destina-se a evidenciar, em determinado período, as modificações no resultado acumulado da entidade (lucros ou prejuízos). Através da análise dessa demonstração podemos verificar quais foram os valores de resultado do exercício (última linha da DRE), distribuição de lucro aos acionistas (dividendos) ou retenções de lucros para fins diversos. O CPC 26 (R1) não estabelece a DLPA no conjunto de demonstrações contábeis. Por outro lado, a Lei nº 6.404/76 assinala a DLPA como uma das demonstrações financeiras obrigatórias. É uma demonstração estruturada com base no regime de competência. Será estudada em seus detalhes no capítulo 04 (volume 02).

1.4.5 – Demonstração das Mutações do Patrimônio Líquido

A Demonstração das Mutações do Patrimônio Líquido (DMPL) evidencia, na íntegra, todas as movimentações no patrimônio líquido da entidade em determinado período. A publicação da DMPL substitui a obrigatoriedade da DLPA. A DMPL, além de mostrar as variações nos lucros ou prejuízos acumulados, também evidencia as modificações em todas as outras linhas (contas) do patrimônio líquido. Portanto, a DMPL engloba a DLPA. Por esse motivo, a quase totalidade das sociedades anônimas acaba preferindo a DMPL para publicação. A Instrução CVM nº 059/86 tornou obrigatória a publicação da DMPL para as sociedades anônimas de capital aberto em substituição à DLPA. É uma demonstração estruturada com base no regime de competência. Será estudada em seus detalhes no capítulo 04 (volume 02).

1.4.6 – Demonstração do Valor Adicionado

A Demonstração do Valor Adicionado (DVA) evidencia informações de natureza econômica e social, oferecendo a possibilidade de avaliação das atividades da entidade dentro da sociedade. Especificamente, mostra a riqueza gerada pela entidade em determinado período e sua distribuição através de impostos pagos ao governo, salários aos funcionários, juros para os financiadores e dividendos aos sócios ou acionistas. De acordo com a Lei das Sociedades por Ações (Lei nº 6.404/76) é obrigatória a publicação se a entidade for companhia de capital aberto. É uma demonstração estruturada com base no regime de competência. Será estudada em seus detalhes no capítulo 06 (volume 02).

1.4.7 – Notas Explicativas

As informações contidas em notas explicativas devem ser relevantes e complementares as informações contidas nas demonstrações contábeis. Essa necessidade pode ocorrer caso as informações evidenciadas pelas demonstrações contábeis sejam insuficientes para o entendimento de determinado aspecto econômico apresentado ou inexistente em relação a um fato não constante nas demonstrações contábeis, mas que poderá gerar impacto patrimonial futuro. As notas explicativas fazem parte das demonstrações contábeis publicadas.

É salientado no CPC 26 (R1) que as notas explicativas contêm informação adicional em relação àquelas apresentadas nas demonstrações contábeis, oferecendo descrições narrativas ou segregações e aberturas de itens evidenciados nessas demonstrações. Além disso, informação acerca de itens que não se enquadram nos critérios de reconhecimento nas demonstrações contábeis.

A lei societária (Lei nº 6.404/76), por outro lado, é mais específica e abrangente quando assinala que as notas explicativas devem: a) apresentar informações sobre a base de preparação das demonstrações financeiras e das práticas contábeis específicas selecionadas e aplicadas para negócios e eventos significativos; b) divulgar as informações exigidas pelas práticas contábeis adotadas no Brasil que não estejam apresentadas em nenhuma outra parte das demonstrações financeiras; c) fornecer informações adicionais não indicadas nas próprias demonstrações financeiras e consideradas necessárias para uma apresentação adequada. Além desses itens, indicar também: a) os principais critérios de avaliação dos elementos patrimoniais, especialmente estoques, dos cálculos de depreciação, amortização e exaustão, de constituição de provisões para encargos ou riscos, e dos ajustes para atender a perdas prováveis na realização de elementos do ativo; b) os investimentos em outras sociedades, quando relevantes; c) o aumento de valor de elementos do ativo resultante de novas avaliações; d) os ônus reais constituídos sobre elementos do ativo, as garantias prestadas a terceiros e outras responsabilidades eventuais ou contingentes; e) a taxa de juros, as datas de vencimento e as garantias das obrigações de longo prazo; f) o número, espécies e classes das ações do capital social; g) as opções de compra de ações outorgadas e exercidas no exercício; h) os ajustes de exercícios anteriores; e i) os eventos subsequentes à data de encerramento do exercício que tenham, ou possam vir a ter, efeito relevante sobre a situação financeira e os resultados futuros da companhia. E ainda, as demonstrações financeiras do exercício em que houver modificação de métodos ou critérios contábeis, de efeitos relevantes, deverão indicá-la em nota explicativa e ressaltar esses efeitos.

Em termos gerais, podemos entender as notas explicativas como um modelo aplicado com a intenção de clarificar os números apresentados nas demonstrações contábeis. Na realidade, os números apresentados nas demonstrações contábeis são números "frios". Especificam uma determinada conta e seu registro monetário. As notas explicativas são utilizadas para detalhar a representação dos números. Em outros aspectos, também evidenciam aquilo que não foi transmitido através das demonstrações contábeis, mas são fatos considerados relevantes para conhecimento por parte dos usuários da informação contábil.

As notas explicativas devem ser apresentadas, tanto quanto possível, de forma sistemática. Cada item das demonstrações contábeis deve ter referência cruzada com a respectiva informação apresentada nas notas explicativas. Deve-se dar ênfase às informações relativas a todos os temas que possam representar riscos à entidade. Além disso, todas as informações evidenciadas devem ser obrigatoriamente específicas à entidade e relevantes para usuários externos. Lembrando mais uma vez que relevantes, em nosso contexto, significa informações reportadas que podem influenciar no processo de tomada de decisão de investidores e credores. Por consequência, as não relevantes não devem ser divulgadas.

Segundo o CPC 26 (R1), em relação a sua estrutura, as notas explicativas devem:

- Apresentar informação sobre a base de elaboração das demonstrações contábeis e das políticas contábeis específicas utilizadas, principalmente sobre a(s) base(s) de mensuração utilizada(s) na elaboração das demonstrações contábeis e outras políticas contábeis utilizadas que sejam importantes para a compreensão das demonstrações contábeis;

- Divulgar a informação requerida pelos pronunciamentos técnicos, orientações e interpretações do CPC que não tenha sido apresentada nas demonstrações contábeis;
- Prover informação adicional que não tenha sido apresentada nas demonstrações contábeis, mas que seja relevante para sua compreensão.

<table>
<tr><th colspan="3">Relatórios Contábil-financeiros Completos - CPC 26 (R1)</th></tr>
<tr><td rowspan="2">Demonstrações Financeiras</td><td>BALANÇO PATRIMONIAL</td><td>DEMONSTRAÇÃO DOS FLUXOS DE CAIXA</td></tr>
<tr><td>DEMONSTRAÇÃO DO RESULTADO DO EXERCÍCIO E DEMONSTRAÇÃO DO RESULTADO ABRANGENTE DO PERÍODO</td><td>DEMONSTRAÇÃO DAS MUTAÇÕES DO PATRIMÔNIO LÍQUIDO</td></tr>
<tr><td rowspan="4">Notas Explicativas</td><td colspan="2">Informações sobre a base para a elaboração das demonstrações contábeis e das políticas contábeis gerais e críticas (fontes de incerteza, julgamento).</td></tr>
<tr><td colspan="2">Abertura dos saldos significativos das demonstrações contábeis.</td></tr>
<tr><td colspan="2">Informação requerida pelos pronunciamentos, orientações e interpretações do CPC que não tenha sido apresentada nas demonstrações contábeis.</td></tr>
<tr><td colspan="2">Informação adicional relevante que não tenha sido apresentada nas demonstrações contábeis, inclusive referentes a riscos que a entidade incorre em sua atividade.</td></tr>
</table>

1.5 – Premissas Utilizadas na Elaboração das Demonstrações Financeiras

Algumas bases são utilizadas pela contabilidade como alicerces teóricos para os registros contábeis e elaboração das demonstrações financeiras. Podemos chamar essas bases de sustentação como premissas ou pressupostos básicos. Essas premissas são tratadas por diversos teóricos da contabilidade como princípios contábeis.

1.5.1 – Entidade

Essa premissa reconhece o patrimônio como objeto da contabilidade e afirma a autonomia patrimonial da entidade, significando que o patrimônio da empresa não se confunde com o patrimônio dos seus sócios ou acionistas, ou seja, a segregação entre o patrimônio da empresa e o patrimônio dos proprietários (pessoas físicas ou jurídicas). Portanto, os registros contábeis, que transparecem consequentemente nos demonstrativos, resultam de fatos administrativos do ambiente empresarial que impactaram o patrimônio da entidade. Por outro lado, afirma que a soma ou agregação contábil de patrimônios autônomos, como por exemplo, de duas empresas do mesmo conglomerado econômico, não resulta em nova entidade, mas numa unidade de natureza econômico-contábil. É o que ocorre quando observamos um balanço consolidado.

> Uma definição da entidade contábil é importante porque define o campo de interesse e delimita, assim, os objetivos e atividades possíveis e os atributos para inclusão nos relatórios financeiros. Além do mais, o conceito de entidade pode ajudar a determinar a melhor maneira de apresentar informações que lhe dizem respeito. (Hendriksen e Breda, 2012, p. 104)

1.5.2 – Continuidade

A premissa da continuidade pressupõe que a entidade continuará em operação no futuro, indefinidamente, até que surjam indícios em contrário. Portanto, a mensuração e a apresentação dos componentes do patrimônio levam em conta esta circunstância.

As demonstrações financeiras são preparadas no pressuposto de que a empresa continuará com suas operações normais em um futuro previsível, ou seja, existe a presunção de que a entidade não tem a intenção nem a necessidade de entrar em processo de liquidação, nem reduzir de forma significativa a escala de suas operações.

> Uma suposição geralmente feita em relação á natureza da entidade contábil relevante é a de que quase todas as unidades econômicas são organizadas para atuar por um período indeterminado. Portanto, argumenta-se frequentemente que é lógico reconhecer que a entidade deveria ser vista como se permanecesse em operação indefinidamente, em condições normais (ou seja, o postulado tradicional de empresa em funcionamento). Tal como é geralmente aplicado, o postulado da continuidade pressupõe que a entidade contábil continuará funcionando por tempo suficiente para cumprir seus compromissos existentes. (Hendriksen e Breda, 2012, p. 104)

O CPC 26 (R1) afirma enfaticamente que na elaboração das demonstrações contábeis, a administração deve fazer a avaliação da capacidade empresarial de continuar em operação no futuro previsível. As demonstrações contábeis devem ser elaboradas no pressuposto da continuidade, a menos que a administração tenha intenção de liquidar a entidade ou cessar seus negócios, ou ainda possua apenas a alternativa de descontinuidade de suas operações. Quando a administração tiver dúvidas significativas acerca da capacidade em continuar com suas atividades no futuro previsível, essas incertezas devem ser divulgadas.

> Ao avaliar se o pressuposto de continuidade é apropriado, a administração deve levar em consideração toda a informação disponível sobre o futuro, que é o período mínimo (mas não limitado a esse período) de doze meses a partir da data do balanço. O grau de consideração depende dos fatos de cada caso. Quando a entidade tiver histórico de operações lucrativas e pronto acesso a recursos financeiros, a conclusão acerca da adequação do pressuposto da continuidade pode ser atingida sem análise pormenorizada. Em outros casos, a administração pode necessitar da análise de vasto conjunto de fatores relacionados com as rentabilidades, corrente e esperada, cronogramas de liquidação de dívidas e potenciais fontes alternativas de financiamentos para que possa suportar sua conclusão de que o pressuposto de continuidade no futuro previsível é adequado para essa entidade. (CPC 26 R1 item 25)

De grande validade prática, a premissa da continuidade tem importantes consequências para a contabilidade no caso da descontinuidade empresarial se apresentar. A continuidade ou não da entidade influencia o valor econômico dos seus bens e direitos, bem como o valor e vencimento de suas obrigações. Na descontinuidade empresarial interessam mais os valores de liquidação do passivo e de realização do ativo.

1.5.3 – Regime de Competência

O regime de competência especifica que os registros contábeis advindos das transações devem ser reconhecidos e reportados nas demonstrações contábeis no período em que ocorrerem. Mais precisamente, em relação a receitas e despesas, devem ser reconhecidas de acordo com o fato gerador no período contábil em que ocorrem, independentemente do efetivo recebimento (receitas) ou pagamento (despesas).

Exemplo:

Reconhecimento da despesa de salários no mês de janeiro de 2018 no valor de R$ 25.000,00, referente à folha de pagamento de uma determinada entidade empresarial, que será paga apenas no quinto dia útil do mês de fevereiro de 2018. Contabilmente a despesa é reconhecida por competência no mês de janeiro tendo em vista que os funcionários prestaram o serviço no mês de janeiro para a empresa e, portanto, a obrigação da entidade empresarial para com seus funcionários já existe em janeiro. No mês de janeiro registra-se a despesa na Demonstração do Resultado do Exercício (DRE) como contrapartida a uma dívida de salários no Balanço Patrimonial no grupo Passivo Circulante. No mês de fevereiro, no quinto dia útil, quando do pagamento de salários do mês anterior, a obrigação é liquidada (paga) e baixada do Passivo, ocorrendo concomitantemente a saída de Caixa pelo pagamento da dívida.

Afirma o CPC 00 (R1) que o regime de competência retrata com propriedade os efeitos de transações e outros eventos e circunstâncias sobre os recursos econômicos (ativos) e reivindicações (passivos) da entidade que reporta a informação nos períodos em que ditos efeitos são produzidos, ainda que recebimentos e pagamentos em caixa derivados ocorram em períodos distintos.

A entidade deve elaborar as suas demonstrações contábeis utilizando-se do regime de competência, com exceção singular da DFC, que é elaborada com base no regime de caixa. No regime de caixa, o registro de receitas e despesas é realizado levando-se em consideração o recebimento da receita e o pagamento da despesa, ou seja, a entrada ou a saída de recursos do caixa, exclusivamente.

> O regime de competência reconhece receitas quando a empresa vende produtos (empresas industriais e comerciais) ou presta serviços (empresas de serviços). Nessas situações, a empresa também já reconhece o custo dos ativos utilizados na geração de receitas (como o das mercadorias vendidas) e pode estimar quaisquer custos futuros (como os de garantia) que incorrerão em relação ao produto (mercadorias) ou serviço vendido. A empresa toma conhecimento desses custos como despesas no período em que reconhece as receitas que os custos ajudaram a produzir. Desse modo, a contabilidade por competência tenta fazer uma confrontação entre as despesas e as receitas associadas. (Stickney e Weil, 2014, p. 103)

De acordo com o CPC 26 (R1), quando o regime de competência é utilizado, os itens são reconhecidos como ativos, passivos, patrimônio líquido, receitas e despesas (os elementos das demonstrações contábeis) quando satisfazem as definições e os critérios de reconhecimento para esses elementos contidos na Estrutura Conceitual para Elaboração e Divulgação de Relatório Contábil-Financeiro.

1.6 – Resumo da Estrutura Conceitual

Os aspectos da Estrutura Conceitual referentes à classificação e reconhecimento dos elementos das demonstrações contábeis, bem como os conceitos de capital e manutenção de capital, serão estudados de forma distribuída através dos capítulos 02, 03 e 04.

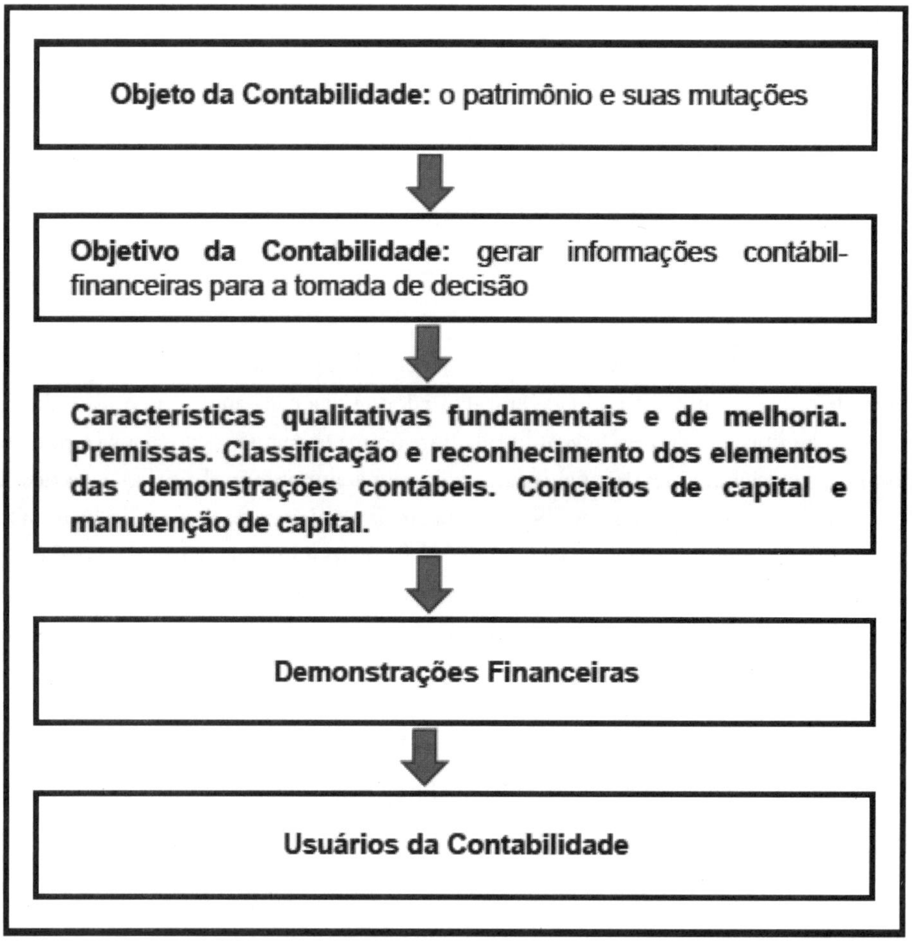

1.7 – Demonstrações Financeiras: Exemplo S.A.

A Exemplo S.A. é uma empresa comercial do ramo de vestuário cujo capital social em sua totalidade é representado por vinte mil ações ordinárias (com direito a voto). A entidade é uma sociedade anônima de capital aberto com suas ações negociadas em bolsa de valores. As demonstrações financeiras a seguir serão utilizadas durante esta obra como apoio para análise de demonstrações financeiras.

EXEMPLO S.A.

Balanços Patrimoniais para os exercícios findos em 31 de dezembro de 2017, 2016 e 2015 (valores em reais)

	2017	2016	2015		2017	2016	2015
ATIVO	**509.141**	**503.126**	**557.926**	PASSIVO	**298.585**	**317.026**	**406.526**
CIRCULANTE	**390.766**	**396.104**	**467.839**	CIRCULANTE	**273.651**	**283.880**	**362.768**
Caixa e equivalentes de caixa	**86.579**	**81.750**	**75.000**	Empréstimos e financiamentos a pagar	25.903	36.796	55.278
Bancos conta movimento	9.279	22.295	20.000	Fornecedores	167.100	212.600	249.800
Aplicações financeiras de liquidez imediata	77.300	59.455	55.000	Salários e encargos sociais a pagar	11.950	12.768	13.560
Créditos a receber de clientes	**166.474**	**154.104**	**193.200**	Impostos sobre vendas a recolher	10.155	12.847	13.460
Créditos a receber de clientes	190.050	175.330	210.000	Dividendos a pagar	48.546	6.136	21.000
Perda estimada com créditos liquidação duvidosa	(23.576)	(21.226)	(16.800)	Imposto de renda e contribuição social a pagar	9.997	2.733	9.670
Estoques	**136.452**	**158.550**	**197.500**				
Mercadorias para revenda	136.452	158.550	197.500	NÃO CIRCULANTE	**24.934**	**33.146**	**43.758**
Despesas antecipadas	**1.261**	**1.700**	**2.139**	Empréstimos e financiamentos a pagar	24.934	33.146	43.758
Prêmios de seguros a apropriar	1.261	1.700	2.139				
NÃO CIRCULANTE	**118.375**	**107.022**	**90.087**				
Realizável a Longo Prazo	**9.398**	**9.077**	**8.790**	PATRIMÔNIO LÍQUIDO	**210.556**	**186.100**	**151.400**
Depósitos judiciais	9.398	9.077	8.790	Capital social	135.000	135.000	120.000
Investimentos	**57.220**	**50.970**	**31.020**	Reservas de lucros	78.356	53.900	34.200
Participações em coligadas	37.570	31.320	22.370	Reserva legal	16.141	12.491	11.200
Participações em outras empresas avaliadas pelo custo	11.000	11.000	-	Reserva de retenção de lucro	62.215	41.409	23.000
Propriedades para investimento avaliadas a valor justo	8.650	8.650	8.650	Ações em tesouraria	(2.800)	(2.800)	(2.800)
Imobilizado	**50.490**	**45.192**	**47.980**				
Imóveis de uso	51.780	45.280	45.280				
Depreciação acumulada de imóveis de uso	(11.023)	(9.056)	(7.244)				
Veículos	16.150	11.870	11.870				
Depreciação acumulada de veículos	(7.937)	(4.748)	(2.374)				
Computadores e periféricos	1.960	1.960	1.120				
Depreciação acumulada de computadores e periféricos	(440)	(114)	(672)				
Intangível	**1.267**	**1.783**	**2.297**				
Softwares	2.580	2.580	2.580				
Amortização acumulada de software	(1.313)	(797)	(283)				
TOTAL DO ATIVO =	**509.141**	**503.126**	**557.926**	TOTAL DO PASSIVO + PL =	**509.141**	**503.126**	**557.926**

EXEMPLO S.A.

Demonstrações dos Resultados para os exercícios findos em 31 de dezembro de 2017 e 2016 (valores em reais)

	2017	2016
Receita Operacional Líquida	**417.052**	**441.603**
Custo das Mercadorias Vendidas	(186.098)	(243.950)
Lucro Bruto	**230.954**	**197.653**
Receitas (Despesas) Operacionais	**(124.426)**	**(161.803)**
Vendas	(81.020)	(104.977)
Gerais e Administrativas	(45.843)	(63.114)
Depreciação e amortização	(5.998)	(4.814)
Resultado da equivalência patrimonial	6.250	8.950
Outras receitas (despesas) operacionais líquidas	2.185	2.152
Lucro Operacional Antes do Resultado Financeiro	**106.528**	**35.850**
Receitas Financeiras	6.166	4.742
Despesas Financeiras	(4.195)	(4.930)
Resultado antes do Imposto de Renda e Contribuição Social	**108.499**	**35.662**
Imposto de renda e contribuição social sobre o lucro	(35.497)	(9.826)
Lucro Líquido do Exercício	**73.002**	**25.836**
Lucro por ação (em R$) =	3,65	1,29

EXEMPLO S.A.

Demonstrações das Mutações do Patrimônio Líquido para os exercícios findos em 31 de dezembro de 2017 e 2016 (valores em reais)

		Reservas de Lucros				
	Capital Social	Legal	Retenção	Ações em Tesouraria	Lucros ou Prejuízos Acumulados	TOTAL
Saldo - 31.12.2015	**120.000**	**11.200**	**23.000**	**(2.800)**	-	**151.400**
Aumento de Capital	15.000					**15.000**
Lucro do Exercício					25.836	**25.836**
Destinações do Lucro:						-
Reserva Legal		1.291			(1.291)	-
Reserva de Retenção			18.409		(18.409)	-
Dividendos (R$ 0,3068 por ação)					(6.136)	**(6.136)**
Saldo - 31.12.2016	**135.000**	**12.491**	**41.409**	**(2.800)**	-	**186.100**
Lucro do Exercício					73.002	**73.002**
Destinações do Lucro:						-
Aumento de Capital						-
Reserva Legal		3.650			(3.650)	-
Reserva de Retenção			20.806		(20.806)	-
Dividendos (R$ 2,4273 por ação)					(48.546)	**(48.546)**
Saldo - 31.12.2017	**135.000**	**16.141**	**62.215**	**(2.800)**	-	**210.556**

EXEMPLO S.A.		
Demonstrações dos Fluxos de Caixa para os exercícios findos em 31 de dezembro de 2017 e 2016 (valores em reais) - Método Direto		
	2017	**2016**
Atividades Operacionais		
Recebimento de clientes	493.880	573.210
Recebimento de juros sobre aplicações financeiras	5.845	4.455
Pagamento de fornecedores	(245.500)	(287.200)
Pagamento de imposto de renda e contribuição social	(28.233)	(16.763)
Pagamento de impostos sobre vendas	(58.240)	(52.550)
Pagamento de salários e encargos sociais	(12.768)	(13.560)
Pagamento de juros sobre empréstimos	(2.207)	(2.742)
Pagamento de publicidade e propaganda	(73.890)	(92.890)
Pagamento de aluguel	(38.234)	(57.568)
Caixa Líquido das Atividades Operacionais	**40.653**	**54.392**
Atividades de Investimento		
Aquisição de investimento	-	(11.000)
Recebimento de dividendos	2.185	1.750
Aquisições de ativo imobilizado	(10.780)	(1.960)
Venda de ativo imobilizado	-	850
Caixa Líquido das Atividades de Investimentos	**(8.595)**	**(10.360)**
Atividades de Financiamento		
Aumento de capital social	-	15.000
Pagamento de dividendos	(6.136)	(21.000)
Pagamento de empréstimos e financiamentos	(21.093)	(31.282)
Caixa Líquido das Atividades de Financiamento	**(27.229)**	**(37.282)**
Aumento (redução) em caixa e equivalentes de caixa	**4.829**	**6.750**
Caixa e equivalentes de caixa no início do exercício	81.750	75.000
Caixa e equivalentes de caixa no final do exercício	86.579	81.750
Aumento (redução) em caixa e equivalentes de caixa	**4.829**	**6.750**

EXEMPLO S.A.		
Demonstrações do Valor Adicionado para os exercícios findos em 31 de dezembro de 2017 e 2016 (valores em reais)		
	2017	**2016**
Receitas	**506.250**	**534.516**
Vendas de mercadorias (receita bruta)	508.600	538.540
Outras receitas	-	402
Créditos de liquidação duvidosa	(2.350)	(4.426)
Insumos adquiridos de terceiros (inclui ICMS, IPI, PIS e COFINS)	**(296.427)**	**(382.279)**
Custos das mercadorias vendidas	(222.098)	(288.950)
Materiais, energia, serviços de terceiros e outras despesas operacionais	(74.329)	(93.329)
Retenções	**(5.998)**	**(4.814)**
Depreciação e amortização	(5.998)	(4.814)
Valor adicionado líquido gerado pela Companhia	**203.825**	**147.423**
Valor adicionado recebido em transferência	**14.601**	**15.442**
Equivalência patrimonial	6.250	8.950
Receitas financeiras	6.166	4.742
Dividendos recebidos	2.185	1.750
Valor adicionado total a distribuir	**218.426**	**162.865**
Distribuição do valor adicionado		
Pessoal	11.950	12.768
Impostos, taxas e contribuições	91.045	61.763
Remuneração do capital de terceiros	42.429	62.498
Remuneração de capitais próprios	73.002	25.836
Valor adicionado total distribuído	**218.426**	**162.865**

1.8 – Plano de Contas

1.8.1 – A Importância e a Aplicação do Plano de Contas

O plano de contas refere-se ao conjunto de contas do Balanço Patrimonial (contas patrimoniais) e da Demonstração do Resultado do Exercício (contas de resultado) utilizado pelas empresas para registro de suas operações. Cada entidade empresarial tem seu próprio plano de contas adaptado a suas características e ramo de atividade. Além disso, o plano de contas deve respeitar as normas de classificação definidas na legislação societária referentes às demonstrações contábeis referidas. Em termos gerais, o plano de contas elenca as contas de ativo, passivo, patrimônio líquido, receitas e despesas passíveis de serem utilizadas na contabilidade para o registro das transações no dia a dia empresarial. O plano de contas é o principal instrumento de consulta para o trabalho de escrituração contábil.

Para que a contabilidade possa atingir seu objetivo principal de gerar informações úteis para os seus diversos usuários, se faz necessário e imprescindível que o plano de contas, que é base para a estruturação do Balanço Patrimonial e Demonstração do Resultado do Exercício, tenha condições de suprir as necessidades específicas da entidade que reporta a informação.

Um plano de contas bem organizado deve conter um conjunto de contas sintéticas e analíticas que o compõe e um manual escrito sobre o conjunto de especificações ou regras sobre a utilização das contas no registro das transações.

1.8.2 – Planejamento do Plano de Contas

O planejamento do plano de contas é uma fase relevante que deve incluir: a) estudo preliminar sobre as características da empresa (porte, forma jurídica, ramo de atividade); b) estruturar um plano de contas mais completo possível tentando antecipar as necessidades específicas da entidade; c) utilizar títulos nas contas que reflitam com objetividade e clareza as operações que irão representar; d) a classificação sempre deve partir das contas sintéticas para as contas analíticas. As contas analíticas são contas de último nível que recebem lançamentos contábeis; e) o plano de contas deve ser flexível permitindo a inclusão e/ou adaptações posteriores que porventura sejam necessárias; e f) deve existir um manual escrito e detalhado sobre a função de cada uma das contas, principalmente as analíticas.

O CPC 26 (R1) quando trata da materialidade, em relação à agregação de informações nas demonstrações contábeis e notas explicativas, enfatiza que a entidade deve apresentar separadamente nas demonstrações contábeis cada classe material de itens semelhantes. A entidade deve apresentar separadamente os itens de natureza ou função distintos, a não ser que sejam imateriais. Salienta ainda, que a entidade não deve compensar ativos e passivos ou receitas e despesas, a não ser que seja expressamente exigida a compensação desses elementos por um pronunciamento, interpretação ou orientação do CPC. Na realidade, a compensação desses elementos no balanço patrimonial e na demonstração de resultado do exercício, exceto quando refletir a essência da transação ou evento, prejudica a capacidade dos usuários de compreender adequadamente as transações, outros eventos e condições que tenham ocorrido e de avaliar os futuros fluxos de caixa da entidade.

1.8.3 – Modelo do Plano de Contas

O modelo de plano de contas apresentado neste capítulo será utilizado nesta obra como pilar central para os registros contábeis exemplificados e resolução de exercícios. A classificação das contas respeita a legislação societária

(Lei nº 6.404/76) e o CPC 26 (R1) em seus aspectos principais referentes ao Balanço Patrimonial e a Demonstração do Resultado do Exercício. Este plano de contas foi pensado para uma sociedade anônima de pequeno porte e do ramo comercial. É um plano de contas exemplo para fins didáticos, assim sendo, não necessariamente todas as contas exemplificadas serão utilizadas nesta obra. Deve ser utilizado como consulta, embasando a resolução de todos os exercícios resolvidos e propostos ao longo dos capítulos do livro.

No modelo, as contas sintéticas são aquelas que representam grupos, subgrupos ou contas que não recebem lançamentos contábeis. Por outro lado, as contas analíticas são as que recebem lançamentos contábeis.

Exemplificando:

CÓDIGO	**CONTA**	**TIPO**
1	**ATIVO**	SINTÉTICA
1.1	**CIRCULANTE**	SINTÉTICA
1.1.1	**CAIXA E EQUIVALENTES DE CAIXA**	SINTÉTICA
1.1.1.1	Caixa (devedora)	ANALÍTICA
1.1.1.2	Bancos conta movimento (devedora)	ANALÍTICA
1.1.1.3	Aplicações financeiras de liquidez imediata	SINTÉTICA
1.1.1.3.1	Aplicações financeiras de liquidez imediata (devedora)	ANALÍTICA
1.1.1.3.2	Perda estimada em aplicações (credora)	ANALÍTICA

No plano de contas exemplo a seguir, está sendo indicado ao lado da conta a sua natureza principal, se devedora ou credora.

PLANO DE CONTAS – CONTAS PATRIMONIAIS	
CÓDIGO	**CONTA**
1	**ATIVO**
1.1	**CIRCULANTE**
1.1.1	**CAIXA E EQUIVALENTES DE CAIXA**
1.1.1.1	Caixa (devedora)
1.1.1.2	Bancos conta movimento (devedora)
1.1.1.3	Aplicações financeiras de liquidez imediata
1.1.1.3.1	Aplicações financeiras de liquidez imediata (devedora)
1.1.1.3.2	Perda estimada em aplicações (credora)
1.1.2	**TÍTULOS E VALORES MOBILIÁRIOS**
1.1.2.1	Títulos e valores mobiliários (devedora)
1.1.2.2	Perda estimada em títulos e valores mobiliários (credora)
1.1.3	**CRÉDITOS A RECEBER DE CLIENTES**
1.1.3.1	Créditos a receber de clientes (devedora)
1.1.3.2	Ajuste a valor presente (credora)
1.1.3.3	Perda estimada com créditos de liquidação duvidosa (credora)
1.1.4	**OUTROS CRÉDITOS A RECEBER**
1.1.4.1	Empréstimos a receber
1.1.4.1.1	Empréstimos a receber (devedora)
1.1.4.1.2	Ajuste a valor presente (credora)

1.1.4.2	Adiantamento de salários (devedora)
1.1.4.3	Dividendos a receber (devedora)
1.1.4.3	Outras contas a receber (devedora)
1.1.5	**ESTOQUES**
1.1.5.1	Mercadorias para revenda
1.1.5.1.1	Mercadorias para revenda (devedora)
1.1.5.1.2	Perda estimada em estoques (credora)
1.1.5.2	Adiantamento a fornecedores (devedora)
1.1.5.3	Almoxarifado (devedora)
1.1.6	**ATIVOS MANTIDOS PARA VENDA**
1.1.6.1	Ativos mantidos para venda (devedora)
1.1.6.2	Perda estimada em ativos mantidos para venda (credora)
1.1.7	**IMPOSTOS A RECUPERAR**
1.1.7.1	Impostos sobre compras a recuperar (devedora)
1.1.7.2	IRRF a recuperar (devedora)
1.1.8	**DESPESAS ANTECIPADAS**
1.1.8.1	Prêmio de seguros a apropriar (devedora)
1.1.8.2	Assinaturas e anuidades a apropriar (devedora)
1.1.8.3	Aluguéis pagos antecipadamente (devedora)
1.1.8.4	Comissões e prêmios pagos antecipadamente (devedora)
1.2	**NÃO CIRCULANTE**
1.2.1	**REALIZÁVEL A LONGO PRAZO**
1.2.1.1	Títulos e valores mobiliários
1.2.1.1.1	Títulos e valores mobiliários (devedora)
1.2.1.1.2	Perda estimada em títulos e valores mobiliários (credora)
1.2.1.2	Créditos a receber de clientes
1.2.1.2.1	Créditos a receber de clientes (devedora)
1.2.1.2.2	Ajuste a valor presente (credora)
1.2.1.2.3	Perda estimada com créditos de liquidação duvidosa (credora)
1.2.1.3	Empréstimos a receber
1.2.1.3.1	Empréstimos a receber (devedora)
1.2.1.3.2	Ajuste a valor presente (credora)
1.2.1.3.3	Perda estimada em empréstimos a receber (credora)
1.2.1.4	Créditos a receber de controladas ou coligadas
1.2.1.4.1	Créditos a receber de controladas ou coligadas (devedora)
1.2.1.4.2	Ajuste a valor presente (credora)
1.2.1.5	Créditos a receber de diretores
1.2.1.5.1	Créditos a receber de diretores (devedora)
1.2.1.5.2	Ajuste a valor presente (credora)
1.2.1.6	Empréstimos compulsórios (devedora)
1.2.1.7	Imposto de renda e contribuição social diferidos (devedora)
1.2.1.8	Depósitos judiciais (devedora)
1.2.1.9	Participações em outras empresas
1.2.1.9.1	Participações em outras empresas (devedora)

1.2.1.9.2	Perda estimada em participações em outras empresas (credora)
1.2.1.10	Outras contas a receber (devedora)
1.2.2	**INVESTIMENTOS**
1.2.2.1	Participações em controladas
1.2.2.1.1	Participações em controladas (devedora)
1.2.2.1.2	Perda estimada nas participações em controladas (credora)
1.2.2.2	Empreendimentos controlados em conjunto
1.2.2.2.1	Empreendimentos controlados em conjunto (devedora)
1.2.2.2.2	Perda estimada nos empreend. controlados em conjunto (credora)
1.2.2.3	Participações em coligadas
1.2.2.3.1	Participações em coligadas (devedora)
1.2.2.3.2	Perda estimada nas participações em coligadas (credora)
1.2.2.4	Participações em outras empresas avaliadas a valor justo (devedora)
1.2.2.5	Participações em outras empresas avaliadas pelo custo
1.2.2.5.1	Participações em outras empresas avaliadas pelo custo (devedora)
1.2.2.5.2	Perda estimada nas participações em outras empresas (credora)
1.2.2.6	Propriedades para investimento avaliadas a valor justo (devedora)
1.2.2.7	Propriedades para investimento avaliadas pelo custo
1.2.2.7.1	Propriedades para investimento avaliadas pelo custo (devedora)
1.2.2.7.2	Depreciação acumulada propriedades para investimento (credora)
1.2.2.7.3	Perda estimada nas propriedades para investimento (credora)
1.2.2.8	Obras de arte
1.2.2.8.1	Obras de arte (devedora)
1.2.2.8.2	Perda estimada em obras de arte (credora)
1.2.3	**IMOBILIZADO**
1.2.3.1	Imóveis de uso
1.2.3.1.1	Imóveis de uso (devedora)
1.2.3.1.2	Depreciação acumulada imóveis de uso (credora)
1.2.3.1.3	Perda estimada em imóveis de uso (credora)
1.2.3.2	Instalações
1.2.3.2.1	Instalações (devedora)
1.2.3.2.2	Depreciação acumulada instalações (credora)
1.2.3.2.3	Perda estimada em instalações (credora)
1.2.3.3	Veículos
1.2.3.3.1	Veículos (devedora)
1.2.3.3.2	Depreciação acumulada veículos (credora)
1.2.3.3.3	Perda estimada em veículos (credora)
1.2.3.4	Móveis e utensílios
1.2.3.4.1	Móveis e utensílios (devedora)
1.2.3.4.2	Depreciação acumulada móveis e utensílios (credora)
1.2.3.4.3	Perda estimada em móveis e utensílios (credora)
1.2.3.5	Computadores e periféricos
1.2.3.5.1	Computadores e periféricos (devedora)
1.2.3.5.2	Depreciação acumulada computadores e periféricos (credora)
1.2.3.5.3	Perda estimada em computadores e periféricos (credora)

1.2.3.6	Benfeitorias em propriedade de terceiros
1.2.3.6.1	Benfeitorias em propriedade de terceiros (devedora)
1.2.3.6.2	Depreciação acumulada de benfeitorias em propried. de terc. (credora)
1.2.3.6.3	Perda estimada nas benfeitorias em propriedade de terceiros (credora)
1.2.3.7	Obras em andamento
1.2.3.7.1	Obras em andamento (devedora)
1.2.3.7.2	Perda estimada nas obras em andamento (credora)
1.2.4	**INTANGÍVEL**
1.2.4.1	Marcas e patentes
1.2.4.1.1	Marcas e patentes (devedora)
1.2.4.1.2	Amortização acumulada marcas e patentes (credora)
1.2.4.1.3	Perda estimada em marcas e patentes (credora)
1.2.4.2	Direitos autorais
1.2.4.2.1	Direitos autorais (devedora)
1.2.4.2.2	Amortização acumulada direitos autorais (credora)
1.2.4.2.3	Perda estimada em direitos autorais (credora)
1.2.4.3	Fundo de comércio adquirido
1.2.4.3.1	Fundo de comércio adquirido (devedora)
1.2.4.3.2	Amortização acumulada fundo de comércio (credora)
1.2.4.3.3	Perda estimada em fundo de comércio adquirido (credora)
1.2.4.4	Softwares
1.2.4.4.1	Softwares (devedora)
1.2.4.4.2	Amortização acumulada softwares (credora)
1.2.4.4.3	Perda estimada em softwares (credora)
2	**PASSIVO**
2.1	**CIRCULANTE**
2.1.1	Empréstimos e financiamentos a pagar
2.1.1.1	Empréstimos e financiamentos a pagar (credora)
2.1.1.2	Ajuste a valor presente (devedora)
2.1.2	Debêntures a pagar
2.1.2.1	Debêntures a pagar (credora)
2.1.2.2	Ajuste a valor presente (devedora)
2.1.3	Duplicatas descontadas
2.1.3.1	Duplicatas descontadas (credora)
2.1.3.2	Juros a transcorrer (devedora)
2.1.4	Fornecedores
2.1.4.1	Fornecedores (credora)
2.1.4.2	Ajuste a valor presente (devedora)
2.1.5	Adiantamento de clientes (credora)
2.1.6	Salários e encargos sociais a pagar (credora)
2.1.7	Obrigações tributárias (credora)
2.1.8	Obrigações trabalhistas (credora)
2.1.9	Dividendos a pagar (credora)
2.1.10	Imposto de renda e contribuição social a pagar (credora)
2.1.11	Provisões para contingências (credora)

2.1.12	Outras provisões (credora)
2.1.13	Parcelamentos tributários e previdenciários (credora)
2.1.14	Obrigações por incentivos fiscais (credora)
2.1.15	Impostos sobre vendas a recolher (credora)
2.1.16	Aluguéis a pagar (credora)
2.1.17	Outras contas a pagar (credora)
2.1.18	Comissões sobre vendas a pagar (credora)
2.1.19	Receitas antecipadas (credora)
2.1.20	Honorários a pagar (credora)
2.1.21	Passivos relacionados aos ativos mantidos para venda (credora)
2.1.22	Juros sobre capital próprio a pagar (credora)
2.1.23	IRRF sobre JCP a recolher (credora)
2.2	**NÃO CIRCULANTE**
2.2.1	Empréstimos e financiamentos a pagar
2.2.1.1	Empréstimos e financiamentos a pagar (credora)
2.2.1.2	Ajuste a valor presente (devedora)
2.2.2	Debêntures a pagar
2.2.2.1	Debêntures a pagar (credora)
2.2.2.2	Ajuste a valor presente (devedora)
2.2.3	Fornecedores
2.2.3.1	Fornecedores (credora)
2.2.3.2	Ajuste a valor presente (devedora)
2.2.4	Imposto de renda e contribuição social diferidos (credora)
2.2.5	Provisões para contingências (credora)
2.2.6	Outras provisões (credora)
2.2.7	Parcelamentos tributários e previdenciários (credora)
2.2.8	Obrigações por incentivos fiscais (credora)
2.2.9	Outras contas a pagar (credora)
2.2.10	Receitas antecipadas (credora)
3	**PATRIMÔNIO LÍQUIDO**
3.1	**CAPITAL SOCIAL**
3.1.1	Capital subscrito (credora)
3.1.2	Capital a integralizar (devedora)
3.2	**RESERVAS DE CAPITAL**
3.2.1	Excedente de capital (credora)
3.2.2	Alienação de partes beneficiárias (credora)
3.2.3	Alienação de bônus de subscrição (credora)
3.3	**RESERVAS DE LUCRO**
3.3.1	Reserva legal (credora)
3.3.2	Reserva estatutária (credora)
3.3.3	Reserva para contingências (credora)
3.3.4	Reserva de incentivos fiscais (credora)
3.3.5	Reserva de retenção de lucro (credora)
3.3.6	Reserva de lucros a realizar (credora)
3.3.7	Reserva especial para dividendo obrigatório não distribuído (credora)

3.4	**AÇÕES EM TESOURARIA**
3.4.1	Ações em tesouraria (devedora)
3.5	**DIVIDENDOS ADICIONAIS PROPOSTOS**
3.5.1	Dividendos adicionais propostos (credora)
3.6	**LUCROS OU PREJUÍZOS ACUMULADOS**
3.6.1	Lucros ou prejuízos acumulados (credora ou devedora)
3.7	**AJUSTES DE AVALIAÇÃO PATRIMONIAL**
3.7.1	Ajustes de avaliação patrimonial (credora ou devedora)
3.8	**AJUSTES ACUMULADOS DE CONVERSÃO CAMBIAL**
3.8.1	Ajustes acumulados de conversão cambial (credora ou devedora)

PLANO DE CONTAS – CONTAS DE RESULTADO	
CÓDIGO	**CONTA**
4	**RESULTADO**
4.1	**RECEITA BRUTA DE VENDAS**
4.1.1	Venda de mercadorias (credora)
4.2	**DEDUÇÕES DAS VENDAS**
4.2.1	Devoluções das vendas (devedora)
4.2.2	Descontos incondicionais sobre vendas (devedora)
4.2.3	Impostos sobre vendas (devedora)
4.2.4	Abatimentos sobre vendas (devedora)
4.3	**CUSTO DAS VENDAS**
4.3.1	CMV - Custo das mercadorias vendidas (devedora)
4.4	**DESPESAS OPERACIONAIS**
4.4.1	**DESPESAS COM VENDAS**
4.4.1.1	Salários e encargos sociais (devedora)
4.4.1.2	Comissões sobre vendas (devedora)
4.4.1.3	Publicidade e propaganda (devedora)
4.4.1.4	Fretes e carretos (devedora)
4.4.1.5	Combustível e lubrificantes (devedora)
4.4.1.6	Créditos de liquidação duvidosa
4.4.1.6.1	Créditos de liquidação duvidosa (devedora)
4.4.1.6.2	Reversão de créditos de liquidação duvidosa (credora)
4.4.1.7	Viagens e estadias (devedora)
4.4.1.8	Impostos sobre veículos (devedora)
4.4.1.9	Impostos sobre imóveis (devedora)
4.4.1.10	Lanches e refeições (devedora)
4.4.1.11	Honorários (devedora)
4.4.1.12	Aluguel (devedora)
4.4.1.13	Telefonia (devedora)
4.4.1.14	Água e Esgoto (devedora)
4.4.1.15	Energia Elétrica (devedora)
4.4.1.16	Material de escritório (devedora)
4.4.1.17	Manutenção de veículos (devedora)
4.4.1.18	Seguros (devedora)

4.4.1.19	Revistas e publicações (devedora)
4.4.2	**DESPESAS GERAIS E ADMINISTRATIVAS**
4.4.2.1	Salários e encargos sociais (devedora)
4.4.2.2	Combustível e lubrificantes (devedora)
4.4.2.3	Viagens e estadias (devedora)
4.4.2.4	Impostos e taxas sobre veículos (devedora)
4.4.2.5	Impostos sobre imóveis (devedora)
4.4.2.6	Lanches e refeições (devedora)
4.4.2.7	Honorários (devedora)
4.4.2.8	Aluguel (devedora)
4.4.2.9	Telefonia (devedora)
4.4.2.10	Água e Esgoto (devedora)
4.4.2.11	Energia Elétrica (devedora)
4.4.2.12	Material de escritório (devedora)
4.4.2.13	Seguros (devedora)
4.4.2.14	Manutenção predial (devedora)
4.4.2.15	Manutenção de veículos (devedora)
4.4.2.16	Revistas e publicações (devedora)
4.4.3	**OUTRAS RECEITAS E DESPESAS OPERACIONAIS**
4.4.3.1	Depreciação e amortização (devedora)
4.4.3.2	Dividendos recebidos (credora)
4.4.3.3	Resultado de equivalência patrimonial (credora ou devedora)
4.4.3.4	Resultado na venda de ativos não circulantes (credora ou devedora)
4.4.3.5	Ajuste ao valor realizável líquido
4.4.3.5.1	Ajuste ao valor realizável líquido (devedora)
4.4.3.5.2	Reversão de ajuste ao valor realizável líquido (credora)
4.4.3.6	Perdas por desvalorização em ativos
4.4.3.6.1	Perdas por desvalorização em ativos (devedora)
4.4.3.6.2	Reversão de perdas por desvalorização em ativos (credora)
4.4.3.7	Receita de seguros (credora)
4.4.4	**RESULTADO FINANCEIRO LÍQUIDO**
4.4.4.1	**DESPESAS FINANCEIRAS**
4.4.4.1.1	Juros sobre obrigações (devedora)
4.4.4.1.2	Descontos concedidos (devedora)
4.4.4.1.3	Despesas bancárias (devedora)
4.4.4.1.4	Variações monetárias sobre obrigações (devedora)
4.4.4.1.5	Despesa com variação cambial (devedora)
4.4.4.2	**RECEITAS FINANCEIRAS**
4.4.4.2.1	Juros sobre créditos (credora)
4.4.4.2.2	Descontos obtidos (credora)
4.4.4.2.3	Receita sobre aplicações financeiras (credora)
4.4.4.2.4	Variações monetárias sobre créditos (credora)
4.4.4.2.5	Receita com variação cambial (credora)
4.4.5	**IMPOSTO DE RENDA E CONTRIBUIÇÃO SOCIAL**
4.4.5.1	Imposto de renda e contribuição social (credora ou devedora)

4.4.6	**PARTICIPAÇÕES E CONTRIBUIÇÕES**
4.4.6.1	Debêntures (devedora)
4.4.6.2	Empregados (devedora)
4.4.6.3	Administradores (devedora)
4.4.6.4	Partes beneficiárias (devedora)
4.4.6.5	Contribuições aos fundos de assist. e previd. de empregados (devedora)
4.4.7	**RESULTADO LÍQUIDO DO EXERCÍCIO**
4.4.7.1	Resultado líquido do exercício (credora ou devedora)

1.9 – Testes de Exames de Suficiência – CFC

1. **Exame de Suficiência CFC - Bacharel em Ciências Contábeis – 01/2018.** As características qualitativas da informação contábil-financeira útil traduzem os tipos de informações requeridas e consideradas mais úteis pelos usuários (investidores, credores por empréstimos, governo, funcionários, entre outros), existentes ou em potencial, para tomada de decisões acerca da entidade analisada. Nesse contexto, para ser útil a informação contábil-financeira necessita ser relevante e representar fidedignamente o que se propõe a representar e a utilidade da informação contábil-financeira é melhorada se ela for comparável, verificável, tempestiva e compreensível. De acordo com essa breve contextualização, analise as afirmativas, referentes às características qualitativas da informação contábil útil, marque V para as verdadeiras e F para as falsas.

( ) Para ser representação perfeitamente fidedigna, a realidade contábil-financeira retratada precisa ter três atributos. Ela tem que ser completa, neutra e livre de erro.

( ) Tempestividade é a característica qualitativa que permite que os usuários identifiquem e compreendam similaridades dos itens e diferenças entre eles.

( ) A verificabilidade significa que diferentes observadores, cônscios e independentes, podem chegar a um consenso, embora não cheguem necessariamente a um completo acordo.

( ) Os custos decorrentes da informação devem exceder os benefícios de produzi-la.

A sequência está **CORRETA** em:
a) V, V, V, F. b) V, V, V, V. c) V, F, V, F. d) V, F, V, V.

2. **Exame de Suficiência CFC - Bacharel em Ciências Contábeis – 01/2018.** De acordo com as normas vigentes no Brasil, a relevância é uma das características qualitativas obrigatoriamente presentes nas Demonstrações Contábeis. Dentre os seus requisitos, tem-se que a relevância auxilia o usuário da informação contábil em todos os itens a seguir, **EXCETO**:

a) Auxiliar na previsão de eventos futuros.
b) Fazer a diferença na tomada de decisões.
c) Ajudar na avaliação de eventos passados.
d) Demonstrar que tanto itens materiais quanto imateriais devem ser considerados.

3. **Exame de Suficiência CFC - Bacharel em Ciências Contábeis – 02/2017.** A Estrutura Conceitual para

Elaboração e Divulgação de Relatório Contábil-financeiro, ao dispor sobre as características qualitativas da informação contábil-financeira útil, estabelece que, para a informação contábil-financeira ser útil, ela precisa ser relevante e representar com fidedignidade o que se propõe a representar.

Com relação a essas características qualitativas fundamentais da informação contábil-financeira, julgue os itens a seguir como Verdadeiros (V) ou Falsos (F) e, em seguida, assinale a alternativa **CORRETA**.

I. A informação contábil-financeira relevante é apenas aquela cujo montante monetário é elevado.
II. Informação contábil-financeira relevante apresenta valor preditivo, confirmatório ou ambos.
III. Para ser representação perfeitamente fidedigna, a realidade retratada precisa ter três atributos: ser completa, neutra e livre de erro.

A sequência **CORRETA** é:

a) F, V, V. b) F, F, V. c) V, F, F. d) V, V, F.

4. **Exame de Suficiência CFC - Bacharel em Ciências Contábeis – 02/2017.** De acordo com o que define a Estrutura Conceitual para Elaboração e Divulgação de Relatório Contábil-financeiro, em relação às características qualitativas de melhoria das informações contábeis, assinale a alternativa **INCORRETA**.

a) A Comparabilidade permite que os diferentes usuários das informações contábeis identifiquem e compreendam similaridades dos itens e diferenças entre eles.

b) A Verificabilidade indica que a entidade deve fornecer informações exclusivas aos diferentes usuários da informação contábil, de acordo com os seus interesses.

c) Compreensibilidade consiste em classificar, caracterizar e apresentar a informação com clareza e concisão tornando-a compreensível.

d) Tempestividade significa ter informação disponível para tomadores de decisão a tempo de poder influenciá-los em suas decisões.

5. **Exame de Suficiência CFC - Bacharel em Ciências Contábeis – 01/2017.** Em relação ao conteúdo obrigatório das Notas Explicativas, conforme estabelecido nas Normas Brasileiras de Contabilidade, é **CORRETO** afirmar que:

a) a divulgação em nota explicativa é suficiente para a correção de erro material com efeito claramente definido, ocorrido na mensuração de um ativo no exercício anterior.

b) as notas explicativas devem ser apresentadas de forma sistemática e devem apresentar o conteúdo do parecer de auditores independentes.

c) uma Sociedade Empresária que revende mercadorias deve divulgar nas Notas Explicativas a relação das mercadorias negociadas pela empresa.

d) uma Sociedade Empresária que revende mercadorias deve divulgar nas Notas Explicativas as políticas contábeis adotadas na mensuração dos estoques.

6. **Exame de Suficiência CFC - Bacharel em Ciências Contábeis – 01/2017.** De acordo com a Estrutura Conceitual para Elaboração e Divulgação de Relatório Contábil-financeiro, as Características Qualitativas da informação Contábil-Financeira Útil se dividem em Qualitativas Fundamentais e Qualitativas de Melhoria.

   Considerando-se o exposto, é **CORRETO** afirmar que:

   a) a Comparabilidade, a Compreensibilidade, a Tempestividade e a Verificabilidade representam Características Qualitativas Fundamentais da Informação Contábil-Financeira Útil.

   b) a Comparabilidade, a Compreensibilidade, a Materialidade, a Relevância, a Representação Fidedigna, a Tempestividade e a Verificabilidade representam Características Qualitativas de Melhoria da informação contábil.

   c) a Materialidade, a Relevância e a Representação Fidedigna representam Características Qualitativas de Melhoria da informação contábil.

   d) a Relevância e a Representação Fidedigna representam Características Qualitativas Fundamentais da Informação Contábil-Financeira Útil.

7. **Exame de Suficiência CFC - Bacharel em Ciências Contábeis – 01/2017.** Uma Empresa Individual de Responsabilidade Limitada possui um único proprietário, que exige do Profissional da Contabilidade responsável que ignore os ajustes relacionados às estimativas de perdas econômicas, para que não afetem o resultado.

   Segundo o proprietário:

   As estimativas de perdas previstas no conjunto normativo, assim como a redução ao Valor Realizável Líquido, Redução ao Valor Recuperável e com Créditos de Liquidação Duvidosa não são dívidas, ou seja, não serão pagas, e refletem apenas reduções nos benefícios dos ativos, o que interessa apenas a mim, especificamente.

   Considero ainda inadequado o seu reconhecimento no resultado, pois será reduzido o lucro ou o prejuízo aumentado, pois o Fisco não admite a sua dedutibilidade.

   Afinal, sou o proprietário e o Gestor, portanto, como usuário principal, minhas necessidades é que devem ser atendidas.

   Considerando-se a Estrutura Conceitual para Elaboração e Divulgação de Relatório Contábil-financeiro, é **CORRETO** afirmar que o Profissional da Contabilidade:

   a) deve aceitar as exigências do proprietário, afinal não há risco fiscal no atendimento à necessidade manifestada pelo proprietário, que é o usuário principal; dessa forma, estaria agindo de acordo com a Característica Qualitativa da Compreensibilidade.

   b) deve acatar as exigências do proprietário, pois os casos mencionados são estimativas, logo, o seu atendimento, não marcado por uma transação efetiva, representa a perda da Característica Qualitativa da Objetividade.

c) não pode atender às exigências do proprietário; se o fizer, a informação contábil perderá a Característica de Representação Fidedigna, marcada pela neutralidade.

d) não pode atender às exigências do proprietário, se o fizer, a informação contábil perderá a Característica Qualitativa da Prudência, inerente à profissão contábil.

8. **Exame de Suficiência CFC - Bacharel em Ciências Contábeis – 02/2016.** Em 31.12.2015, uma Sociedade Empresária contratou uma empresa que presta serviços de jardinagem para efetuar a manutenção de seus jardins.

   O contrato firmado prevê pagamento total de R$ 60.000,00 pela prestação de serviços de jardinagem durante o período de 1º.1.2016 a 30.6.2016.

   A Sociedade Empresária pagou, no ato da contratação, o valor total de R$ 60.000,00.
   Ambas as entidades apropriam mensalmente despesas e receitas.

   De acordo com a Estrutura Conceitual para Elaboração e Divulgação de Relatório Contábil-financeiro e considerando-se todas as informações apresentadas, assinale a alternativa **CORRETA**.

a) em 31.12.2015, a contratante registra um aumento líquido de R$60.000,00 no Ativo Circulante.
b) em 31.12.2015, a contratante registra, no resultado, Despesas com Jardinagem no valor de R$ 60.000,00.
c) em 31.12.2015, a contratada registra um aumento líquido de R$ 60.000,00 no Passivo Circulante.
d) em 31.12.2015, a contratada registra, no resultado, Receita com Prestação de Serviços no valor de R$ 60.000,00.

9. **Exame de Suficiência CFC - Bacharel em Ciências Contábeis – 02/2016.** Uma Sociedade Empresária mensura suas propriedades para investimento ao Valor Justo, tal como previsto pela norma sobre propriedades para investimento, mas deixou de apresentar, em sua nota de conciliação dos valores contábeis da Propriedade de Investimento no início e no fim do período, o item "ganhos ou perdas líquidas provenientes de ajustes de valor justo".

   Essa omissão restringiu a capacidade analítica do usuário e, entre outras perdas de qualidade, prejudicou o valor confirmatório.

   De acordo com o disposto pela Estrutura Conceitual para Elaboração e Divulgação de Relatório Contábil-financeiro, o valor confirmatório é uma das marcas da característica qualitativa da:

   a) Materialidade. b) Relevância. c) Representação Fidedigna. d) Tempestividade.

10. **Exame de Suficiência CFC - Bacharel em Ciências Contábeis – 01/2016.** Com relação à Demonstração dos Lucros ou Prejuízos Acumulados – DLPA, julgue os itens abaixo como Verdadeiros (V) ou Falsos (F) e, em seguida, assinale a opção **CORRETA**.

I. A Demonstração das Mutações do Patrimônio Líquido – DMPL poderá ser incluída na Demonstração dos Lucros ou Prejuízos Acumulados – DLPA, a qual é mais abrangente que a anterior.

II. Quando a Entidade evidenciar o resultado e sua destinação nas Notas Explicativas, está desobrigada de publicar a Demonstração dos Lucros ou Prejuízos Acumulados – DLPA.

III. A Demonstração dos Lucros ou Prejuízos Acumulados – DLPA discriminará, entre outros, o saldo do início do período, as reversões de reservas de lucro e o lucro líquido do exercício.

A sequência **CORRETA** é:
a) F, F, V. b) F, V, F. c) V, F, V. d) V, V, F.

11. **Exame de Suficiência CFC - Bacharel em Ciências Contábeis – 01/2016.** Uma Sociedade Empresária que realiza seus registros de acordo com as Normas Brasileiras de Contabilidade aplicou, em 1º.12.2015, a importância de R$ 144.580,00 em um banco, a uma taxa de juros compostos de 2% ao mês, cujo resgate ocorreu em 28.2.2016, no valor de R$ 153.429,45.

Com base nessas informações, considerando-se o mês comercial de 30 dias e desconsiderando-se os efeitos tributários, o valor que a sociedade apropriou como receita financeira, em 31.12.2015, é de:

a) R$ 2.891,60. b) R$ 2.949,81. c) R$ 5.899,63. d) R$ 8.849,45.

12. **Exame de Suficiência CFC - Bacharel em Ciências Contábeis – 01/2016.** De acordo com a Estrutura Conceitual para Elaboração e Divulgação de Relatório Contábil-financeiro, é **INCORRETO** afirmar que:

a) as características qualitativas fundamentais são comparabilidade, verificabilidade, tempestividade e compreensibilidade, pois tornam a informação útil. A utilidade da informação contábil-financeira é melhorada se ela for relevante e representar com fidedignidade o que se propõe a representar. Portanto, relevância e representação fidedigna são características qualitativas de melhoria.

b) a informação contábil-financeira relevante é aquela capaz de fazer diferença nas decisões que possam ser tomadas pelos usuários. A informação pode ser capaz de fazer diferença em uma decisão mesmo no caso de alguns usuários decidirem não a levar em consideração, ou já tiverem tomado ciência de sua existência por outras fontes.

c) as características qualitativas de melhoria podem também auxiliar a determinar qual de duas alternativas, que sejam consideradas equivalentes em termos de relevância e fidedignidade de representação, deve ser usada para retratar um fenômeno.

d) a informação contábil-financeira é capaz de fazer diferença nas decisões se tiver valor preditivo, valor confirmatório ou ambos. A informação contábil-financeira tem valor preditivo se puder ser utilizada como dado de entrada em processos empregados pelos usuários para predizer futuros resultados.

13. **Exame de Suficiência CFC - Bacharel em Ciências Contábeis – 01/2016.** Uma Sociedade Industrial fabrica e vende um determinado produto com garantia convencional de um ano. Na venda do produto é oferecida uma garantia estendida, coberta por ela própria, que começa a vigorar após a garantia convencional, a um preço acessível de tal forma que a maioria dos compradores a adquirem. A Sociedade Industrial registra a garantia estendida como receita de serviços no momento da venda.

De acordo com essa situação, a Sociedade Industrial **NÃO** está obedecendo ao Princípio:
a) da Competência. b) da Continuidade. c) da Entidade. d) do Registro pelo Valor Original.

14. **Exame de Suficiência CFC - Bacharel em Ciências Contábeis – 02/2015.** Em relação à Demonstração das Mutações do Patrimônio Líquido – DMPL, julgue os itens abaixo como Verdadeiros (V) ou Falsos (F) e, em seguida, assinale a opção **CORRETA**.

I. A Demonstração das Mutações do Patrimônio Líquido – DMPL é uma demonstração de apresentação obrigatória pela Lei das Sociedades por Ações.

II. A Demonstração das Mutações do Patrimônio Líquido – DMPL poderá substituir a Demonstração de Lucros e Prejuízos Acumulados – DLPA, pois as informações apresentadas na DLPA fazem parte da DMPL.

III. A Demonstração das Mutações do Patrimônio Líquido – DMPL evidencia quais contas sofreram alterações e os respectivos montantes, que deram origem às transformações ocorridas no Patrimônio Líquido.

IV. A Demonstração das Mutações do Patrimônio Líquido – DMPL deve evidenciar apenas as alterações ocorridas no Patrimônio Líquido relativas a parte dos acionistas não controladores.

A sequência CORRETA é:
a) F, V, F, V. b) F, V, V, F. c) V, F, F, V. d) V, F, V, F.

15. **Exame de Suficiência CFC - Bacharel em Ciências Contábeis – 01/2015.** De acordo com a Lei nº 6.404/76 e suas alterações, em relação ao conteúdo das Notas Explicativas, julgue os itens abaixo e, em seguida, assinale a opção **CORRETA**.

I. As Notas Explicativas não poderão evidenciar as políticas contábeis da empresa, quando estas já tiverem sido apresentadas no Relatório da Administração.

II. As Notas Explicativas devem apresentar informações sobre a base de preparação das demonstrações financeiras e das práticas contábeis específicas selecionadas e aplicadas para negócios e eventos significativos.

III. As Notas Explicativas devem apresentar informações adicionais não indicadas nas próprias demonstrações financeiras e consideradas necessárias para uma apresentação adequada.

Estão **CORRETOS** os itens:
a) I e II, apenas. b) I e III, apenas. c) I, II e III. d) II e III, apenas.

16. **Exame de Suficiência CFC - Bacharel em Ciências Contábeis – 01/2015.** De acordo com a Estrutura Conceitual para Elaboração e Divulgação de Relatório Contábil-financeiro, as características qualitativas são atributos que tornam as demonstrações contábil-financeiras úteis para seus usuários.

Assinale a opção que apresenta as Características Qualitativas de Melhoria.

a) comparabilidade, verificabilidade, tempestividade e compreensibilidade.
b) compreensibilidade, relevância, confiabilidade e comparabilidade.

c) relevância, materialidade, comparabilidade e compreensibilidade.
d) tempestividade, confiabilidade, relevância e comparabilidade.

17. **Exame de Suficiência CFC - Bacharel em Ciências Contábeis – 01/2015.** De acordo a Estrutura Conceitual para Elaboração e Divulgação de Relatório Contábil-financeiro, com relação às características qualitativas da informação contábil, julgue os itens abaixo como Verdadeiros (V) ou Falsos (F) e, em seguida, assinale a opção **CORRETA**.

I. A informação necessita, concomitantemente, ser relevante e representar com fidedignidade a realidade reportada para ser útil. Nem a representação fidedigna de fenômeno irrelevante, tampouco a representação não fidedigna de fenômeno relevante auxiliam os usuários a tomarem boas decisões.

II. Comparabilidade, verificabilidade, tempestividade e compreensibilidade são características qualitativas que melhoram a utilidade da informação que é relevante e que é representada com fidedignidade. As características qualitativas de melhoria podem também auxiliar a determinar qual de duas alternativas, que sejam consideradas equivalentes em termos de relevância e fidedignidade de representação, deve ser usada para retratar um fenômeno.

III. O custo de gerar a informação é uma restrição sempre presente na entidade, no processo de elaboração e divulgação de relatório contábil-financeiro. O processo de elaboração e divulgação de relatório contábil-financeiro impõe custos, e é importante que tais custos sejam justificados pelos benefícios gerados pela divulgação da informação.

A sequência **CORRETA** é:
a) F, V, F. b) V, F, V. c) F, F, F. d) V, V, V.

Capítulo 2

Balanço Patrimonial: Apresentação dos Financiamentos e Investimentos da Empresa

O balanço patrimonial reflete as posições financeira e patrimonial de uma entidade em determinado momento. Em seu lado esquerdo temos os bens e direitos da empresa, denominados de ATIVO e em seu lado direito encontramos as obrigações exigíveis, que chamamos de PASSIVO e a riqueza líquida da empresa que denominamos de PATRIMÔNIO LÍQUIDO.

BALANÇO PATRIMONIAL	
ATIVO	**PASSIVO**
	Obrigações Exigíveis
Bens e Direitos	**PATRIMÔNIO LÍQUIDO**
	Riqueza Líquida
Aplicações de Recursos	**Origens de Recursos**

Segundo a Estrutura Conceitual, as demonstrações contábeis retratam os efeitos patrimoniais e financeiros das transações e outros eventos, por meio do grupamento dos mesmos em classes amplas de acordo com as suas características econômicas. Essas classes amplas são denominadas de elementos das demonstrações contábeis. Os elementos diretamente relacionados à análise da posição patrimonial e financeira no balanço patrimonial são: ativo, passivo e patrimônio líquido. Devemos atentar para o fato de que ao avaliar se um item pode ser enquadrado na definição de ativo, passivo ou patrimônio líquido, deve-se avaliar sua essência subjacente e realidade econômica e não apenas para sua forma legal. Assim sendo, mais importante é a essência econômica e não a forma jurídica. No arrendamento mercantil financeiro a essência econômica da transação é a de financiamento e não aluguel do bem. Portanto, nesses casos deve ocorrer o registro do bem no ativo e do financiamento no passivo do arrendatário. Com a entrada em vigor do CPC 06 (R2), a partir do ano de 2019, o arrendatário deve reconhecer o ativo de direito de uso e o passivo de arrendamento, independentemente se o contrato tiver característica de arrendamento operacional ou financeiro.

Na realidade, o Balanço Patrimonial evidencia como a empresa está sendo financiada (origens de recursos) e de que forma esses recursos foram investidos (aplicações de recursos) no ativo. Para manter esse equilíbrio (balanço), entre origens e aplicações de recursos, o lado esquerdo é sempre igual ao lado direito, ou seja, se temos 1 milhão de reais em aplicações, vamos ter também 1 milhão de reais em origens de recursos. Assim, quando a empresa faz um empréstimo em uma instituição financeira, a origem de recursos é exatamente o empréstimo que irá aparecer no passivo da empresa como uma dívida e a aplicação será representada pelo aumento do saldo da conta corrente bancária representada no ativo e desta forma, mantem-se o equilíbrio dos dois lados.

Exemplificando:

BALANÇO PATRIMONIAL	
ATIVO	**PASSIVO**
R$ 1.000.000	R$ 700.000
	PATRIMÔNIO LÍQUIDO
	R$ 300.000
Aplicações de Recursos = R$ 1.000.000	Origens de Recursos = R$ 1.000.000

Bens e Direitos: dinheiro em caixa, dinheiro em conta corrente bancária, dinheiro em aplicações financeiras em bancos, créditos a receber de clientes, empréstimos a receber, estoques de mercadorias, participação em outras empresas, terrenos, outros imóveis, veículos, máquinas e equipamentos, móveis e utensílios, direito de exploração de jazidas minerais, marcas, patentes.

Obrigações Exigíveis (Capital de Terceiros): fornecedores a pagar, empréstimos e financiamentos a pagar, salários e encargos sociais a pagar, impostos sobre vendas a recolher, imposto de renda a pagar, dividendos a pagar, contas a pagar diversas, promissórias a pagar. Estas obrigações são chamadas de passivos exigíveis por terem uma data de vencimento e, portanto, necessitam de liquidação presente ou futura.

Riqueza Líquida (Capital Próprio): Engloba o capital aplicado na empresa pelos proprietários (sócios ou acionistas), resultados (lucros ou prejuízos) auferidos na atividade, lucros retidos para destinações específicas (reservas de lucros), e outros. A riqueza líquida representa o que denominamos de patrimônio líquido, ou seja, a diferença entre o ativo e o passivo.

Ativo = Passivo + Patrimônio Líquido

Essa equação, chamada de equação fundamental do patrimônio, estabelece que os investimentos no ativo serão sempre iguais às fontes de recursos (financiamento) originados de credores e proprietários, que são os recursos que a entidade usa para adquirir ativos. Assim, os ativos criam condições para a entidade manter a sua atividade empresarial e ao mesmo tempo o passivo representa pessoas ou entidades que possuem direitos sobre o ativo, tendo em vista que disponibilizaram financiamento para a empresa.

2.1 – Ativo

O CPC 00 (R1) conceitua o ativo como um recurso controlado pela entidade, como resultado de eventos passados e do qual se espera que fluam futuros benefícios econômicos para a entidade. Portanto, três aspectos dos bens e direitos são preponderantes para o registro como ativo: a) recurso controlado pela entidade; b) resultado de evento ou transação passada; e c) que fluam benefícios econômicos, ou seja, que a utilização do bem ou direito tenha o potencial em contribuir, direta ou indiretamente, na geração de fluxos de caixa ou equivalentes de caixa para a entidade.

Exemplo:

Imóveis de uso com saldo no balanço patrimonial de 31.05.2018 de uma entidade empresarial no valor R$ 65.000,00: o saldo do valor de imóveis de uso próprio é registrado em conta específica no Ativo Não Circulante – Imobilizado. Os ativos foram adquiridos em 11.04.2017. Portanto, é um recurso controlado pela empresa (imóvel próprio), resultado de transação passada (11.04.2017) e a utilização do bem na atividade empresarial tem a capacidade de contribuir, direta ou indiretamente, para a geração de fluxos de caixa futuros.

Em termos gerais, os benefícios econômicos futuros obtidos por meio de um ativo podem ser gerados para a entidade de diversas maneiras. Assim, o ativo pode ser: a) individualmente utilizado nas operações ou em conjunto com outros ativos na produção e comercialização de bens ou na prestação de serviços a serem vendidos pela entidade (máquinas de produção utilizadas na fabricação de produtos que serão vendidos); b) trocado por outros ativos (mercadorias trocadas por dinheiro ou um cheque de cliente referente ao pagamento); c) usado para liquidar um passivo (dinheiro em caixa utilizado para liquidar uma dívida); ou d) distribuído aos proprietários da entidade (dinheiro em conta corrente bancária usado para a distribuição de dividendos aos acionistas).

> O ativo é um recurso potencial de oferecer a uma empresa um benefício econômico futuro – a capacidade para gerar entradas futuras de caixa ou para reduzir saídas futuras. Uma empresa reconhecerá um recurso como ativo somente se (1) adquiriu direitos de sua utilização no futuro como resultado de uma transação ou troca passada e (2) puder medir ou quantificar os benefícios futuros com um grau razoável de precisão. (Stickney e Weil, 2014, p. 40)

Os elementos do ativo devem ser classificados por ordem decrescente de grau de liquidez, ou seja, partindo do ativo de maior liquidez para o ativo de menor liquidez. Entendendo por liquidez a capacidade que o bem ou direito tenha de se transformar em dinheiro. Os ativos de maior liquidez são aqueles que: a) representam dinheiro (caixa ou equivalentes); b) espera-se a conversão em dinheiro no curto prazo (mercadorias para revenda); ou c) serão consumidos pela entidade no curto prazo (impostos a recuperar).

Grupos e subgrupos do ativo no Balanço Patrimonial:

- **Ativo Circulante:** representado por bens e direitos de alta liquidez (dinheiro em caixa ou em conta corrente bancária) ou bens e direitos que a entidade espera que se realizem em dinheiro ou sejam consumidos no prazo de até um ano. A prática contábil convencional usa o prazo de um ano como linha divisória entre o circulante e não circulante. Exemplos: caixa, dinheiro em conta corrente bancária, dinheiro em aplicações financeiras bancárias de curto prazo, créditos a receber de clientes com prazo de vencimento em até um ano, estoque de mercadorias, impostos a recuperar e despesas pagas antecipadamente.

- **Ativo Não Circulante:** representado por bens e direitos que irão se transformar em dinheiro ou serão consumidos na atividade empresarial após um ano. Apresenta os seguintes subgrupos: Realizável a Longo Prazo, Investimento, Imobilizado e Intangível.

- **Realizável a Longo Prazo**: representado por ativos realizáveis após um ano, como por exemplo: promissórias a receber com data de vencimento após doze meses. São também consideradas como realizáveis a longo prazo as transações que a empresa tiver com seus diretores, com empresas controladas ou coligadas (partes relacionadas), desde que tais transações não constituam negócios usuais da companhia, independente do prazo de recebimento das mesmas.

- **Investimentos**: representado por ativos que a empresa não pretende negociar no momento, porém, não se destinam à realização da sua atividade principal (negócio da empresa). São investimentos de longo prazo (não correntes). Exemplos: participações permanentes em outras companhias, obras de arte, imóveis para renda – aluguel (Propriedades para Investimento) e terrenos para futura utilização atualmente indeterminada (Propriedades para Investimento).

- **Imobilizado**: representado por ativos necessários ou utilizados na execução da atividade operacional da empresa, são ativos tangíveis e de longa duração que a entidade utiliza em suas operações ao longo de vários anos. Normalmente não tendo adquirido esses com intuito de revenda. São ativos consumidos na atividade empresarial e para evidenciar a diminuição do valor desses bens, que é derivada do seu uso ao longo do tempo, a contabilidade efetua o registro da depreciação[1] (com a exceção de terrenos). Exemplos: veículos utilizados na entrega de mercadorias vendidas, máquinas e equipamentos usados na produção, terreno onde a empresa está instalada, mobiliário dos escritórios da empresa e computadores utilizados nas operações.

- **Intangível**: ativos incorpóreos destinados à manutenção da companhia ou exercidos com essa finalidade. São também ativos consumidos na atividade empresarial e para evidenciar a perda de valor ao longo do tempo a contabilidade efetua o registro da amortização acumulada desses bens. Exemplos: fundo de comércio adquirido, direitos de concessão, direitos de exploração, *softwares*[2], marcas comerciais, patentes e direitos autorais.

O CPC 26 (R1) requer que o ativo seja classificado como circulante quando atender qualquer um dos seguintes critérios: a) o ativo seja realizado, vendido ou consumido no decurso normal do ciclo operacional da entidade; b) o ativo é mantido prioritariamente com o propósito de ser negociado; c) o ativo seja realizado até doze meses após a data do balanço; ou d) o ativo é caixa ou equivalente de caixa, a menos que sua troca ou uso para liquidação de passivo se encontre impossibilitada durante pelo menos doze meses após a data do balanço patrimonial. Também observa que todos os demais ativos devem ser classificados como não circulantes.

A classificação como circulante ou não circulante pode levar em consideração o ciclo operacional da entidade. Circulante quando compreender o prazo do ciclo operacional e não circulante quando ultrapassar esse prazo. O prazo do ciclo operacional refere-se ao prazo compreendido entre a compra de mercadorias para revenda e o recebimento da venda, em uma empresa comercial. A maioria das empresas apresenta ciclo operacional com prazo inferior a 12 meses. Portanto, a classificação em circulante e não circulante levará em consideração o prazo de até um ano e após um ano, respectivamente.

2.2 – Passivo

Segundo conceituação advinda do CPC 00 (R1), passivo é uma obrigação presente da entidade, derivada de eventos passados, cuja liquidação se espera que resulte na saída de recursos da entidade capazes de gerar benefícios econômicos. Assim sendo, podemos destacar três aspectos relevantes na conceituação de passivo: 1) obrigação presente; 2) deriva de eventos passados; e 3) cuja liquidação se espera que resulte na saída de recursos da entidade (ativos).

---

[1] A depreciação pode ser entendida como a diminuição do valor de um ativo proveniente do desgaste físico pelo seu uso, ação da natureza ou obsolescência. Em outros termos, a depreciação é a alocação sistemática do valor depreciável de um ativo ao longo da sua vida útil (CPC 27 – Ativo Imobilizado).

[2] O software que não é parte integrante do respectivo hardware deve ser tratado como ativo intangível.

Exemplo:

Fornecedores a pagar com saldo no balanço patrimonial de 31.05.2018 de uma entidade empresarial no valor de R$ 12.000,00: conta do passivo que registra a dívida referente à aquisição de mercadorias para revenda ocorrida em 15.05.2018 com data de vencimento em 20.06.2018. Portanto, é uma obrigação presente (31.05.2018), provinda de transação passada (15.05.2018) e cuja liquidação espera-se a saída de caixa para pagamento em 20.06.2018.

Segundo o CPC 00 (R1), a expectativa de que futuros benefícios econômicos fluam para a entidade ou saiam da entidade deve ser suficientemente certa (alta probabilidade de ocorrer), antes que um ativo ou um passivo seja reconhecido.

Nos termos da Estrutura Conceitual, uma das características essenciais para a existência de passivo é que a entidade tenha uma obrigação presente. Na realidade, uma obrigação é um dever ou responsabilidade de agir ou de desempenhar uma determinada tarefa, de certa maneira e em determinado prazo. As obrigações podem ser legalmente exigíveis em consequência de contrato ou de exigências estatutárias. Existem também, certas obrigações que surgem de práticas usuais do negócio, de usos e costumes e do desejo de manter boas relações comerciais ou agir de maneira equitativa.

Em relação à liquidação de uma obrigação presente, a Estrutura Conceitual assinala que geralmente a entidade utiliza recursos incorporados de benefícios econômicos para satisfazer a demanda da contraparte. Dessa forma, a liquidação de uma obrigação presente pode ocorrer de diversas maneiras, tais como: a) pagamento em dinheiro; b) transferência de outros ativos; c) prestação de serviços; d) substituição da obrigação atual por outra; e) conversão da obrigação em item do patrimônio líquido; ou f) outros meios, tais como pela renúncia do credor ou pela perda dos seus direitos.

Grupos do passivo no Balanço Patrimonial:

- **Passivo Circulante**: representa obrigações que têm prazo de vencimento dentro de um ano. São exemplos: impostos sobre vendas a recolher, salários e encargos sociais a pagar, imposto de renda a pagar, fornecedores a pagar com prazo de vencimento de até um ano e parcelas de financiamentos que têm vencimento dentro de 12 meses.

- **Passivo não Circulante**: representa obrigações que têm prazo de vencimento superior a um ano. São exemplos: duplicatas a pagar com prazo de vencimento após um ano, parcelas de financiamentos que têm vencimento após 12 meses e outros. Dessa forma, as obrigações cujo vencimento ultrapasse o período para classificação no passivo circulante serão classificadas no passivo não circulante.

Dispõe o CPC 26 (R1) que o passivo deve ser classificado como circulante quando satisfizer qualquer dos seguintes critérios: a) espera-se que seja liquidado durante o ciclo operacional normal da entidade; b) está mantido essencialmente para a finalidade de ser negociado; c) deve ser liquidado no período de até doze meses após a data do balanço; ou d) a entidade não tem direito incondicional de diferir a liquidação do passivo durante pelo menos doze meses após a data do balanço patrimonial. Salientando ainda que todos os outros passivos devem ser classificados como não circulantes. Além disso, atentar para o fato de que impostos diferidos nunca poderão ser classificados como passivos circulantes.

O imposto de renda e a contribuição social sobre o lucro diferidos surgem devido às diferenças temporárias entre o resultado contábil e o resultado tributável (real) e os mesmos podem ser registrados tanto no ativo não circulante como no passivo não circulante. O IR e CSLL diferidos no ativo surgem quando a empresa registra despesas na contabilidade segundo o regime de competência, que são consideradas indedutíveis no período, de acordo com as regras fiscais, sendo dedutíveis apenas no futuro quando forem realizadas financeiramente (exemplo, provisões para contingências). O IR e a CSLL diferidos também podem ser registrados no ativo realizável a longo prazo como consequência de prejuízos fiscais que geram créditos desses tributos, que podem ser aproveitados no futuro. Por outro lado, o imposto de renda e a contribuição social diferidos no passivo surgem em situações onde a entidade registrou receitas, seguindo o regime de competência, mas, para fins fiscais, serão consideradas tributáveis apenas no futuro, como exemplo, a parcela do resultado na venda de ativo imobilizado com recebimento a longo prazo.

LOJAS RENNER S.A. Demonstrações contábeis em 31 de dezembro de 2017 e 2016
Notas explicativas às demonstrações contábeis
14 IMPOSTO DE RENDA E CONTRIBUIÇÃO SOCIAL **14.1 POLÍTICA CONTÁBIL** A provisão para imposto de renda e contribuição social está baseada no lucro tributável do exercício. O imposto de renda e contribuição social diferidos são reconhecidos sobre as diferenças temporárias no final de cada exercício entre os saldos de ativos e passivos reconhecidos nas demonstrações financeiras e as bases fiscais correspondentes usadas na apuração do lucro tributável, incluindo saldo de prejuízos fiscais, quando aplicável. A recuperação do saldo dos impostos diferidos ativos é revisada no final de cada exercício e, quando não for mais provável que lucros tributáveis futuros estarão disponíveis para permitir a recuperação de todo o ativo, ou de parte dele, o saldo do ativo é ajustado pelo montante que se espera que seja recuperado. Os impostos correntes e diferidos são reconhecidos no resultado, exceto quando correspondem a itens registrados em "outros resultados abrangentes" no patrimônio líquido. O saldo de imposto de renda e contribuição social diferidos é apresentado líquido nas demonstrações financeiras.

Salienta o CPC 12 – Tributos sobre o Lucro, que um ativo fiscal diferido deve ser reconhecido para o registro de prejuízos fiscais não utilizados e créditos fiscais não utilizados quando for provável que a entidade irá gerar lucros tributáveis futuros contra os quais os prejuízos fiscais ou créditos fiscais não utilizados possam ser compensados.

2.3 – Patrimônio Líquido

De acordo com o CPC 00 (R1), o patrimônio líquido é conceituado como o interesse residual nos ativos da entidade restantes depois de deduzidos todos os seus passivos. Assim, a conceituação é baseada na equação fundamental do patrimônio.

> O patrimônio líquido de uma empresa tem o significado de interesse ou direito residual, isto é, os proprietários têm direito sobre os ativos remanescentes após o pagamento dos direitos dos credores. Portanto, a avaliação de ativos e passivos incluídos no balanço patrimonial determina o valor do patrimônio líquido total. (Stickney e Weil, 2014, p. 48)

Segundo a Estrutura Conceitual, embora o patrimônio líquido seja definido como um resíduo, ele pode ter subclassificações no balanço patrimonial. Essas classificações podem ser relevantes para o entendimento mais apurado e tomada de decisão dos usuários das demonstrações contábeis quando indicarem restrições legais ou de outra natureza sobre a capacidade que a entidade tem de distribuir ou aplicar de outra forma os seus recursos patrimoniais. Podem também refletir o fato de que determinadas partes com direitos de propriedade sobre a entidade têm direitos diferentes com relação ao recebimento de dividendos ou ao reembolso de capital.

A constituição de reservas pode ser exigida pelo estatuto da entidade (reserva estatutária) ou por lei (reserva legal) para dar a seus credores ou a própria companhia uma margem maior de segurança contra os efeitos de prejuízos futuros. Outras reservas podem ser constituídas em atendimento a leis que concedem isenções ou reduções nos impostos (reserva de incentivos fiscais). A existência e o tamanho de tais reservas legais, estatutárias e fiscais representam informações que podem ser importantes para a tomada de decisão dos usuários. As transferências para tais reservas são apropriações de lucros acumulados.

O valor pelo qual o patrimônio líquido é apresentado no balanço patrimonial depende da forma de mensuração dos ativos e passivos. Dificilmente o montante do patrimônio líquido irá coincidir com o valor da empresa no mercado ou com o valor líquido obtido pela venda dos itens do ativo individualmente com a liquidação subsequente do passivo.

De forma específica, na contabilidade brasileira atual, o patrimônio líquido é representado no balanço patrimonial por recursos investidos na entidade pelos proprietários (capital social), recursos recebidos que não transitaram pelo resultado (reservas de capital), ajustes de avaliação patrimonial (resultado de avaliação de ativos e passivos a valor justo), lucros retidos (reservas de lucros), ações em tesouraria (conta redutora do patrimônio líquido que registra a compra pela entidade de suas próprias ações) e os resultados auferidos pela entidade em sua atividade ao longo do tempo (lucros ou prejuízos acumulados). Salientamos que a integralização de capital (alocação de recursos) efetuada pelos proprietários pode ser efetuada com a injeção de recursos financeiros ou entrega de bens.

Grupos e subgrupos do patrimônio líquido no Balanço Patrimonial:

- **Capital Social**: representa o capital que foi efetivamente integralizado (investido) na empresa pelos proprietários (sócios ou acionistas). O capital social é a diferença entre o capital subscrito e o capital a integralizar. O capital subscrito representa a obrigação que os sócios e acionistas têm de integralizar recursos na empresa e está evidenciada no estatuto social da sociedade anônima ou no contrato social da entidade com forma jurídica distinta da sociedade por ações; já o capital a integralizar representa os recursos que ainda não foram integralizados e, portanto, que precisarão ser integralizados no futuro. A conta Capital a Integralizar é uma conta redutora do patrimônio líquido.

Exemplo:

Entidade empresarial com capital subscrito de R$ 80.000,00 e capital social de R$ 60.000,00 registrados no balanço patrimonial.

Assim, no patrimônio líquido da entidade estará evidenciado:

CAPITAL SOCIAL	R$ 60.000,00
Capital Subscrito	R$ 80.000,00
(-) Capital a Integralizar	R$ (20.000,00)

- **Reservas de Capital**: recursos recebidos pela empresa que não transitaram pelo resultado e registrados no patrimônio líquido por determinação legal. São registrados em reservas de capital: a) ágio na emissão de ações; b) o produto da alienação de partes beneficiárias; e c) o produto da alienação de bônus de subscrição. De acordo com a lei societária, em seu artigo 200, as reservas de capital somente poderão ser utilizadas para: a) absorção de prejuízos que ultrapassarem os lucros acumulados e as reservas de lucros; b) resgate, reembolso ou compra de ações; c) resgate de partes beneficiárias; d) incorporação ao capital social; e) pagamento de dividendos a ações preferenciais, quando essa vantagem lhes for assegurada. A reserva constituída com o produto da venda de partes beneficiárias poderá ser destinada ao resgate desses títulos.

- **Ajustes de Avaliação Patrimonial**: representam as contrapartidas de aumentos ou diminuições de valores atribuídos a elementos do ativo e do passivo, em decorrência da sua avaliação a valor justo, enquanto não computadas no resultado do exercício em obediência ao regime de competência.

- **Reservas de Lucros**: representam destinações específicas do lucro do período, quais sejam: legal, estatutária, para contingências, de incentivos fiscais, retenção de lucro e de lucros a realizar. A lei societária em seu artigo 199 estabelece que o saldo das reservas de lucros, exceto as para contingências, de incentivos fiscais e de lucros a realizar, não poderá ultrapassar o capital social. Atingindo esse limite, a assembleia deliberará sobre aplicação do excesso na integralização ou no aumento do capital social ou na distribuição de dividendos.

- **Reserva Legal**: recebe destinações do lucro por imposição legal (Lei nº 6.404/76, artigo 193), à base de 5% do lucro líquido do exercício, antes de qualquer outra destinação. Tem constituição obrigatória e não pode exceder 20% do capital social (limite obrigatório). A companhia também poderá deixar de realizar destinações a essa reserva no exercício em que o saldo dessa reserva somado ao saldo das reservas de capital exceder 30% do capital social (limite facultativo). A reserva legal tem por fim assegurar a integridade do capital social e somente poderá ser utilizada para compensar prejuízos ou aumentar o capital.

- **Reserva Estatutária**: recebe esse nome, pois consta no estatuto da entidade. Segundo o artigo 194 da Lei nº 6.404/76, o estatuto deverá: a) indicar, de modo preciso e completo, a sua finalidade; b) fixar os critérios para determinar a parcela anual dos lucros líquidos que serão destinados à sua constituição; e c) estabelecer o limite máximo da reserva. A destinação dos lucros para constituição dessa reserva não poderá ser aprovada, em cada exercício, em prejuízo da distribuição do dividendo obrigatório.

- **Reserva para Contingências**: é criada para fazer frente à diminuição do resultado futuro devido a algum evento contingencial esperado. Em seu artigo 195, a lei societária especifica que a assembleia geral poderá, por proposta dos órgãos da administração, destinar parte do lucro líquido à formação de reserva com a finalidade de compensar, em exercício futuro, a diminuição do lucro decorrente de perda julgada provável, cujo valor possa ser estimado. Além disso, estabelece que a proposta dos órgãos da administração deverá indicar a causa da perda prevista e justificar, com as razões de prudência que a recomendem, a constituição da reserva. A reserva será revertida no exercício em que deixarem de existir as razões que justificaram a sua constituição ou em que ocorrer a perda.

- **Reserva de Incentivos Fiscais**: recebe destinações com a parcela do lucro líquido decorrente de doações ou subvenções governamentais para investimentos, que poderá ser excluída da base de cálculo do dividendo obrigatório.

- **Reserva de Retenção de Lucro**: é criada para reter lucro frente a necessidades de capital para realizar investimentos que a empresa entende como necessários para a manutenção e/ou ampliação das atividades. De acordo com a Lei nº 6.404/76, em seu artigo 196, a assembleia geral poderá, por proposta dos órgãos da administração, deliberar reter parcela do lucro líquido do exercício prevista em orçamento de capital por ela previamente aprovado. O orçamento, submetido pelos órgãos da administração com a justificação da retenção de lucros, deverá compreender todas as fontes de recursos e aplicações de capital, fixo ou circulante, e poderá ter a duração de até 5 (cinco) exercícios, salvo no caso de execução, por prazo maior, de projeto de investimento. A destinação dos lucros para constituição dessa reserva não poderá ser aprovada, em cada exercício, em prejuízo da distribuição do dividendo obrigatório.

- **Reserva de Lucros a Realizar**: poderá receber destinações do lucro no exercício em que o montante do dividendo obrigatório, calculado nos termos do estatuto ou do art. 202 da Lei nº 6.404/76, ultrapassar a parcela realizada (que passou pelo caixa) do lucro líquido do exercício. A reserva de lucros a realizar somente poderá ser utilizada para pagamento do dividendo obrigatório ou absorver prejuízos futuros.

- **Ações em Tesouraria**: representa ações de própria emissão da entidade que foram por ela adquiridas no mercado. A conta ações em tesouraria é redutora do patrimônio líquido. As ações em tesouraria deverão ser destacadas no balanço como dedução da conta do patrimônio líquido que registrar a origem dos recursos aplicados na sua aquisição.

- **Lucros ou Prejuízos Acumulados**: representa o valor dos resultados (lucro ou prejuízo) auferidos pela empresa durante os períodos e advindos da DRE. Atualmente, no caso de sociedades anônimas, por disposição legal, os lucros devem ter destinação específica para reservas de lucros ou ser distribuídos aos acionistas (dividendos). Portanto, essa conta só apresentará saldo quando se referir a prejuízos acumulados e, nesse caso, esses devem ser absorvidos pelos lucros acumulados, pelas reservas de lucros e pela reserva legal, nessa ordem.

- **Dividendos Adicionais Propostos**: representa a proposta dos órgãos da administração da companhia em relação à distribuição de lucros que excedem os dividendos mínimos obrigatórios referidos pela Lei nº 6.404/76 em seu artigo 202.

Segundo o ICPC 08 - Contabilização da Proposta de Pagamento de Dividendos, item 24:

> A parcela do dividendo que se caracterize efetivamente como obrigação presente deve figurar no passivo da entidade. Mas a parcela que exceder ao previsto legal ou estatutariamente deve ser mantida no patrimônio líquido, em conta específica, do tipo "dividendo adicional proposto", até a deliberação definitiva que vier a ser tomada pelos sócios. Afinal, esse dividendo adicional não se caracteriza como obrigação presente na data do balanço, já que a assembleia dos sócios ou outro órgão competente poderá, não havendo qualquer restrição estatutária ou contratual, deliberar ou não pelo seu pagamento ou por pagamento por valor diferente do proposto.

Alguns valores mobiliários citados anteriormente merecem uma conceituação, assim sendo:

- **Ações**: representa a menor parte de capital próprio de uma sociedade anônima. Portanto, a sociedade anônima é uma entidade que tem seu capital dividido em ações. As ações podem ser ordinárias, que dão direito a voto, ou preferenciais, as que têm o direito de preferência sobre a distribuição de lucros aos acionistas. O acionista que tem a maioria das ações ordinárias é o controlador da empresa.

- **Bônus de Subscrição**: são títulos que dão direito ao seu portador subscrever ações da empresa por um preço predeterminado no período estipulado. A companhia poderá emitir esse título, dentro do limite de aumento de capital autorizado no estatuto.

- **Debêntures**: são títulos emitidos por sociedades anônimas com garantia de seu ativo, ofertados no mercado para obter recursos de longo prazo. Os recursos levantados são destinados normalmente a financiamento de projetos de investimento ou alongamento do perfil do passivo. Representa um título de dívida.

- **Partes Beneficiárias**: são títulos nominativos e estranhos ao capital social das sociedades anônimas e que dão direito aos seus titulares crédito eventual contra a companhia, consistente na participação nos lucros anuais. A participação atribuída às partes beneficiárias, inclusive para formação de reserva para resgate, se houver, não poderá ultrapassar 10% dos lucros. Apenas as sociedades anônimas de capital fechado podem emitir esse título, de acordo com a legislação societária atual, ou seja, é vedado às companhias abertas emitir partes beneficiárias.

2.4 – Equação Fundamental do Patrimônio e Configurações do Estado Patrimonial

A equação fundamental do patrimônio estabelece a igualdade entre os elementos do ativo e do passivo. O balanço patrimonial deve ser visualizado como a demonstração da igualdade de elementos do patrimônio. Entendido o patrimônio como a representação de todos os bens, direitos e obrigações da entidade.

Assim,

ATIVO = PASSIVO + PATRIMÔNIO LÍQUIDO

Portanto,

PATRIMÔNIO LÍQUIDO = ATIVO - PASSIVO

Na realidade concreta da maioria das entidades empresariais o Ativo (bens e direitos) suplanta o Passivo (obrigações), assim sendo, a representação mais comumente encontrada do patrimônio é a seguinte:

BALANÇO PATRIMONIAL	
ATIVO	**PASSIVO**
	R$ 6.000
R$ 10.000	**PATRIMÔNIO LÍQUIDO**
	R$ 4.000
Total do Ativo = R$ 10.000	**Total do Passivo + PL = R$10.000**

Na ilustração anterior o ativo é maior que o passivo, apresentando um patrimônio líquido positivo em R$ 4.000,00. Mas, outras configurações podem acontecer como veremos a seguir.

BALANÇO PATRIMONIAL	
ATIVO	**PASSIVO**
R$ 10.000	R$ 10.000
	PATRIMÔNIO LÍQUIDO
	R$ 0
Total do Ativo = R$ 10.000	Total do Passivo + PL = R$10.000
O patrimônio líquido é nulo. O ativo é igual ao passivo.	

BALANÇO PATRIMONIAL	
ATIVO	**PASSIVO**
R$ 10.000	R$ 12.000
	PATRIMÔNIO LÍQUIDO
	(R$ 2.000)
Total do Ativo = R$ 10.000	Total do Passivo + PL = R$10.000
O patrimônio líquido é negativo. O ativo é menor que o passivo.	

BALANÇO PATRIMONIAL	
ATIVO	**PASSIVO**
R$ 10.000	R$ 0
	PATRIMÔNIO LÍQUIDO
	R$ 10.000
Total do Ativo = R$ 10.000	Total do Passivo + PL = R$10.000
O patrimônio líquido é igual ao ativo. O passivo é igual a zero.	

2.5 – Variações do Patrimônio Líquido

O Patrimônio Líquido de uma entidade pode sofrer modificações por intermédio de diversos acontecimentos que aumentam ou reduzem a riqueza líquida, dentre os quais podemos destacar como principais:

Aumento do Patrimônio Líquido:

- **Aplicações de recursos efetuados pelos proprietários**: os sócios ou acionistas realizam integralizações de capital no início das atividades da empresa e, quando necessário, ao longo dos períodos futuros podem realizar novas aplicações;

- **Lucros**: a empresa que gera lucro (receitas maiores que despesas) aumenta sua riqueza líquida;

- **Reservas de Capital**: aumentos em reservas de capital advindos, por exemplo, da alienação de partes beneficiárias ou bônus de subscrição;

- **Ajuste de Avaliação Patrimonial**: Ajuste positivo pelo aumento no valor de ativos ou diminuição no valor de passivos mensurados a valor justo, enquanto não computados no resultado do exercício, em obediência ao regime de competência.

Diminuição do Patrimônio Líquido:

- **Desinvestimentos efetuados pelos proprietários:** os proprietários podem sentir a necessidade de retirar uma parcela do capital investido na sociedade, por motivos diversos;

- **Prejuízos**: o prejuízo (receitas menores que despesas) diminuem a riqueza líquida da empresa;

- **Distribuição de Lucros**: a distribuição de lucros (dividendos) aos acionistas diminui o patrimônio líquido através da diminuição nos lucros acumulados;

- **Ajuste de Avaliação Patrimonial**: Ajuste negativo pela diminuição no valor de ativos ou aumento no valor de passivos mensurados a valor justo, enquanto não computados na apuração do resultado do exercício, em obediência ao regime de competência.

- **Ações em Tesouraria**: representa a compra de ações de própria emissão da empresa. Quando a entidade (sociedade anônima) adquire suas próprias ações no mercado, esse evento faz com que o patrimônio líquido diminua. As ações adquiridas podem permanecer em tesouraria, serem canceladas ou negociadas no futuro. Essas ações, enquanto mantidas em tesouraria, não terão direito a voto nem a dividendo.

2.6 – O Balanço Patrimonial: Normas da Lei Societária e o CPC 26 (R1)

Em relação ao balanço patrimonial (contas patrimoniais), a Lei nº 6.404/76, em seu artigo 178, especifica o seguinte: no balanço patrimonial as contas serão classificadas segundo os elementos do patrimônio que registrem, e agrupadas de modo a facilitar o conhecimento e a análise da situação financeira da companhia. No ativo, as contas serão dispostas em ordem decrescente de grau de liquidez dos elementos nelas registrados, nos seguintes grupos: a) ativo circulante; e b) ativo não circulante, composto por ativo realizável a longo prazo, investimentos, imobilizado e intangível. Por outro lado, no passivo, as contas serão classificadas nos seguintes grupos: a) passivo circulante; b) passivo não circulante; e c) patrimônio líquido, dividido em capital social, reservas de capital, ajustes de avaliação patrimonial, reservas de lucros, ações em tesouraria e prejuízos acumulados.

De forma mais específica, a lei societária, através do artigo 179, detalha a classificação no balanço patrimonial, assinalando que as contas terão a seguinte classificação:

- **Ativo Circulante**: as disponibilidades (caixa e equivalentes), os direitos realizáveis no curso do exercício social subsequente (contas a receber) e as aplicações de recursos em despesas do exercício seguinte (prêmios de seguros a apropriar);

- **Realizável a Longo Prazo**: os direitos realizáveis após o término do exercício seguinte, assim como os derivados de vendas, adiantamentos ou empréstimos a sociedades coligadas ou controladas, diretores, acionistas ou participantes no lucro da companhia, que não constituírem negócios usuais na exploração do objeto da companhia;

- **Investimentos**: as participações permanentes em outras sociedades (ações de outras empresas) e os direitos de qualquer natureza, não classificáveis no ativo circulante, e que não se destinem à manutenção da atividade da companhia ou da empresa;

- **Imobilizado:** os direitos que tenham por objeto bens corpóreos destinados à manutenção das atividades da companhia ou da empresa ou exercidos com essa finalidade, inclusive os decorrentes de operações que transfiram à companhia os benefícios, riscos e controle desses bens;

- **Intangível**: os direitos que tenham por objeto bens incorpóreos destinados à manutenção da companhia ou exercidos com essa finalidade, inclusive o fundo de comércio adquirido.

As obrigações da companhia, inclusive financiamentos para aquisição de bens e direitos do ativo não circulante, serão classificadas no passivo circulante, quando se vencerem no exercício seguinte (até 12 meses após o encerramento do exercício atual), e no passivo não circulante, se tiverem vencimento em prazo maior. Na companhia em que o ciclo operacional da empresa tiver duração maior que o exercício social, a classificação no circulante ou longo prazo terá por base o prazo desse ciclo.

Em relação ao patrimônio líquido, o artigo 182 da legislação societária afirma que a conta do capital social discriminará o montante subscrito e, por dedução, a parcela ainda não realizada (capital a integralizar). E continua, assinalando que serão classificadas como reservas de capital as contas que registrarem: a) a contribuição do subscritor de ações que ultrapassar o valor nominal e a parte do preço de emissão das ações sem valor nominal que ultrapassar a importância destinada à formação do capital social, inclusive nos casos de conversão em ações de debêntures ou partes beneficiárias; b) o produto da alienação de partes beneficiárias e bônus de subscrição; c) será ainda registrado como reserva de capital o resultado da correção monetária do capital realizado, enquanto não capitalizado.

Quanto aos ajustes de avaliação patrimonial, especifica que as contrapartidas de aumentos ou diminuições de valores atribuídos a elementos do ativo e do passivo, em decorrência da sua avaliação a valor justo, enquanto não computadas no resultado do exercício em obediência ao regime de competência, serão classificadas como ajustes de avaliação patrimonial, nos casos previstos na lei societária ou em normas expedidas pela Comissão de Valores Mobiliários.

Por fim, estabelece que as contas constituídas pela apropriação de lucros da companhia serão classificadas como reservas de lucros e que as ações em tesouraria deverão ser destacadas no balanço como dedução da conta do patrimônio líquido que registrar a origem dos recursos aplicados na sua aquisição.

Segundo o CPC 26 (R1), o balanço patrimonial deve apresentar, respeitada a legislação societária, as seguintes contas: a) caixa e equivalentes de caixa; b) clientes e outros recebíveis; c) estoques; d) ativos financeiros; e) total de ativos classificados como disponíveis para venda e ativos à disposição para venda; f) ativos biológicos; g) investimentos avaliados por equivalência patrimonial; h) propriedades para investimento; i) imobilizado; j) intangível; k) contas a pagar comerciais e outras; l) provisões; m) obrigações financeiras; n) obrigações e ativos relativos à tributação corrente; o) impostos diferidos ativos e passivos; p) obrigações associadas a ativos à disposição para venda; q) participação de não controladores apresentada de forma destacada dentro do patrimônio líquido; r) capital integralizado e reservas e outras contas atribuíveis aos proprietários da entidade.

MAGAZINE LUIZA S.A.
Demonstrações contábeis em 31 de dezembro de 2018 e 2017

Magazine Luiza S.A.

Balanços patrimoniais em 31 de dezembro de 2018 e 2017

(Valores expressos em milhares de Reais - R$)

	Nota explicativa	Controladora 2018	Controladora 2017	Consolidado 2018	Consolidado 2017
Ativo					
Circulante					
Caixa e equivalentes de caixa	7	548.553	370.926	599.087	412.707
Títulos e valores mobiliários e outros ativos financeiros	8	409.111	1.259.553	409.111	1.259.553
Contas a receber	9	2.024.685	1.233.983	2.051.557	1.241.290
Estoques	10	2.790.726	1.953.963	2.810.248	1.969.333
Contas a receber de partes relacionadas	11	193.635	99.985	190.190	96.766
Tributos a recuperar	12	299.746	198.894	303.691	200.678
Outros ativos		46.357	75.754	48.506	77.290
Total do ativo circulante		6.312.813	5.193.058	6.412.390	5.257.617
Não circulante					
Títulos e valores mobiliários e outros ativos financeiros	8	-	-	214	-
Contas a receber	9	7.571	4.741	7.571	4.741
Tributos a recuperar	12	150.624	166.033	150.624	166.033
Imposto de renda e contribuição social diferidos	13	171.488	219.321	181.012	223.100
Depósitos judiciais	21	349.228	310.899	349.239	310.901
Outros ativos		32.442	42.464	34.154	44.387
Investimentos em controladas	14	146.703	78.530	-	-
Investimentos em controladas em conjunto	15	308.462	311.347	308.462	311.347
Imobilizado	16	749.463	567.085	754.253	569.027
Intangível	17	501.539	486.111	598.822	532.360
Total do ativo não circulante		2.417.520	2.186.531	2.384.351	2.161.896
Total do ativo		8.730.333	7.379.589	8.796.741	7.419.513

MAGAZINE LUIZA S.A.
Demonstrações contábeis em 31 de dezembro de 2018 e 2017

Magazine Luiza S.A.

Balanços patrimoniais em 31 de dezembro de 2018 e 2017

(Valores expressos em milhares de Reais - R$)

	Nota explicativa	Controladora 2018	Controladora 2017	Consolidado 2018	Consolidado 2017
Passivo					
Circulante					
Fornecedores	18	4.068.459	2.898.025	4.105.244	2.919.541
Empréstimos e financiamentos	19	130.685	434.294	130.743	434.294
Salários, férias e encargos sociais		250.792	231.820	258.983	236.584
Tributos a recolher		135.384	81.196	140.979	84.451
Contas a pagar a partes relacionadas	11	125.353	89.486	125.383	89.521
Receita diferida	20	39.157	41.566	39.157	41.566
Dividendos a pagar		182.000	64.273	182.000	64.273
Outras contas a pagar		403.805	261.773	406.109	265.806
Total do passivo circulante		5.335.635	4.102.433	5.388.598	4.136.036
Não circulante					
Empréstimos e financiamentos	19	323.402	437.204	325.224	437.204
Provisão para riscos tributários, cíveis e trabalhistas	21	377.444	297.138	387.355	301.534
Receita diferida	20	390.980	468.837	390.980	468.837
Outras contas a pagar		-	-	1.712	1.925
Total do passivo não circulante		1.091.826	1.203.179	1.105.271	1.209.500
Total do passivo		6.427.461	5.305.612	6.493.869	5.345.536
Patrimônio líquido	22				
Capital social		1.719.886	1.719.886	1.719.886	1.719.886
Reserva de capital		52.175	37.094	52.175	37.094
Ações em tesouraria		(87.015)	(13.955)	(87.015)	(13.955)
Reserva legal		65.644	39.922	65.644	39.922
Reservas de lucros		546.851	288.371	546.851	288.371
Ajuste de avaliação patrimonial		5.331	2.659	5.331	2.659
Total do patrimônio líquido		2.302.872	2.073.977	2.302.872	2.073.977
Total do Passivo e Patrimônio líquido		8.730.333	7.379.589	8.796.741	7.419.513

2.7 – A Técnica de Balanços Sucessivos: Movimentações em Contas do Balanço Patrimonial Decorrentes das Transações Empresariais

A técnica de balanços sucessivos é frequentemente utilizada para facilitar ao estudante observar e entender a sistemática das movimentações patrimoniais que refletem as transações e outros eventos. A técnica de balanços sucessivos se consubstancia em uma forma didática de solidificar também o aprendizado em relação à estrutura do balanço patrimonial. Por esses motivos, nesse capítulo vamos utilizar essa sistemática, que consiste em montar um balanço patrimonial novo para cada transação ocorrida e que modifica o patrimônio.

Para compreender a sistemática contábil, que é necessária para manter o equilíbrio patrimonial (equação do patrimônio), temos que satisfazer a mecânica da dualidade de impacto em contas analíticas, efeito consequente das transações. O impacto dual significa que para cada transação que modifica o patrimônio temos mutações em no mínimo duas contas analíticas. Dito de outra forma, toda transação ou evento afeta o balanço patrimonial em dois lugares. A tarefa básica na utilização de balanços sucessivos é identificar as duas ou mais contas do balanço patrimonial que são afetadas, em cada caso particular (ocorrência do evento ou transação).

Portanto, cada transação individual terá um dos seguintes efeitos ou alguma combinação entre eles: a) aumento no ativo e um aumento no passivo ou patrimônio líquido; b) diminuição de um ativo e diminuição de um passivo ou patrimônio líquido; c) aumento em um ativo e diminuição de um ativo; d) aumento em um passivo ou patrimônio líquido e diminuição em outro passivo ou patrimônio líquido.

Exemplo: Aplicando a técnica de balanços sucessivos.

A sociedade empresarial Compostella S.A. inicia suas atividades em 04 de janeiro de 2017 e as transações que ocorreram no mês de janeiro são as seguintes:

04.01.2017. Subscrição de capital social no valor de R$ 400.000,00. Integralização de capital no valor de R$ 300.000,00 sendo, R$ 250.000,00, em dinheiro, depositados em conta corrente bancária em nome da empresa e R$ 50.000,00 com a transferência de propriedade de um terreno que será usado como estacionamento para funcionários, diretores e clientes da entidade.

COMPOSTELLA S.A.			
Balanço Patrimonial - 04.01.2017 - Em R$			
ATIVO	**300.000**	**PASSIVO**	**-**
CIRCULANTE	**250.000**	**CIRCULANTE**	**-**
Caixa e equivalentes de caixa	**250.000**		
Bancos conta movimento	250.000	**NÃO CIRCULANTE**	**-**
NÃO CIRCULANTE	**50.000**	**PATRIMÔNIO LÍQUIDO**	**300.000**
Imobilizado	**50.000**	Capital Social	300.000
Imóveis de uso	50.000	Capital Subscrito	400.000
		(-) Capital a Integralizar	(100.000)
TOTAL DO ATIVO =	**300.000**	**TOTAL DO PASSIVO + PL =**	**300.000**

Podemos observar que ocorreu um aumento em uma conta do ativo (bancos), outro aumento em conta de ativo (terrenos) e um aumento em conta do patrimônio líquido (capital social). Os proprietários subscreveram R$ 400.000,00 e integralizaram apenas R$ 300.000,00 no momento. Assim sendo, ainda existe um capital a ser integralizado de R$ 100.000,00 (capital a integralizar).

06.01.2017. Compra de 100 unidades de mercadorias para revenda pelo valor de R$ 40.000,00 sendo, 50% à vista com a emissão de um cheque e o restante a prazo de 30 dias.

COMPOSTELLA S.A.			
Balanço Patrimonial - 06.01.2017 - Em R$			
ATIVO	320.000	PASSIVO	20.000
CIRCULANTE	**270.000**	**CIRCULANTE**	**20.000**
Caixa e equivalentes de caixa	**230.000**	Fornecedores	20.000
Bancos conta movimento	230.000		
Estoques	**40.000**	**NÃO CIRCULANTE**	-
Mercadorias para revenda	40.000		
		PATRIMÔNIO LÍQUIDO	300.000
NÃO CIRCULANTE	**50.000**	Capital Social	300.000
Imobilizado	**50.000**	Capital Subscrito	400.000
Imóveis de uso	50.000	(-) Capital a Integralizar	(100.000)
TOTAL DO ATIVO =	320.000	TOTAL DO PASSIVO + PL =	320.000

A transação referente à compra de mercadorias gerou um aumento no ativo (mercadorias), uma diminuição de ativo (bancos) e um aumento de passivo (fornecedores). A compra gera uma entrada em estoque de mercadorias ao mesmo tempo que, diminui o saldo bancário referente a parte do pagamento à vista e aparece uma dívida no passivo que representa a parcela não paga.

11.01.2017. Transferência de R$ 100.000,00 da conta corrente bancária para aplicação financeira no mesmo banco com prazo de resgate em 60 dias.

COMPOSTELLA S.A.			
Balanço Patrimonial - 11.01.2017 - Em R$			
ATIVO	320.000	PASSIVO	20.000
CIRCULANTE	270.000	CIRCULANTE	20.000
Caixa e equivalentes de caixa	**230.000**	Fornecedores	20.000
Bancos conta movimento	130.000		
Aplicações financeiras de liquidez imediata	100.000	**NÃO CIRCULANTE**	-
Estoques	**40.000**		
Mercadorias para revenda	40.000	PATRIMÔNIO LÍQUIDO	300.000
		Capital Social	300.000
NÃO CIRCULANTE	**50.000**	Capital Subscrito	400.000
Imobilizado	**50.000**	(-) Capital a Integralizar	(100.000)
Imóveis de uso	50.000		
TOTAL DO ATIVO =	320.000	TOTAL DO PASSIVO + PL =	320.000

A transação gera um aumento em uma conta do ativo (aplicações financeiras) e concomitantemente uma diminuição em outra conta do ativo (bancos).

13.01.2017. Compra de veículos que serão utilizados pela área comercial no valor de R$ 180.000,00 financiados em 18 parcelas iguais e consecutivas, vencendo a primeira em 30 dias.

COMPOSTELLA S.A.			
Balanço Patrimonial - 13.01.2017 - Em R$			
ATIVO	500.000	PASSIVO	200.000
CIRCULANTE	270.000	CIRCULANTE	140.000
Caixa e equivalentes de caixa	**230.000**	Empréstimos e financiamentos a pagar	120.000
Bancos conta movimento	130.000	Fornecedores	20.000
Aplicações financeiras de liquidez imediata	100.000		
Estoques	**40.000**	NÃO CIRCULANTE	60.000
Mercadorias para revenda	40.000	Empréstimos e financiamentos a pagar	60.000
NÃO CIRCULANTE	230.000	PATRIMÔNIO LÍQUIDO	300.000
Imobilizado	**230.000**	Capital Social	300.000
Imóveis de uso	50.000	Capital Subscrito	400.000
Veículos	180.000	(-) Capital a Integralizar	(100.000)
TOTAL DO ATIVO =	500.000	TOTAL DO PASSIVO + PL =	500.000

Podemos verificar que ocorre um aumento em uma conta do ativo (veículos), um aumento em uma conta do passivo (financiamento no curto prazo referente às parcelas que vencem em até 12 meses) e outro aumento em conta do passivo (financiamento no longo prazo referente às parcelas que vencem após 12 meses). O ativo experimenta um aumento de R$ 180.000,00 e o passivo um aumento no mesmo valor.

20.01.2017. Integralização de capital efetuada pelos acionistas da empresa no valor de R$ 30.000,00, em dinheiro, com depósito em conta corrente bancária da sociedade.

COMPOSTELLA S.A.			
Balanço Patrimonial - 20.01.2017 - Em R$			
ATIVO	530.000	PASSIVO	200.000
CIRCULANTE	300.000	CIRCULANTE	140.000
Caixa e equivalentes de caixa	**260.000**	Empréstimos e financiamentos a pagar	120.000
Bancos conta movimento	160.000	Fornecedores	20.000
Aplicações financeiras de liquidez imediata	100.000		
Estoques	**40.000**	NÃO CIRCULANTE	60.000
Mercadorias para revenda	40.000	Empréstimos e financiamentos a pagar	60.000
NÃO CIRCULANTE	230.000	PATRIMÔNIO LÍQUIDO	330.000
Imobilizado	**230.000**	Capital Social	330.000
Imóveis de uso	50.000	Capital Subscrito	400.000
Veículos	180.000	(-) Capital a Integralizar	(70.000)
TOTAL DO ATIVO =	530.000	TOTAL DO PASSIVO + PL =	530.000

A transação interfere no ativo (bancos) e no patrimônio líquido na conta capital a integralizar que acaba por modificar o capital social, aumentando este último em R$ 30.000,00.

21.01.2017. Saque de R$ 1.500,00 da conta corrente bancária e recursos enviados para controle de caixa pelo setor administrativo/financeiro da empresa.

COMPOSTELLA S.A.			
Balanço Patrimonial - 21.01.2017 - Em R$			
ATIVO	530.000	PASSIVO	200.000
CIRCULANTE	300.000	CIRCULANTE	140.000
Caixa e equivalentes de caixa	**260.000**	Empréstimos e financiamentos a pagar	120.000
Caixa	1.500	Fornecedores	20.000
Bancos conta movimento	158.500		
Aplicações financeiras de liquidez imediata	100.000	NÃO CIRCULANTE	60.000
Estoques	**40.000**	Empréstimos e financiamentos a pagar	60.000
Mercadorias para revenda	40.000		
		PATRIMÔNIO LÍQUIDO	330.000
NÃO CIRCULANTE	230.000	Capital Social	330.000
Imobilizado	**230.000**	Capital Subscrito	400.000
Imóveis de uso	50.000	(-) Capital a Integralizar	(70.000)
Veículos	180.000		
TOTAL DO ATIVO =	530.000	TOTAL DO PASSIVO + PL =	530.000

A transação gera um aumento em uma conta do ativo (caixa) e uma diminuição em outra conta do ativo (bancos). O total do ativo não se modifica.

23.01.2017. Compra de materiais para escritório (cartuchos e papel para impressoras) no valor de R$ 1.200,00, que serão consumidos durante os próximos meses e que serão pagos em 28.01.2017.

COMPOSTELLA S.A.			
Balanço Patrimonial - 23.01.2017 - Em R$			
ATIVO	531.200	PASSIVO	201.200
CIRCULANTE	301.200	CIRCULANTE	141.200
Caixa e equivalentes de caixa	**260.000**	Empréstimos e financiamentos a pagar	120.000
Caixa	1.500	Fornecedores	21.200
Bancos conta movimento	158.500		
Aplicações financeiras de liquidez imediata	100.000	NÃO CIRCULANTE	60.000
Estoques	**41.200**	Empréstimos e financiamentos a pagar	60.000
Mercadorias para revenda	40.000		
Almoxarifado	1.200	PATRIMÔNIO LÍQUIDO	330.000
		Capital Social	330.000
NÃO CIRCULANTE	230.000	Capital Subscrito	400.000
Imobilizado	**230.000**	(-) Capital a Integralizar	(70.000)
Imóveis de uso	50.000		
Veículos	180.000		
TOTAL DO ATIVO =	531.200	TOTAL DO PASSIVO + PL =	531.200

Podemos verificar que a transação faz com que uma conta do ativo seja criada (almoxarifado) para registrar a compra dos materiais para escritório e no lado do passivo a conta fornecedores aumenta para registrar a nova dívida contraída pela empresa.

28.01.2017. Pagamento da compra efetuada em 23.01.2017 utilizando o saldo da conta corrente bancária.

COMPOSTELLA S.A.			
Balanço Patrimonial - 28.01.2017 - Em R$			
ATIVO	**530.000**	**PASSIVO**	**200.000**
CIRCULANTE	**300.000**	**CIRCULANTE**	**140.000**
Caixa e equivalentes de caixa	**258.800**	Empréstimos e financiamentos a pagar	120.000
Caixa	1.500	Fornecedores	20.000
Bancos conta movimento	157.300		
Aplicações financeiras de liquidez imediata	100.000	**NÃO CIRCULANTE**	**60.000**
Estoques	**41.200**	Empréstimos e financiamentos a pagar	60.000
Mercadorias para revenda	40.000		
Almoxarifado	1.200	**PATRIMÔNIO LÍQUIDO**	**330.000**
		Capital Social	330.000
NÃO CIRCULANTE	**230.000**	Capital Subscrito	400.000
Imobilizado	**230.000**	(-) Capital a Integralizar	(70.000)
Imóveis de uso	50.000		
Veículos	180.000		
TOTAL DO ATIVO =	**530.000**	**TOTAL DO PASSIVO + PL =**	**530.000**

Por fim, uma conta do ativo diminui (bancos) registrando o pagamento da dívida ao mesmo tempo que a dívida deixa de existir no passivo, diminuindo a conta fornecedores.

Um resumo das mutações do patrimônio da empresa ao longo do mês de janeiro é apresentado no quadro a seguir:

Resumo - Balanços Sucessivos (em R$)								
Balanço Patrimonial - Compostella S.A.	04.01.2017	06.01.2017	11.01.2017	13.01.2017	20.01.2017	21.01.2017	23.01.2017	28.01.2017
ATIVO	**300.000**	**320.000**	**320.000**	**500.000**	**530.000**	**530.000**	**531.200**	**530.000**
CIRCULANTE	**250.000**	**270.000**	**270.000**	**270.000**	**300.000**	**300.000**	**301.200**	**300.000**
Caixa e equivalentes de caixa	**250.000**	**230.000**	**230.000**	**230.000**	**260.000**	**260.000**	**260.000**	**258.800**
Caixa	-	-	-	-	-	1.500	1.500	1.500
Bancos conta movimento	250.000	230.000	130.000	130.000	160.000	158.500	158.500	157.300
Aplicações financeiras de liquidez imediata	-	-	100.000	100.000	100.000	100.000	100.000	100.000
Estoques	**-**	**40.000**	**40.000**	**40.000**	**40.000**	**40.000**	**41.200**	**41.200**
Mercadorias para revenda	-	40.000	40.000	40.000	40.000	40.000	40.000	40.000
Almoxarifado	-	-	-	-	-	-	1.200	1.200
NÃO CIRCULANTE	**50.000**	**50.000**	**50.000**	**230.000**	**230.000**	**230.000**	**230.000**	**230.000**
Imobilizado	**50.000**	**50.000**	**50.000**	**230.000**	**230.000**	**230.000**	**230.000**	**230.000**
Imóveis de uso	50.000	50.000	50.000	50.000	50.000	50.000	50.000	50.000
Veículos	-	-	-	180.000	180.000	180.000	180.000	180.000
PASSIVO	**-**	**20.000**	**20.000**	**200.000**	**200.000**	**200.000**	**201.200**	**200.000**
CIRCULANTE	**-**	**20.000**	**20.000**	**140.000**	**140.000**	**140.000**	**141.200**	**140.000**
Empréstimos e financiamentos a pagar	-	-	-	120.000	120.000	120.000	120.000	120.000
Fornecedores	-	20.000	20.000	20.000	20.000	20.000	21.200	20.000
NÃO CIRCULANTE	**-**	**-**	**-**	**60.000**	**60.000**	**60.000**	**60.000**	**60.000**
Empréstimos e financiamentos a pagar	-	-	-	60.000	60.000	60.000	60.000	60.000
PATRIMÔNIO LÍQUIDO	**300.000**	**300.000**	**300.000**	**300.000**	**330.000**	**330.000**	**330.000**	**330.000**
Capital Social	300.000	300.000	300.000	300.000	330.000	330.000	330.000	330.000
Capital Subscrito	400.000	400.000	400.000	400.000	400.000	400.000	400.000	400.000
(-) Capital a Integralizar	(100.000)	(100.000)	(100.000)	(100.000)	(70.000)	(70.000)	(70.000)	(70.000)

As empresas participam de várias transações em sua atividade operacional com outras entidades ou indivíduos. Elas adquirem mercadorias de seus fornecedores, vendem essas mercadorias para seus clientes, pagam empréstimos aos credores e assim por diante.

Outros eventos ocorrem na atividade normal da empresa que não envolvem uma negociação com outras entidades. Os imobilizados são consumidos enquanto vão sendo utilizados nas operações e os juros sobre empréstimos em aberto são incorridos. Essas transações e eventos são na realidade os elementos constitutivos das demonstrações financeiras.

A contabilidade registra os efeitos desses acontecimentos para apresentação nas demonstrações financeiras. Na realidade, a maioria das transações e eventos registrados no sistema contábil resulta de trocas. Os registros contábeis refletem as entradas e as saídas que ocorrem através dessas trocas. No pagamento de uma dívida, a conta corrente bancária diminui no mesmo valor do pagamento e a dívida (passivo) diminui pela liquidação da obrigação.

No estágio inicial da aprendizagem contábil existe a necessidade relevante da identificação e compreensão dos efeitos duplos de toda a transação na equação do balanço patrimonial.

Para compreender os efeitos duplos (dualidade) das diversas transações do exemplo anterior (Compostella S.A.), que impactam o patrimônio da empresa, com representação na equação fundamental do patrimônio, observemos o esquema a seguir (valores em R$).

Transação	Ativo	=	Passivo	+	Patrimônio Líquido
04.01.2017	+ 250.000 + 50.000	=	0	+	+ 400.000 - 400.000 + 300.000
Subtotal =	**300.000**	=	**0**	+	**300.000**
06.01.2017	+ 40.000 - 20.000	=	+ 20.000	+	0
Subtotal =	**320.000**	=	**20.000**	+	**300.000**
11.01.2017	+ 100.000 - 100.000	=	0	+	0
Subtotal =	**320.000**	=	**20.000**	+	**300.000**
13.01.2017	+ 180.000	=	+ 180.000	+	0
Subtotal =	**500.000**	=	**200.000**	+	**300.000**
20.01.2017	+ 30.000	=	0	+	+ 30.000
Subtotal =	**530.000**	=	**200.000**	+	**330.000**
21.01.2017	+ 1.500 - 1.500	=	0	+	0
Subtotal =	**530.000**	=	**200.000**	+	**330.000**
23.01.2017	+ 1.200	=	+ 1.200	+	0
Subtotal =	**531.200**	=	**201.200**	+	**330.000**
28.01.2017	- 1.200	=	- 1.200	+	0
Total =	530.000	=	200.000	+	330.000

Observa-se que após cada transação, o ativo é sempre igual ao passivo mais o patrimônio líquido, ou ainda, o patrimônio líquido sendo igual ao ativo menos o passivo. Por conseguinte, espelha os conceitos de origem de recursos e aplicação de recursos.

> Essa equação (às vezes denominada equação contábil ou equação do balanço patrimonial) diz que o patrimônio líquido dos acionistas é sempre igual à diferença entre os ativos e os passivos (denominados ativos líquidos), isto é, o patrimônio dos acionistas é o exigível residual sobre os ativos após a subtração das reivindicações sobre o passivo. (Penman, 2013, p. 30)

2.8 – Análise Introdutória do Balanço Patrimonial

A experiência mais importante, após o conhecimento técnico absorvido referente à estrutura dos demonstrativos contábeis, se trata das análises que podem ser feitas com base nos números evidenciados por essas demonstrações. O intuito da análise econômico-financeira consiste em medir o desempenho empresarial em determinado período, bem como sua evolução, tirando conclusões indicativas sobre o comportamento financeiro atual e realizando previsões futuras, visando auxiliar a tomada de decisão por gestores, credores, investidores e outros usuários.

> Os gestores utilizam demonstrativos financeiros para monitorar o desempenho das suas próprias empresas, para os ajudarem a compreender as políticas de um concorrente ou verificar a saúde financeira dos clientes. Mas há o perigo de

se afogar em um enorme volume de dados no Relatório Anual da empresa. É por isso que os gestores utilizam alguns índices para resumir a avaliação da empresa: a rentabilidade, a eficiência, a estrutura de capital e a liquidez. (Brealey, Myers e Allen, 2013, p. 673)

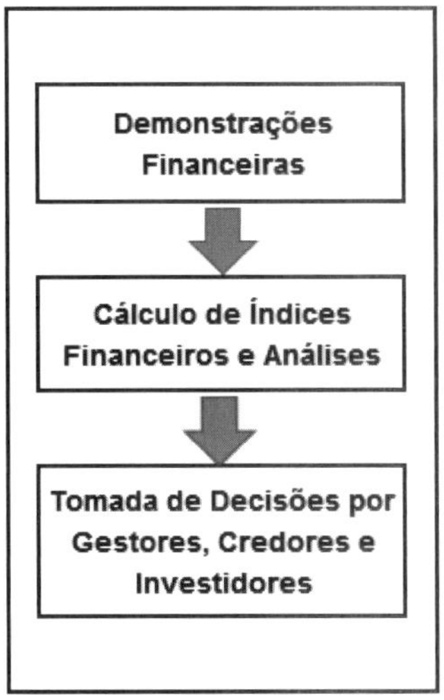

Nesse momento, esse tópico do livro se propõe exatamente a isso, ou seja, apresentar índices financeiros (indicadores) básicos para análise específica do balanço patrimonial. Índices são relações entre contas ou grupo de contas das demonstrações contábeis.

O balanço patrimonial possibilita realizar análises sobre a estrutura patrimonial e a solidez financeira da empresa. Na realidade, uma análise mais profunda se baseia em um histórico dos indicadores ao longo do tempo de operação da empresa (por exemplo, últimos cinco anos) e uma comparação entre os indicadores da empresa e os apresentados pelos maiores concorrentes, ou ainda melhor, uma média calculada com base nos indicadores das empresas que participam do mesmo setor econômico que a entidade analisada.

A comparação dos índices de uma empresa com os de seu setor fornece uma útil impressão de como a empresa se compara a suas concorrentes, desde que se tenha em mente que as diferenças originadas pelas características peculiares de cada empresa podem resultar em desvios perfeitamente justificados com relação à norma setorial. (...) A maneira mais útil de avaliar os índices envolve a análise de tendências: calcule os índices de uma empresa para diversos anos e observe como eles mudam com o passar do tempo. (Higgins, 2014, p. 61)

Vamos basear nossa análise no balanço patrimonial da Exemplo S.A., apresentado no capítulo 1. Iremos analisar o balanço patrimonial da entidade usando dois blocos de índices financeiros, quais sejam:

a) **liquidez**: indicação sobre a capacidade de pagamento da empresa. Uma empresa em que este índice de liquidez corrente seja baixo carece de liquidez no sentido de que não tem ativos circulantes suficientes para serem convertidos em caixa para honrar as obrigações que vencerão no prazo de um ano. Quanto mais ativos líquidos (circulantes) a empresa tiver, menos provável que ela experimente um grave perigo financeiro. Na realidade, empresas entram em processo falimentar quando não conseguem honrar seus compromissos, ou seja, perdem a capacidade de transformar ativos em caixa (de forma ordenada) para pagar suas dívidas. A ordem natural das atividades de uma organização empresarial é a conversão dos ativos circulantes (estoques, créditos a receber e outros) em caixa; e

b) **endividamento**: indicação sobre a estrutura de capital da empresa (fontes de recursos). Quanto mais dívida a empresa tem como uma porcentagem de seus ativos totais, maior é sua alavancagem financeira. Em tese, empresas muito endividadas podem apresentar problemas sérios em épocas de economia estagnada. Na recessão econômica os lucros das empresas caem, mas os juros dos empréstimos, que representam uma parcela fixa de saída de caixa, precisam ser pagos. O desafio de qualquer empresa em relação a alavancagem financeira é manter um equilíbrio saudável entre os benefícios e os custos do endividamento. Além da preocupação sobre o montante da dívida, analisa-se também se a estrutura de circulante versus não circulante no passivo tem coerência (equilíbrio).

O balanço patrimonial para análise é o seguinte:

EXEMPLO S.A.							
Balanços Patrimoniais para os exercícios findos em 31 de dezembro de 2017, 2016 e 2015 (valores em reais)							
	2017	2016	2015		2017	2016	2015
ATIVO	**509.141**	**503.126**	**557.926**	**PASSIVO**	**298.585**	**317.026**	**406.526**
CIRCULANTE	**390.766**	**396.104**	**467.839**	**CIRCULANTE**	**273.651**	**283.880**	**362.768**
Caixa e equivalentes de caixa	**86.579**	**81.750**	**75.000**	Empréstimos e financiamentos a pagar	25.903	36.796	55.278
Bancos conta movimento	9.279	22.295	20.000	Fornecedores	167.100	212.600	249.800
Aplicações financeiras de liquidez imediata	77.300	59.455	55.000	Salários e encargos sociais a pagar	11.950	12.768	13.560
Créditos a receber de clientes	**166.474**	**154.104**	**193.200**	Impostos sobre vendas a recolher	10.155	12.847	13.460
Créditos a receber de clientes	190.050	175.330	210.000	Dividendos a pagar	48.546	6.136	21.000
Perda estimada com créditos liquidação duvidosa	(23.576)	(21.226)	(16.800)	Imposto de renda e contribuição social a pagar	9.997	2.733	9.670
Estoques	**136.452**	**158.550**	**197.500**				
Mercadorias para revenda	136.452	158.550	197.500	**NÃO CIRCULANTE**	**24.934**	**33.146**	**43.758**
Despesas antecipadas	**1.261**	**1.700**	**2.139**	Empréstimos e financiamentos a pagar	24.934	33.146	43.758
Prêmios de seguros a apropriar	1.261	1.700	2.139				
NÃO CIRCULANTE	**118.375**	**107.022**	**90.087**				
Realizável a Longo Prazo	**9.398**	**9.077**	**8.790**	**PATRIMÔNIO LÍQUIDO**	**210.556**	**186.100**	**151.400**
Depósitos judiciais	9.398	9.077	8.790	Capital social	135.000	135.000	120.000
Investimentos	**57.220**	**50.970**	**31.020**	Reservas de lucros	78.356	53.900	34.200
Participações em coligadas	37.570	31.320	22.370	Reserva legal	16.141	12.491	11.200
Participações em outras empresas avaliadas pelo custo	11.000	11.000	-	Reserva de retenção de lucro	62.215	41.409	23.000
Propriedades para investimento avaliadas a valor justo	8.650	8.650	8.650	Ações em tesouraria	(2.800)	(2.800)	(2.800)
Imobilizado	**50.490**	**45.192**	**47.980**				
Imóveis de uso	51.780	45.280	45.280				
Depreciação acumulada de imóveis de uso	(11.023)	(9.056)	(7.244)				
Veículos	16.150	11.870	11.870				
Depreciação acumulada de veículos	(7.937)	(4.748)	(2.374)				
Computadores e periféricos	1.960	1.960	1.120				
Depreciação acumulada de computadores e periféricos	(440)	(114)	(672)				
Intangível	**1.267**	**1.783**	**2.297**				
Softw ares	2.580	2.580	2.580				
Amortização acumulada de softw are	(1.313)	(797)	(283)				
TOTAL DO ATIVO =	**509.141**	**503.126**	**557.926**	**TOTAL DO PASSIVO + PL =**	**509.141**	**503.126**	**557.926**

As fórmulas utilizadas para cálculo dos índices são as seguintes:

LIQUIDEZ	LIQUIDEZ GERAL =	$\frac{\text{Ativo Circulante + Ativo Realizável a Longo Prazo}}{\text{Passivo Circulante + Passivo Não Circulante}}$
	LIQUIDEZ CORRENTE =	$\frac{\text{Ativo Circulante}}{\text{Passivo Circulante}}$
	LIQUIDEZ SECA =	$\frac{\text{Ativo Circulante - Estoques}}{\text{Passivo Circulante}}$
ENDIVIDAMENTO (ESTRUTURA DE CAPITAL)	COMPOSIÇÃO DO ENDIVIDAMENTO =	$\frac{\text{Passivo Circulante}}{\text{Passivo Circulante + Passivo Não Circulante}} \times 100$
	ALAVANCAGEM FINANCEIRA =	$\frac{\text{Ativo Total Médio}}{\text{Patrimônio Líquido Médio}}$
	IMOBILIZAÇÃO DOS RECURSOS NÃO CORRENTES =	$\frac{\text{Ativos Investimento, Imobilizado e Intangível}}{\text{Passivo Não Circulante e Patrimônio Líquido}} \times 100$

Os resultados são os seguintes:

ÍNDICES	2016	2017
Liquidez Geral =	1,28	1,34
Liquidez Corrente =	1,40	1,43
Liquidez Seca =	0,84	0,93
Composição do Endividamento =	89,5%	91,6%
Alavancagem Financeira =	3,14	2,55
Imobilização dos Recursos Não Correntes =	44,7%	46,3%

Análise dos resultados apresentados pelos índices:

Liquidez Geral: a liquidez geral, ou seja, o indicador de capacidade de pagamento que engloba o curto prazo e longo prazo apresenta um índice de 1,28 no ano de 2016 e 1,34 no ano de 2017. Isso significa que a empresa provavelmente não terá problemas para liquidar suas dívidas. Em 2016, para cada um real de dívida a empresa tem R$ 1,28 no ativo e em 2017 para cada um real de dívida a empresa apresenta R$ 1,34 para fazer frente a suas obrigações. Os dados do quadro abaixo assinalam o comportamento referente a representatividade do ativo circulante somado ao realizável a longo prazo em relação ao ativo total nos anos de 2016 e 2017, bem como a representatividade do passivo circulante somado ao passivo não circulante em relação também ao ativo total nos mesmos anos. Podemos verificar claramente, no quadro abaixo, que em termos percentuais, a soma do ativo circulante e realizável a longo prazo representa 80,5% do ativo total no ano de 2016 e a soma do passivo circulante e não circulante equivale a 63% do ativo total no mesmo ano, ou seja, valores no ativo maiores que valores no passivo. O mesmo comportamento acontece no ano de 2017. O índice de liquidez geral nos dois anos é maior que 1 como reflexo desse fato.

Balanço Patrimonial - 31.12.2016 (em %)	
ATIVO 100%	PASSIVO + PL 100%
Ativos Circulante e Realizável a Longo Prazo 80,5%	Passivos Circulante e Não Circulante 63,0%
(405.181 / 503.126) x 100	(317.026 / 503.126) x 100
(80,5 / 63,0) = índice de 1,28	

Balanço Patrimonial - 31.12.2017 (em %)	
ATIVO 100%	PASSIVO + PL 100%
Ativos Circulante e Realizável a Longo Prazo 78,6%	Passivos Circulante e Não Circulante 58,6%
(400.164 / 509.141) x 100	(298.585 / 509.141) x 100
(78,6 / 56,8) = índice de 1,34	

Liquidez Corrente: o ativo circulante menos o passivo circulante é entendido como capital de giro líquido (ou capital circulante líquido). Investidores e credores esperam que a empresa apresente capital de giro positivo (ativo circulante maior que passivo circulante). Essa situação acontece quando o índice de liquidez corrente for maior que 1. Podemos observar que a capacidade de pagamento de curto prazo da Exemplo S.A. é também muito boa. A média da liquidez corrente para os dois anos é de aproximadamente 1,42, significando que para cada um real de dívida de curto prazo a empresa tem R$ 1,42 no ativo circulante e, dessa forma, provavelmente não terá problemas para honrar suas obrigações de curto prazo. Em termos percentuais, o ativo circulante se apresenta maior que o passivo circulante em relação ao ativo total nos dois anos, como podemos observar pelo quadro a seguir.

Balanço Patrimonial - 31.12.2016 (em %)	
ATIVO 100%	PASSIVO + PL 100%
Ativo Circulante 78,7%	Passivo Circulante 56,4%
(396.104 / 503.126) x 100	(283.880 / 503.126) x 100
Capital de Giro Líquido = 78,7% - 56,4% = 22,3%	
(78,7 / 56,4) = índice de 1,40	

Balanço Patrimonial - 31.12.2017 (em %)	
ATIVO 100%	PASSIVO + PL 100%
Ativo Circulante 76,8%	Passivo Circulante 53,7%
(390.766 / 509.141) x 100	(273.651 / 509.141) x 100
Capital de Giro Líquido = 76,8% - 53,7% = 23,1%	
(76,8 / 53,7) = índice de 1,43	

Liquidez Seca: o índice demonstra a parcela das obrigações de curto prazo em condições de serem liquidadas utilizando-se os itens monetários de maior liquidez do ativo circulante (ativo circulante menos os estoques). Representa um índice de liquidez conservador, também chamado de teste ácido por autores norte-americanos. Podemos verificar que a Exemplo S.A. se apresenta bem nesse item. No ano de 2016 para cada real em obrigações circulantes a empresa dispunha de R$ 0,84 em ativos circulantes excluindo-se os estoques. No ano de 2017 para cada real em dívidas de curto prazo a empresa tinha R$ 0,93 em ativos circulantes, excluindo-se os estoques, para fazer frente ao passivo circulante.

Balanço Patrimonial (em %)	
PASSIVO (2016) 100%	PASSIVO (2017) 100%
Circulante 89,5%	Circulante 91,6%
(283.880 / 317.026) x 100	(273.651 / 298.585) x 100
Não Circulante 10,5%	Não Circulante 8,4%
(33.146 / 317.026) x 100	(24.934 / 298.585) x 100

Composição do Endividamento: a empresa em 2016 tinha 89,5% das dívidas totais com terceiros, representadas por obrigações de curto prazo e esse índice sobe em 2017 para 91,6%. Os índices não são bons. A empresa deveria melhorar a composição do endividamento aumentando as dívidas de longo prazo frente as de curto prazo. Em tese, deveria no mínimo haver um equilíbrio entre dívidas de curto e longo prazo no passivo. Porém, no momento isso não é preocupante levando em consideração que os índices de liquidez da empresa são bons, demonstrando capacidade de pagamento tanto no curto como no longo prazo.

Alavancagem Financeira: a alavancagem da empresa é baixa nos dois anos, significando que a empresa não está endividada em demasia. A alavancagem significa o quanto a empresa consegue de recursos de terceiros (passivo) em relação ao que ela apresenta de recursos próprios (patrimônio líquido). Em 2016 para cada um real no patrimônio líquido médio $(PL_{2016}/2 + PL_{2015}/2)$ a empresa Exemplo S.A. apresenta R$ 2,14 de dívidas com terceiros, ou seja, o passivo médio $(P_{2016}/2 + P_{2015}/2)$ era 2,14 vezes maior que o patrimônio líquido médio (significado do índice 3,14). Esse índice passa a ser de 2,55 em 2017, assinalando que o passivo médio $(P_{2017}/2 + P_{2016}/2)$ passa a ser 1,55 vezes maior que o patrimônio líquido médio $(PL_{2017}/2 + PL_{2016}/2)$. O endividamento da empresa diminuiu entre os anos de 2015 e 2017 devido ao decréscimo do passivo e ao aumento concomitante do patrimônio líquido. Na realidade, as dívidas com terceiros representam aproximadamente 72,9% dos recursos totais em 2015, essa relação passa a ser de 63% em 2016 e 58,6% em 2017. Esses índices são bem razoáveis.

Balanço Patrimonial - 31.12.2015 (em %)	
PASSIVO + PL 100%	PASSIVO + PL 100%
Passivo Circulante 65,0%	Capital de Terceiros = 72,9%
(362.768 / 557.926) x 100	
Passivo Não Circulante 7,9%	
(43.758 / 557.926) x 100	
Patrimônio Líquido 27,1%	Capital Próprio = 27,1%
(151.400 / 557.926) x 100	

Balanço Patrimonial - 31.12.2016 (em %)	
PASSIVO + PL 100%	PASSIVO + PL 100%
Passivo Circulante 56,4%	Capital de Terceiros = 63%
(283.880 / 503.126) x 100	
Passivo Não Circulante 6,6%	
(33.146 / 503.126) x 100	
Patrimônio Líquido 37,0%	Capital Próprio = 37%
(186.100 / 503.126) x 100	

Balanço Patrimonial - 31.12.2017 (em %)	
PASSIVO + PL 100%	**PASSIVO + PL 100%**
Passivo Circulante 53,7%	Capital de Terceiros = 58,6%
(273.651 / 509.141) x 100	
Passivo Não Circulante 4,9%	
(24.934 / 509.141) x100	
Patrimônio Líquido 41,4%	Capital Próprio = 41,4%
(210.556 / 509.141) x 100	

Imobilização dos Recursos não Correntes: o índice do ano de 2016 é de 44,7% e no ano de 2017 é de 46,3%, significando que os investimentos no ativo com característica de investimentos permanentes, que não apresentam liquidez e com longo tempo de maturação representam menos do que 50% dos recursos de longo prazo (passivo não circulante e patrimônio líquido) da empresa. Isso é muito bom. Os recursos de financiamento de longo prazo foram aplicados em ativos de longo prazo e ainda sobraram recursos para financiarem o capital de giro (ativo circulante).

Balanço Patrimonial - 31.12.2016 (em %)	
ATIVO 100%	**PASSIVO + PL 100%**
Investimento, Imobilizado e Intangível 19,5%	Passivo Não Circulante e Patrimônio Líquido 43,6%
(97.945 / 503.126) x 100	(219.296 / 503.126) x 100
(19,5 / 43,6) x 100 = índice de 44,7%	

Balanço Patrimonial - 31.12.2017 (em %)	
ATIVO 100%	**PASSIVO + PL 100%**
Investimento, Imobilizado e Intangível 21,4%	Passivo Não Circulante e Patrimônio Líquido 46,3%
(108.977 / 509.141) x 100	(235.490 / 509.141) x 100
(21,4 / 46,3) x 100 = índice de 46,3%	

2.9 – Testes de Exames de Suficiência – CFC

1. Exame de Suficiência CFC - Bacharel em Ciências Contábeis – 01/2018.

Analise as asserções a seguir.

I. "Ativo é um recurso controlado pela entidade como resultado de eventos passados e do qual se espera que fluam futuros benefícios econômicos para a entidade."

PORQUE

II. "Ao avaliar se um item se enquadra na definição de ativo, deve-se atentar para a sua essência subjacente e realidade econômica e não apenas para sua forma legal."

Assinale a alternativa correta.

a) As assertivas I e II são falsas.

b) As assertivas I e II são proposições excludentes.

c) A assertiva II contraria a ideia expressa na assertiva I.

d) As duas assertivas são verdadeiras e a segunda afirmativa justifica e complementa a primeira.

2. **Exame de Suficiência CFC - Bacharel em Ciências Contábeis – 01/2018.**

Em determinado período, a empresa Dom Casmurro Comercial apresentou a seguinte estrutura patrimonial:

Capital Social – R$ 262.000,00	Duplicatas a receber – R$ 84.500,00
Fornecedores – R$ 300.000,00	Banco – R$ 99.500,00
Caixa – R$ 50.000,00	Móveis e utensílios – R$ 19.000,00
Empréstimos a pagar (Longo Prazo) – R$ 100.000,00	Estoques – R$ 70.000,00
Salários a pagar – R$ 24.000,00	Veículo – R$ 45.000,00
Terrenos – R$ 230.000,00	Edificações – R$ 88.000,00

Com base nos dados anteriores, os valores de Ativo Circulante, Passivo não Circulante e Patrimônio Líquido são, respectivamente:

a) R$ 686.000,00; R$ 100.000,00; e, R$ 262.000,00.
b) R$ 304.000,00; R$ 100.000,00; e, R$ 424.000,00.
c) R$ 304.000,00; R$ 100.000,00; e, R$ 262.000,00.
d) R$ 686.000,00; R$ 124.000,00; e, R$ 262.000,00.

3. **Exame de Suficiência CFC - Bacharel em Ciências Contábeis – 01/2018.** De acordo com a Estrutura Conceitual Básica da contabilidade brasileira, um ativo pode ser considerado como circulante em determinadas ocasiões. Das situações a seguir, qual **NÃO** condiz com a classificação de ativo circulante?

a) Quando o ativo está mantido essencialmente com o propósito de ser negociado.

b) Quando espera-se que o ativo seja realizado, ou pretende-se que seja vendido ou consumido no decurso normal do ciclo operacional da entidade.

c) Quando o ativo é caixa ou equivalente de caixa, a menos que sua troca ou uso para liquidação de passivo se encontre vedada durante pelo menos doze meses após a data do balanço.

d) Quando o ativo representar direitos que tenham por objeto bens corpóreos destinados à manutenção das atividades da companhia ou da empresa ou exercidos com essa finalidade, inclusive os decorrentes de operações que transfiram à companhia os benefícios, riscos e controle desses bens.

4. **Exame de Suficiência CFC - Bacharel em Ciências Contábeis – 01/2016.** Uma Sociedade Empresária apresentou, em 31.12.2015, os seguintes dados do Balanço Patrimonial:

Balanço Patrimonial em 31.12.2015

ATIVO		PASSIVO	
Ativo Circulante	**R$65.000,00**	**Passivo Circulante**	**R$33.000,00**
Caixa	R$9.000,00	Duplicatas a Pagar	R$8.000,00
Bancos Conta Movimento	R$15.000,00	Títulos a Pagar	R$7.000,00
Duplicatas a Receber	R$18.000,00	Financiamentos Bancários	R$18.000,00
Mercadorias para Revenda	R$23.000,00	**Passivo Não Circulante**	**R$12.000,00**
Ativo Não Circulante	**R$30.000,00**	Financiamentos Bancários	R$12.000,00
Ativo Realizável a Longo Prazo	R$10.000,00	**Patrimônio Líquido**	**R$50.000,00**
Imobilizado	R$20.000,00	Capital Subscrito	R$40.000,00
		Reserva Legal	R$1.000,00
		Reserva para Contingências	R$9.000,00
TOTAL DO ATIVO	**R$95.000,00**	**TOTAL DO PASSIVO**	**R$95.000,00**

A partir desse Balanço Patrimonial, é **CORRETO** afirmar que:

a) a Liquidez Corrente é, aproximadamente, de 1,67.
b) a Liquidez Geral é, aproximadamente, de 0,73.
c) a Liquidez Imediata é, aproximadamente, de 1,97.
d) a Liquidez Seca é, aproximadamente, de 1,27.

5. **Exame de Suficiência CFC - Bacharel em Ciências Contábeis – 01/2016.** Assinale a opção que representa a **CORRETA** associação entre o fato contábil e o seu registro no Balanço Patrimonial.

a) A compra, a prazo, de mercadoria para revenda provoca um aumento no Ativo e uma redução no Passivo.

b) A contratação de uma apólice de seguros, com pagamento a prazo, para cobertura de doze meses a transcorrer provoca um aumento no Ativo e um aumento no Passivo.

c) A integralização de capital com bens para uso provoca um aumento no Ativo e uma redução no Patrimônio Líquido.

d) O pagamento em dinheiro a fornecedores, decorrente de aquisição de mercadorias a prazo, provoca uma diminuição no Ativo e um aumento no Passivo.

6. **Exame de Suficiência CFC - Bacharel em Ciências Contábeis – 01/2016.** Uma Sociedade Empresária iniciou suas atividades em janeiro de 2015. Ao final do ano, apresentou os saldos abaixo, após a destinação do resultado.

Contas	**Saldos**
Ações de Emissão Própria em Tesouraria	R$ 2.197,00
Adiantamento Recebido de Clientes	R$ 4.827,00
Bancos conta Movimento	R$ 8.575,00
Capital a Integralizar	R$ 2.856,00
Capital Subscrito	R$ 34.330,00
Contas a Pagar	R$ 1.680,00
Depreciação Acumulada de Imóveis de Uso	R$ 6.020,00
Dividendos a Pagar	R$ 3.484,00
Duplicatas a Pagar	R$ 12.484,00
Duplicatas a Receber	R$ 10.605,00
Empréstimos a Pagar	R$ 17.867,00
Estoque de Mercadorias para Revenda	R$ 8.158,00
Imóveis de Uso	R$ 23.300,00
Impostos a Recolher	R$ 2.419,00
Investimentos em Coligadas	R$ 5.145,00
Marcas e Patentes	R$ 13.787,00
Propriedades para Investimento	R$ 7.923,00
Reserva Estatutária	R$ 3.243,00
Reserva Legal	R$ 1.400,00
Salários a Pagar	R$ 2.016,00
Títulos a Receber	R$ 7.224,00

Com base nos dados apresentados, ao final do ano o montante do Imobilizado é de:

a) R$ 17.280,00. b) R$ 25.203,00. c) R$ 29.320,00. d) R$ 31.067,00.

7. **Exame de Suficiência CFC - Bacharel em Ciências Contábeis – 01/2016.** Assinale a opção que apresenta apenas contas classificadas no Ativo Não Circulante.

a) Ações de Emissão Própria em Tesouraria, Marcas e Patentes, Duplicatas a Receber a Longo Prazo.
b) Duplicatas a Receber a Longo Prazo, Propriedades para Investimento e Imóveis de Uso.
c) Imóveis de Uso, Ações de Emissão Própria em Tesouraria, Aplicações Financeiras de Liquidez Imediata.
d) Marcas e Patentes, Aplicações Financeiras de Liquidez Imediata e Propriedades para Investimento.

8. **Exame de Suficiência CFC - Bacharel em Ciências Contábeis – 02/2015.** Uma Sociedade Empresária iniciou suas atividades em 2.1.2014 e, ao final do ano, apresentou os saldos abaixo.

Contas	**Saldos em 31.12.2014**
Ações de Emissão Própria em Tesouraria	R$ 2.239,00
Caixa e Equivalente de Caixa	R$ 57.583,00
Capital a Integralizar	R$ 24.592,00
Capital Subscrito	R$ 331.991,00
Contas a Pagar	R$ 8.067,00
Depreciação Acumulada	R$ 62.896,00
Dividendos a Pagar	R$ 174.272,00
Duplicatas a Receber	R$ 170.875,00
Duplicatas a Receber de Longo Prazo	R$ 56.960,00
Estoque de Mercadorias para Revenda	R$ 282.985,00
Financiamentos a Pagar de Longo Prazo	R$ 113.915,00
Fornecedores	R$ 202.663,00
Imóveis de Uso	R$ 405.339,00
Reserva Estatutária	R$ 51.384,00
Reserva Legal	R$ 13.170,00
Salários a Pagar	R$ 65.766,00
Títulos a Receber	R$23.551,00

Com base nos saldos apresentados, é **CORRETO** afirmar que:

a) o valor do Ativo Circulante é de R$ 537.233,00.
b) o valor do Ativo não Circulante é de R$ 401.642,00.
c) o valor do Passivo Circulante é de R$ 276.496,00.
d) o valor do Patrimônio Líquido é de R$ 369.714,00.

9. **Exame de Suficiência CFC - Bacharel em Ciências Contábeis – 02/2015.** Uma Sociedade Empresária apresentou, em 31.12.2014, os seguintes saldos, após o encerramento e destinação do resultado do período:

Contas	Saldos
Ações de Emissão Própria em Tesouraria	R$ 1.000,00
Aplicações Financeiras de Liquidez Imediata	R$ 28.000,00
Caixa e Equivalente de Caixa	R$ 17.000,00
Capital a Integralizar	R$ 15.000,00
Capital Subscrito	R$ 110.000,00
Depreciação Acumulada	R$ 14.000,00
Duplicatas a Receber	R$ 31.000,00
Edificações de Uso	R$ 50.000,00
Estoques de Mercadorias para Revenda	R$ 64.000,00
Fornecedores de Curto Prazo	R$ 47.000,00
ICMS a Recolher	R$ 25.000,00
Investimentos Avaliados pelo Método da Equivalência Patrimonial	R$ 42.000,00
Reserva Legal	R$ 13.000,00
Reservas Estatutárias	R$ 29.000,00
Salários e Encargos a Pagar	R$ 22.000,00
Terrenos para Uso	R$ 12.000,00

Com base nessas informações, o total do Patrimônio Líquido, em 31.12.2014, é de:

a) R$ 167.000,00. b) R$ 166.000,00. c) R$ 138.000,00. d) R$ 136.000,00.

10. **Exame de Suficiência CFC - Bacharel em Ciências Contábeis – 02/2015.** De acordo com a Estrutura Conceitual, no que se refere à inclusão na definição de Ativo, analise as condições apresentadas nos itens abaixo e, em seguida, assinale a opção **CORRETA**.

I. Recurso com característica tangível.
II. Recurso controlado pela entidade.
III. Recurso de propriedade da entidade.
IV. Recurso do qual se espera que fluam benefícios econômicos futuros para a entidade.
V. Recurso resultante de eventos passados.

De acordo com a Estrutura Conceitual, são condições necessárias para o reconhecimento do Ativo os requisitos apresentados apenas nos itens:

a) I e III. b) I, III e IV. c) II, IV e V. d) III e V.

11. **Exame de Suficiência CFC - Bacharel em Ciências Contábeis – 02/2015.** De acordo com a definição de Ativo, constante na Estrutura Conceitual, julgue os itens abaixo como Verdadeiros (V) ou Falsos (F) e, em

seguida, assinale a opção **CORRETA**.

I. Um bem do imobilizado que não tenha mais condição de ser usado e nenhum interesse do mercado por sua aquisição, sob qualquer forma, deve ser mantido no Ativo até que seja descartado fisicamente.

II. Bens sob arrendamento financeiro não devem ser reconhecidos nas demonstrações do arrendatário, mas nas demonstrações do arrendador, devido ao fato de não haver ocorrido a transferência legal do bem, sendo facultado ao arrendatário apenas o seu uso e, não, a possibilidade de vendê-lo até que se obtenha a propriedade.

III. A alteração no uso de um ativo pode provocar alteração na sua capacidade de geração de fluxos de caixa futuros. Esse fato, todavia, não deve ensejar revisão de seu valor recuperável, uma vez que não lhe foi provocado nenhum dano, e os ativos são mensurados com base no custo histórico.

IV. Considerando-se que um dos principais recursos capazes de gerar benefícios econômicos futuros são os conhecimentos das pessoas e ainda que, atualmente, há possibilidade de se reconhecerem ativos intangíveis. Se uma determinada empresa tiver desenvolvido uma equipe com forte capacidade de sinergia com o mercado, que lhe permita gerar diferencial competitivo, deve reconhecer esse item em seu ativo, já que é resultado de eventos passados.

A sequência CORRETA é:

a) F, F, F, F. b) F, V, F, V. c) V, F, V, F. d) V, V, V, V.

12. **Exame de Suficiência CFC - Bacharel em Ciências Contábeis – 01/2015.** Com relação à situação patrimonial, assinale a opção **INCORRETA**.

a) A compra de matéria-prima a prazo provoca aumento no Ativo e no Passivo.
b) A integralização de capital em dinheiro provoca aumento no Ativo e no Patrimônio Líquido.
c) O pagamento da compra de máquinas em dinheiro provoca redução no Ativo e aumento no Passivo.
d) O pagamento de fornecedores em dinheiro provoca diminuição no Ativo e no Passivo.

13. **Exame de Suficiência CFC - Bacharel em Ciências Contábeis – 01/2015.** Em relação aos efeitos contábeis referentes aos registros das transações de uma empresa no mês de fevereiro de 2015, julgue os itens abaixo como Verdadeiros (V) ou Falsos (F) e, em seguida, assinale a opção CORRETA.

I. O pagamento do aluguel do mês anterior, na data de vencimento, diminuiu o Ativo e o Passivo e não gerou nenhuma mudança no Patrimônio Líquido.

II. A compra à vista de mercadorias não alterou o total do Ativo, não alterou o total do Passivo e não gerou nenhuma mudança no Patrimônio Líquido.

III. A aquisição de ações de emissão da própria empresa, à vista, diminuiu o Ativo, não alterou o Passivo Exigível e aumentou o Patrimônio Líquido.

A sequência CORRETA é:

a) F, F, V. b) F, V, F. c) V, F, V. d) V, V, F.

14. **Exame de Suficiência CFC - Bacharel em Ciências Contábeis – 01/2015.** Assinale a opção que apresenta uma transação que retrata um lançamento contábil gerador de aumento no Ativo e no Passivo, simultaneamente.

a) Aquisição à vista de mercadorias para revenda.
b) Compra de um veículo a prazo.
c) Pagamento de salários de funcionários.
d) Reconhecimento da depreciação de um bem imóvel.

15. **Exame de Suficiência CFC - Bacharel em Ciências Contábeis – 01/2015.** Relacione os grupos de contas do Balanço Patrimonial de uma indústria, apresentados na primeira coluna, às contas, na segunda coluna, e, em seguida, assinale a opção **CORRETA**.

(1) Patrimônio Líquido	( )	Obras de Arte
(2) Imobilizado	( )	Ações de Emissão Própria em Tesouraria
(3) Investimentos	( )	Reserva de Incentivos Fiscais
(4) Intangível	( )	Marcas e Patentes

A sequência CORRETA é:

a) 3,3,1,3. b) 2,3,2,3. c) 3,1,1,4. d) 2,1,2,4.

16. **Exame de Suficiência CFC - Bacharel em Ciências Contábeis – 01/2015.** De acordo com a Estrutura Conceitual para Elaboração e Divulgação de Relatório Contábil-Financeiro, assinale a opção que apresenta o tratamento contábil **CORRETO** à situação descrita.

a) Uma Sociedade Comercial efetuou um pedido de fornecimento de mercadorias ao fornecedor, adiantando 20% do valor. As mercadorias serão fabricadas e entregues pelo fornecedor no mês seguinte. Tendo em vista que existe a intenção de adquirir as mercadorias, 100% do pedido foram registrados como estoque de mercadorias.

b) Uma Sociedade Empresária realizou gastos iniciais com um projeto de pesquisa para desenvolver um novo produto. Como não há uma expectativa provável de que o produto é viável e será produzido, o gasto foi registrado como despesa.

c) Uma Sociedade Empresária recebeu um terreno como doação da prefeitura. O valor de mercado do terreno é de R$1.000.000,00 e satisfaz à definição de Ativo. Como não foi feito nenhum pagamento, o terreno não foi reconhecido como ativo.

d) Uma Sociedade Industrial realizou, na qualidade de arrendatária, um contrato de arrendamento mercantil financeiro de uma máquina, para uso na produção. Como a nota fiscal de compra da máquina foi emitida em nome do banco arrendador, a indústria não reconheceu a máquina em seu ativo.

17. **Exame de Suficiência CFC - Bacharel em Ciências Contábeis – 02/2015.** O CPC 26 - Apresentação das Demonstrações Contábeis estabelece que as notas explicativas devem apresentar informação acerca das políticas contábeis específicas utilizadas na elaboração das demonstrações contábeis.

Acerca desse assunto, assinale a opção que apresenta o exemplo de divulgação de política contábil aplicada aos estoques que contemple apenas os requisitos de divulgação, de acordo com as Normas Brasileiras de Contabilidade.

a) os estoques foram adquiridos e incorporados ao ativo da companhia a partir de um processo de compra, devidamente atestado pela área de controle interno da companhia. Periodicamente é avaliada a existência de itens a serem colocados em liquidação. O preço de venda é determinado a partir da identificação das despesas variáveis e fixas.

b) os estoques foram mensurados pelo custo de aquisição ou pelo valor realizável líquido, o que for menor. Para efeito de determinação do custo, a empresa adotou a média ponderada. Periodicamente, é avaliada a existência de perdas na realização dos estoques por quebras, danos, prazo de validade ou outros fatores.

c) os estoques são contabilizados diariamente, de acordo com as entradas no local de destinação para venda. As notas fiscais equivalentes a cada estocagem são contabilizadas, verificando-se a existência de tributos recuperáveis, fretes ou outros custos adicionais. Em média, as mercadorias são adquiridas para pagamento em 40 dias e são negociadas em um prazo médio de 20 dias.

d) os estoques são demonstrados pelo custo de aquisição líquido das perdas por realização identificadas, quando o valor do custo de aquisição for superior ao valor justo dos itens estocados. As perdas estimadas são calculadas e reconhecidas pelo Regime de Competência. A baixa do estoque é calculada por um dos métodos de valoração permitidos pelas Normas Brasileiras de Contabilidade.

18. **Exame de Suficiência CFC - Bacharel em Ciências Contábeis – 02/2015.** Uma sociedade empresária apresentou os seguintes dados do Balanço Patrimonial, em 31.12.2013.

ATIVO	R$196.000,00	PASSIVO	R$196.000,00
Ativo Circulante	R$96.800,00	Passivo Circulante	R$67.000,00
Ativo Não Circulante	R$99.200,00	Passivo Não Circulante	R$82.000,00
Realizável a Longo Prazo	R$35.000,00	Patrimônio Líquido	R$47.000,00
Investimentos	R$4.300,00		
Imobilizado	R$59.100,00		
Intangível	R$800,00		

Considerando os dados do Balanço Patrimonial acima, o valor do Capital Circulante Líquido – CCL da empresa, em 31.12.2013:

a) corresponde a R$ 17.200,00, decorrente da diferença entre o Ativo não Circulante e o Passivo não Circulante.
b) corresponde a R$ 29.800,00, decorrente da diferença entre o Ativo Circulante e o Passivo Circulante.
c) corresponde a R$ 47.000,00, pois CCL corresponde aos Recursos Próprios do Patrimônio Líquido.
d) corresponde a R$ 96.800,00, pois CCL é disponível no Ativo Circulante.

2.10 – Exercícios Propostos

1. Estruture o balanço patrimonial dos itens a seguir com base nos saldos das contas, na legislação societária brasileira, no que estabelece o CPC 26 (R1) e no modelo exemplo de plano de contas evidenciado no capítulo 1. Após o balanço patrimonial finalizado, efetuar os cálculos dos índices de liquidez e endividamento (composição do endividamento e imobilização de recursos não correntes) apresentando uma análise sobre os mesmos.

   a)

CIA METROPOLIS - 31.12.2017	
Contas	**Valor (R$)**
Bancos conta movimento	25.000
Aplicações financeiras de liquidez imediata	45.000
Créditos a receber de clientes	123.500
Perda estimada com créd. liq. duvidosa	12.300
Mercadorias para revenda	176.900
Prêmios de seguros a apropria	9.760
Depósitos Judiciais (longo prazo)	8.200
Participações em coligadas	49.000
Participações em outras empresas	22.000
Propriedades para investimento	19.600
Imóveis de uso	87.000
Deprec. acumul. imóveis de uso	8.600
Veículos	23.600
Deprec. acumul. veículos	5.560
Computadores e periféricos	5.600
Deprec. acumul. compute periféricos	1.600
Software	7.000
Amortiz. acumul. software	1.270
Empréstimos e financiamentos a pagar (curto prazo)	150.000
Fornecedores	87.000
Salários e encargos sociais a pagar	12.300
Impostos sobre vendas a recolher	8.960
Dividendos a pagar	5.740
Imposto de renda e contrib. soc. a pagar	6.520
Empréstimos e financiamentos a pagar (longo prazo)	210.000
Imposto de renda e contribuição social diferidos (passivo)	12.600
Capital social	120.000
Reserva legal	9.710
Reserva de retenção de lucro	20.000
Ações em tesouraria	10.000
Prejuízos acumulados	60.000

b)

MAREMOTO S.A - 31.12.2017	
Contas	**Valor (R$)**
Caixa	2.900
Bancos conta movimento	33.000
Aplicações financeiras de liquidez imediata	21.200
Créditos a receber de clientes	84.500
Perda estimada com créd. liq. duvidosa	8.500
Mercadorias para revenda	125.800
Impostos a recuperar	19.000
Empréstimos a receber (longo prazo)	46.700
Participações em controladas	24.600
Participações em coligadas	18.700
Propriedades para investimento	12.300
Imóveis de uso	13.000
Deprec. acumul. imóveis de uso	2.600
Veículos	6.500
Deprec. acumul. veículos	800
Instalações	3.480
Deprec. acumul, instalações	560
Marcas e patentes	2.700
Amortiz. acumul. marcas e patentes	1.000
Empréstimos e financiamentos a pagar (curto prazo)	36.000
Debentures a pagar (curto prazo)	12.000
Fornecedores	56.000
Salários e encargos sociais a pagar|	8.000
Impostos sobre vendas a recolher	4.500
Dividendos a pagar	2.900
Imposto de renda e contrib. soc. a pagar	7.600
Empréstimos e financiamentos a pagar (longo prazo)	92.870
Debentures a pagar (longo prazo)	38.700
Capital social	110.000
Reserva de capital	6.000
Reserva legal	2.500
Reserva de retenção de lucro	7.500
Ações em tesouraria	2.000
Lucros acumulados	18.350

c)

CIA ACELERADA - 31.12.2017	
Contas	**Valor (R$)**
Bancos conta movimento	39.800
Aplicações financeiras de liquidez imediata	43.600
Créditos a receber de clientes	85.460
Perda estimada com créd. liq. duvidosa	4.320
Adiantamento de salários	11.250
Dividendos a receber	9.740
Mercadorias para revenda	93.550
Adiantamento a fornecedores	26.900
Almoxarifadol	2.400
Depósitos judiciais	6.600
Propriedades para investimento	18.800
Imóveis de uso	27.000
Deprec. acumul. imóveis de uso	2.700
Velculos	12.300
Deprec. acumul. veículos	1.230
Instalações	5.300
Deprec. acumul. instalações	1.100
Marcas e patentes	9.000
Amortiz. acumul. marcas e patentes	1.900
Empréstimos e financiamentos a pagar (curto prazo)	57.900
Debentures a pagar (curto prazo)	43.600
Fornecedores	25.700
Adiantamento de clientes	8.000
Salários e encargos sociais a pagar	7.600
Impostos sobre vendas a recolher	9.400
Dividendos a pagar	8.700
Imposto de renda e contrib. soc. a pagar	3.500
Empréstimos e financiamentos a pagar (longo prazo)	33.500
Debentures a pagar (longo prazo)	12.800
Parcelamentos tributários e previdenciários (longo prazo)	11.400
Capital subscrito	140.000
Capital a integralizar	10.000
Reserva legal	6.000
Reserva Estatutária	14.000
Lucros acumulados	8.350

d)

CIA PERGAMINHO - 31.12.2017	
Contas	**Valor (R$)**
Bancos conta movimento	15.000
Aplicações financeiras de liquidez imediatal	55.000
Créditos a receber de clientes	86.000
Perda estimada com créd. liq. duvidosa	6.000
Mercadorias para revenda	74.000
Almoxarifado	2.150
Participações em controladas	58.000
Participações em coligadas	40.000
Imóveis de uso	43.000
Deprec. acumul. imóveis de uso	25.000
Veículos	26.000
Deprec. acumul. veículos	18.000
Fundo de comércio adquirido	12.000
Amortiz. acumul. fundo de comércio adqu.	1.200
Empréstimos e financiamentos a pagar (curto prazo)	92.000
Fornecedores	31.500
Salários e encargos sociais a pagar	14.000
Impostos sobre vendas a recolher	8.000
Dividendos a pagar	1.500
Imposto de renda e contrib. soc. a pagar	3.200
Empréstimos e financiamentos a pagar (longo prazo)	148.000
Capital subscrito	80.000
Capital a integralizar	20.000
Reservas de capital	5.000
Reserva legal	7.000
Reserva estatutaria	9.000
Ações em tesouraria	8.500
Prejuízos acumulados	9.750

e)

HORIZONTE S.A - 31.12.2017	
Contas	**Valor (R$)**
Bancos conta movimento	22.000
Aplicações financeiras de liquidez imediata	44.000
Créditos a receber de clientes	75.000
Perda estimada com créd. liq. duvidos a	5.000
Mercadorias para revenda	34.000
Encargos financeiros a apropriar	8.000
Empréstimos compulsórios	9.800
Créditos a receber de diretores	12.700
Participações em coligadas	45.000
Participações em outras empresas	23.000
Veículos	42.000
Deprec. acumul. veículos	4.000
Benfeitorias em propriedade de terceiros	9.760
Empréstimos e financiamentos a pagar (curto prazo)	58.600
Fornecedores	49.800
Salários e encargos sociais a pagar	23.200
Impostos sobre vendas a recolher	12.300
Duplicatas descontadas	55.000
Imposto de renda e contrib. soc. a pagar	12.390
Empréstimos e financiamentos a pagar (longo prazo)	13.750
Provisões para contingências (longo prazo)	9.650
Obrigações por incentivos fiscais (longo prazo)	7.310
Capital Social	30.000
Reserva legal	5.000
Reserva para contingências	15.000
Lucros acumulados	24.260

2. Resolver os itens seguintes utilizando balanços sucessivos:

a) A sociedade Tundra S.A. apresentava, na data de 31.12.2017, os seguintes saldos no balanço patrimonial: capital subscrito = R$ 80.000; capital a integralizar = R$ 10.000; caixa = R$ 1.000; bancos conta movimento = R$ 39.000; mercadorias para revenda = R$ 30.000.

As transações ocorridas em janeiro de 2018 são as seguintes:

05.01.2018. Compra de R$ 12.000 em mercadorias para o estoque sendo 60% à vista com a emissão de um cheque e o restante a prazo de 30 dias.

07.01.2018. Compra de um imóvel, com utilização de financiamento bancário, para ser utilizado pela área comercial no valor de R$ 64.000 dividido em 32 parcelas iguais e consecutivas.

13.01.2018. Compra de ações de outras empresas com o objetivo de investimento permanente no valor de R$

8.000 com pagamento à vista utilizando a emissão de um cheque.

16.01.2018. Compra de mercadorias no valor de R$ 16.000 com pagamento estipulado para 60 dias adiante.

20.01.2018. Devolução de 10% da última compra de mercadorias.

25.01.2018. Compra de veículo para ser utilizado na entrega de mercadorias aos clientes pelo valor de R$ 17.000 com pagamento através da emissão de um cheque.

31.01.2018. Depósito em conta corrente bancária no valor de R$ 800, retirado do saldo do caixa da empresa.

b) **A sociedade Vallure S.A. inicia as atividades empresariais em 03.04.2016 com a subscrição e integralização de capital no valor de R$ 100.000, em dinheiro, depositado em conta corrente bancária. As transações ocorridas após a abertura da empresa são:**

05.04.2016. Compra de móveis para os escritórios da empresa no valor de R$ 7.000 para pagamento em 26.04.2016.

08.04.2016. Compra de mercadorias para revenda no valor de R$ 60.000, sendo 20% à vista e o restante para pagamento em 30 dias.

10.04.2016. Transferência de recursos da conta corrente bancária para aplicações financeiras no mesmo banco no valor de R$ 22.000.

12.04.2016. Compra de veículos através de financiamento bancário no valor total de R$ 120.000 em 24 parcelas mensais, iguais e consecutivas de R$ 5.000.

21.04.2016. Saque no valor de R$ 1.800 da conta corrente bancária e recursos levados para o caixa da empresa.

22.04.2016. Compra de materiais de escritório para consumo nos próximos meses no valor de R$ 900 com pagamento em dinheiro utilizando o caixa da empresa.

26.04.2016. Pagamento da compra do dia 05.04.2016 utilizando os recursos da conta corrente bancária.

c) **A Cia. Planaltina inicia suas atividades em 09 de dezembro de 2017 e as transações que ocorreram no mês foram as seguintes:**

09.12.2017. Subscrição de capital social no valor de R$ 140.000. Integralização de capital no valor de R$ 120.000 sendo, R$ 100.000, em dinheiro, depositado em conta corrente bancária em nome da empresa e R$ 20.000 com a transferência de propriedade de um veículo que será utilizado nas operações da empresa.

10.12.2017. Compra de mercadorias para revenda no valor de R$ 50.000 a prazo de 30 dias.

13.12.2017. Empréstimo bancário no valor total de R$ 54.000 em 36 parcelas mensais, iguais e consecutivas, a primeira vencendo após 30 dias.

17.12.2017. Transferência de R$ 70.000 da conta corrente bancária para aplicações financeiras bancárias de curto prazo.

22.12.2017. Integralização efetuada pelos proprietários no valor de R$ 6.000, em dinheiro, depositado na conta corrente bancária da empresa.

23.12.2017. Compra de veículos para serem utilizados nas operações no valor total de R$ 36.000 financiados em 24 parcelas mensais, iguais e consecutivas de 1.500.

31.12.2017. Pagamento antecipado do prêmio total de seguro anual dos veículos da empresa, com prazo de vigência e cobertura a partir de 01.01.2018, no valor total de R$ 12.000 (pagamento através de cheque).

d) Em 31.12.2016 a Cia. Sudeste apresentava os seguintes saldos no balanço patrimonial: capital subscrito = R$ 90.000; capital a integralizar = R$ 10.000; bancos conta movimento = R$ 100.000; Mercadorias para revenda = R$ 23.000; Impostos sobre vendas a recolher = R$ 15.000; Aluguéis a pagar = R$ 8.000; lucros acumulados = R$ 20.000.

As transações ocorridas em janeiro de 2017 são as seguintes:

05.01.2017. Compra de R$ 32.000 em mercadorias para o estoque sendo 60% à vista com a emissão de um cheque e o restante a prazo de 30 dias.

07.01.2017. Aprovação em assembleia de acionistas a distribuição de lucros na forma de dividendos no valor total dos lucros acumulados referentes ao resultado da empresa no ano de 2016.

10.01.2017. Compra de veículos para serem utilizados nas operações no valor total de R$ 48.000 financiados em 48 parcelas mensais, iguais e consecutivas de 1.000.

13.01.2017. Pagamento de impostos registrados no passivo, referentes às vendas do período anterior, no valor de R$ 15.000, com recursos da conta corrente bancária.

18.01.2017. Compra de móveis para os escritórios da empresa no valor de R$ 10.000, com pagamento à vista utilizando-se recursos da conta corrente bancária.

22.01.2017. Pagamento aos acionistas referente aos dividendos a distribuir no valor de R$ 20.000, utilizando-se recursos da conta corrente bancária.

29.01.2017. Pagamento de aluguéis registrados no passivo, referentes ao período anterior, no valor de R$ 8.000, com recursos da conta corrente bancária.

30.01.2017. Lançamento e venda de debêntures no valor de R$ 90.000, com recursos depositados em conta corrente bancária. Debêntures com vencimento a longo prazo e os recursos arrecadados serão investidos em novos projetos da empresa.

Capítulo 3

Demonstração do Resultado do Exercício: Evidenciando os Resultados das Operações

O resultado é frequentemente utilizado como medida de performance ou como base para outras medidas, tais como o retorno do investimento, margem bruta, margem líquida ou o resultado líquido por ação. Os elementos diretamente relacionados com a mensuração do desempenho na demonstração do resultado são as receitas e as despesas.

As receitas aumentam o patrimônio líquido, através do aumento de ativos ou diminuição de passivos. Por outro lado, as despesas fazem com que ocorra decréscimo no patrimônio líquido, através de diminuições no ativo ou aumentos de passivo.

A equação fundamental do patrimônio explica essas inter-relações (PL = Ativo - Passivo). Quando o ATIVO AUMENTA ou o PASSIVO DIMINUI, o PATRIMÔNIO LÍQUIDO AUMENTA. Porém, quando o ATIVO DIMINUI ou o PASSIVO AUMENTA, o PATRIMÔNIO LÍQUIDO DECRESCE.

3.1 – Receitas

A Estrutura Conceitual para Elaboração e Divulgação de Relatório Contábil-Financeiro conceitua receitas como aumentos nos benefícios econômicos (geração de caixa ou equivalentes de caixa) durante o período contábil, sob a forma da entrada de recursos ou do aumento de ativos ou diminuição de passivos, que resultam em aumentos do patrimônio líquido (a receita aumenta a riqueza líquida), e que não estejam relacionados com a contribuição dos detentores dos instrumentos patrimoniais (sócios ou acionistas).

Exemplos:

a) **Aumentos nos benefícios econômicos sob a forma de entrada de recursos que resulta em aumento do patrimônio líquido**. Entidade empresarial detém títulos de capitalização. Em janeiro de 2017 um dos títulos é sorteado e o prêmio recebido é depositado diretamente em conta corrente bancária. Ocorre o registro da receita e o aumento das disponibilidades.

b) **Aumentos nos benefícios econômicos sob a forma de aumento de ativos que resulta em aumento do patrimônio líquido**. Entidade empresarial tem aplicação financeira em CDB de curto prazo em uma instituição financeira. No final do mês de março de 2017 apropria o rendimento da aplicação financeira do mês como receita concomitantemente ao aumento do ativo aplicações financeiras no circulante.

c) **Aumentos nos benefícios econômicos sob a forma de diminuição de passivos que resulta em aumento do patrimônio líquido**. Entidade empresarial efetua o pagamento antecipado de uma dívida, recebendo como prêmio um desconto no valor anteriormente contratado. O desconto é registrado como receita e ocorre a liquidação do passivo por um valor menor do que aquele registrado anteriormente.

A definição de receita, trazida pela Estrutura Conceitual, abrange tanto receitas propriamente ditas quanto ganhos. A receita surge no curso das atividades operacionais normais da entidade, sendo designada por uma variedade de nomes, tais como vendas, honorários, juros, dividendos, royalties, aluguéis.

Ganhos representam outros itens que se enquadram na definição de receita e podem ou não surgir no curso das atividades usuais da entidade, representando aumentos nos benefícios econômicos e, como tais, não diferem, em natureza, das receitas. Ganhos não são considerados como elementos separados na Estrutura Conceitual. Assim sendo, receitas e ganhos são considerados na essência, equivalentes conceitualmente nos termos do pronunciamento. Em regra, os ganhos são reportados por seus valores líquidos das respectivas despesas.

Ganhos incluem, por exemplo: a) aqueles que resultam da venda de ativos não circulantes (transação não usual); b) aqueles que resultam do aumento do valor contábil de ativos de longo prazo (ganhos não realizados); c) aqueles que resultam da diminuição do valor contábil de passivos de longo prazo (ganhos não realizados).

A questão central em relação à contabilização da receita é determinar o momento do reconhecimento. A receita deve ser reconhecida quando for provável que benefícios econômicos futuros fluam para a entidade. Além disso, que esses benefícios econômicos possam ser mensurados de forma confiável.

A receita, para fins de divulgação na demonstração do resultado do exercício, deve incluir apenas os ingressos de benefícios econômicos recebidos e a receber pela entidade quando originários de suas próprias atividades, ou seja, a primeira linha da DRE deve ser a receita líquida (receita bruta menos impostos sobre vendas, descontos, abatimentos e devoluções). O pronunciamento assinala que as quantias cobradas por conta de terceiros, por exemplo, tributos sobre vendas, não são benefícios econômicos que fluam para a entidade, não resultando em aumento do patrimônio líquido. Portanto, esses valores devem ser excluídos da receita. A conciliação entre a receita bruta e a receita líquida deve ser evidenciada em nota explicativa.

Em relação à mensuração da receita, a mesma deve ser representada pelo valor justo da contraprestação recebida ou a receber. O objetivo da mensuração a valor justo, segundo o CPC 46 – Mensuração do Valor Justo, é estimar o preço pelo qual uma transação não forçada para vender o ativo ou para transferir o passivo ocorreria entre participantes do mercado na data de mensuração sob condições correntes de mercado (ou seja, um preço de saída na data de mensuração do ponto de vista de participante do mercado que detenha o ativo ou o passivo).

O montante da receita proveniente de uma transação é normalmente estabelecido entre a entidade vendedora de um bem ou serviço e o comprador. Na maioria dos casos, a contraprestação é feita na forma de caixa ou equivalente de caixa e o valor da receita é o valor em caixa ou equivalente de caixa recebido ou a receber. Entretanto, quando o ingresso de caixa ou seu equivalente vier a ser diferido (venda a prazo), o valor justo da contraprestação pode vir a ser menor do que o valor nominal (valor futuro) do caixa recebido ou a receber. Por exemplo, a entidade pode conceder ao comprador venda a prazo com isenção de juros em contraprestação à venda de bens. Quando o acordo contratual efetivamente constituir uma transação de financiamento, o valor justo da contraprestação deve ser determinado por meio do desconto de todos os futuros recebimentos previstos, tomando por base a taxa de juros imputada, que pode ser a taxa prevalecente de instrumento financeiro similar de emitente com classificação (*rating*) de crédito similar, ou ainda, a taxa de juros que desconte o valor nominal do instrumento financeiro para o preço de venda à vista dos bens ou serviços. A diferença entre o valor justo e o valor nominal da contraprestação deve ser reconhecida como receita de juros.

Em relação ao reconhecimento da receita na venda de bens, em termos gerais, a receita deve ser reconhecida quando forem satisfeitas todas as condições a seguir: a) a entidade tenha transferido para o comprador os riscos e benefícios mais significativos inerentes à propriedade dos bens; b) a entidade não mantenha envolvimento continuado na gestão dos bens vendidos em grau normalmente associado à propriedade e tampouco efetivo controle sobre tais bens; c) o valor da receita possa ser mensurado com confiabilidade; d) for provável que os benefícios econômicos associados à transação fluirão para a entidade; e) as despesas incorridas ou a serem incorridas, referentes à transação, possam ser mensuradas com confiabilidade.

A receita e as despesas relacionadas à mesma transação ou a outro evento devem ser reconhecidas simultaneamente; esse processo está vinculado ao princípio da confrontação das despesas com as receitas (regime de competência). Quaisquer contraprestações já recebidas pela venda dos bens no futuro devem ser reconhecidas como passivo (adiantamento de clientes).

3.2 – Despesas

Em termos do CPC 00 (R1) a despesa é conceituada como decréscimos nos benefícios econômicos (diminuição de caixa ou equivalentes de caixa) durante o período contábil, sob a forma da saída de recursos ou da redução de ativos ou aumento de passivos, que resultam em decréscimo do patrimônio líquido (a despesa diminui a riqueza líquida), e que não estejam relacionados com distribuições aos detentores dos instrumentos patrimoniais (sócios ou acionistas).

Exemplos:

a) **Decréscimos nos benefícios econômicos sob a forma de saída de recursos que resulta em diminuição do patrimônio líquido**. Entidade empresarial contrata os serviços de manutenção dos computadores do seu departamento comercial. O serviço é prestado no dia 03.02.2017 e também pago no mesmo dia. Ocorre o registro da despesa e a diminuição das disponibilidades.

b) **Decréscimos nos benefícios econômicos sob a forma de redução de ativos que resulta em diminuição do patrimônio líquido**. Entidade empresarial tem veículos registrados em seu imobilizado no balanço patrimonial. No final do mês de março de 2017 apropria como despesa o registro da depreciação mensal desses veículos (perda de valor por desgaste físico). A despesa é registrada no período contábil (março) com a consequente diminuição do ativo.

c) **Decréscimos nos benefícios econômicos sob a forma de aumento de passivos que resulta em diminuição do patrimônio líquido**. Entidade empresarial tem empréstimos de longo prazo no passivo atrelados à variação cambial. O real se desvaloriza em relação ao dólar, fazendo com que os empréstimos aumentem em reais. O aumento do passivo tem como contrapartida uma despesa na demonstração do resultado do exercício.

A Estrutura Conceitual afirma que a definição de despesas abrange tanto as perdas quanto as despesas propriamente ditas que surgem no curso das atividades usuais da entidade.

As despesas que surgem no curso das atividades usuais da entidade incluem, por exemplo, o custo das vendas, salários e depreciação. Geralmente, tomam a forma de desembolso ou redução de ativos como caixa e equivalentes de caixa, estoques e ativo imobilizado.

Perdas representam outros itens que se enquadram na definição de despesas e podem ou não surgir no curso das atividades usuais da entidade, representando decréscimos nos benefícios econômicos e, como tais, não diferem, em natureza, das demais despesas. Consequentemente, não são consideradas como elemento separado na Estrutura Conceitual.

Perdas incluem, por exemplo, as que resultam de sinistros como incêndio e inundações, assim como as que decorrem da venda de ativos não circulantes. A definição de despesas também inclui as perdas não realizadas. Por exemplo, as que surgem dos efeitos dos aumentos na taxa de câmbio de moeda estrangeira com relação aos empréstimos da entidade a pagar em tal moeda.

Quando as perdas são reconhecidas na demonstração do resultado, elas são geralmente demonstradas separadamente, pois sua divulgação é útil para fins de tomada de decisões econômicas. As perdas são, em regra, reportadas líquidas das respectivas receitas.

O CPC 26 (R1) estabelece que quando os itens de receitas e despesas são materiais, sua natureza e montantes devem ser divulgados separadamente. Complementarmente, evidencia circunstâncias que podem dar origem à divulgação separada de itens de receita e despesas, quais sejam: a) reduções nos estoques ao seu valor realizável líquido ou no ativo imobilizado ao seu valor recuperável, bem como as reversões de tais reduções; b) reestruturações das atividades da entidade e reversões de quaisquer provisões para gastos de reestruturação; c) baixas de itens do ativo imobilizado; d) baixas de investimento; e) unidades operacionais descontinuadas; f) solução de litígios; e g) outras reversões de provisões.

Dois critérios podem ser usados em relação à classificação das despesas: a) classificação baseada na sua natureza; e b) classificação baseada na sua função na entidade. Assinala o pronunciamento CPC 26 (R1) que a entidade deve escolher aquele critério que possibilitar a geração de informação mais confiável e relevante, obedecidas as determinações da legislação societária.

No primeiro critério as despesas são agregadas na demonstração do resultado de acordo com a sua natureza (por exemplo, depreciações, compras de materiais, despesas com transporte, benefícios aos empregados e despesas de publicidade). Já na segunda forma, classificam-se as despesas de acordo com a sua função como parte do custo dos produtos ou serviços vendidos ou, por exemplo, separando-as em despesas gerais e administrativas, despesas de vendas e outras despesas operacionais. A lei societária vigente estabelece essa forma de classificação.

Segundo o CPC 26 (R1), levando-se em consideração que a informação sobre a natureza das despesas é útil ao prever os futuros fluxos de caixa, a entidade deverá gerar divulgação adicional quando for usada a classificação com base no método da função das despesas.

Na prática empresarial, verificamos que empresas do ramo comercial normalmente publicam a DRE utilizando a classificação por função e de forma complementar evidenciam despesas relevantes pelo primeiro critério (por exemplo, o montante de depreciações e o resultado de equivalência patrimonial).

3.3 – Apresentação da Demonstração do Resultado do Exercício (DRE)

A Demonstração do Resultado do Exercício (DRE) é elaborada, em termos gerais, iniciando-se pela receita bruta de vendas (receita da atividade principal) e de forma dedutiva subtraindo-se as despesas para encontrar em sua última linha o resultado líquido do exercício (lucro ou prejuízo). Assim sendo, todos os itens de receitas e despesas reconhecidos no período devem ser incluídos no resultado líquido. As DREs publicadas por sociedades anônimas evidenciam como primeira linha a receita líquida de vendas.

MODELO		
Demonstrações dos Resultados para os exercícios findos em 31 de dezembro de 2017 e 2016 (em milhares de reais)		
	2017	**2016**
Receita Operacional Bruta		
Venda de mercadorias		
Deduções das Vendas		
Devoluções das vendas		
Descontos incondicionais sobre vendas		
Impostos sobre vendas		
Receita Operacional Líquida		
Custo das mercadorias vendidas		
Lucro Bruto		
Receitas (Despesas) Operacionais		
Vendas		
Gerais e Administrativas		
Depreciação e amortização		
Resultado da equivalência patrimonial		
Outras receitas (despesas) operacionais líquidas		
Resultado Operacional Antes do Resultado Financeiro		
Receitas Financeiras		
Despesas Financeiras		
Resultado antes do Imposto de Renda e Contribuição Social		
Imposto de renda e contribuição social sobre o lucro		
Resultado Líquido das Operações Continuadas		
Resultado líquido proveniente de operações descontinuadas		
Resultado Líquido antes das Participações no Lucro		
Participações no Lucro		
Resultado Líquido do Exercício		
Lucro por ação (em R$) =		

Grupos de contas da Demonstração do Resultado do Exercício:

Receita Operacional Líquida: representa a receita operacional bruta (vendas brutas tanto à vista quanto a prazo) menos as deduções sobre as vendas brutas (devoluções de vendas, descontos incondicionais sobre vendas e impostos sobre vendas). É considerada como a receita operacional real da empresa. Quantias cobradas por conta de terceiros, como tributos sobre vendas, bem como valores de devoluções de vendas e descontos sobre vendas não são benefícios econômicos que fluam para a entidade. Assim sendo, esses valores devem ser excluídos da receita.

Custo das Mercadorias Vendidas: representa o montante baixado do estoque em decorrência da venda das mercadorias. Em outras palavras, o custo das mercadorias compradas dos fornecedores da entidade e vendidas aos seus clientes.

Lucro Bruto: representa a diferença entre a receita operacional líquida e o custo das mercadorias vendidas.

Despesas com Vendas: representam despesas inerentes a atividade de venda de mercadorias. Essas despesas referem-se aos gastos com promoção, comercialização e distribuição dos produtos da empresa. Exemplos: comissões sobre vendas, despesas com viagens dos vendedores, propaganda e publicidade, despesas com entrega de mercadorias aos clientes, salários e encargos sociais dos funcionários da área comercial e perdas estimadas com devedores duvidosos.

Gerais e Administrativas: representam despesas que estão atreladas à atividade administrativa da empresa (gestão). Exemplos: aluguel do escritório da administração, consumo de energia elétrica da área administrativa, honorários da diretoria, imposto sobre a propriedade de veículos, impostos sobre imóveis, despesas judiciais, salários e encargos sociais dos funcionários da área administrativa da entidade.

Depreciação e Amortização: o montante de despesas do período referentes a depreciações de ativos imobilizados e amortizações de ativos intangíveis.

Resultado de Equivalência Patrimonial: representado pelo ganho ou perda em avaliação de investimentos de participações em outras empresas, consideradas coligadas ou controladas de acordo com a legislação societária, pelo método de equivalência patrimonial. Em termos gerais, no método de equivalência patrimonial as participações em outras empresas são avaliadas de acordo com o percentual de participação da investidora sobre o patrimônio líquido da investida.

Outras Receitas (Despesas) Operacionais Líquidas: devem ser classificadas nesse grupo todas as receitas e despesas não classificadas em gerais e administrativas, com vendas e financeiras. Este grupo é entendido como sendo formado por operações acessórias ao objeto social da empresa, bem como itens não recorrentes. Exemplos: receita de dividendos provenientes de investimentos em outras empresas que estão sendo avaliadas pelo custo, receitas de seguros referentes a sinistros e resultados na venda de ativos permanentes (investimento, imobilizado e intangível).

Resultado Operacional Antes do Resultado Financeiro: representa o lucro bruto menos todas as despesas operacionais mais outras receitas operacionais antes do resultado financeiro (receitas e despesas financeiras).

Receitas Financeiras: valor agregado referente a receitas financeiras que são provenientes, em quase sua totalidade, no caso de empresas comerciais, de investimentos em aplicações financeiras nas instituições bancárias, rendimento de títulos públicos, rendimento de títulos privados, juros decorrentes de vendas a prazo, juros cobrados dos clientes pelo atraso no pagamento de títulos e ganhos na variação cambial de recebíveis ou obrigações em contratos atrelados à moeda estrangeira.

Despesas Financeiras: as despesas financeiras são oriundas, principalmente, da utilização de capitais de terceiros. Exemplos: juros de empréstimos e financiamentos bancários, impostos sobre empréstimos e financiamentos em instituições financeiras, perdas na variação cambial de obrigações, despesas com desconto de títulos em instituições financeiras, comissões e despesas bancárias e descontos concedidos a devedores pelo pagamento antecipado de obrigações.

Resultado Antes do Imposto de Renda e Contribuição Social: representa o resultado operacional antes do resultado financeiro mais as receitas financeiras e menos as despesas financeiras. É a base para encontrar o lucro tributável de acordo com a legislação tributária.

Imposto de Renda e Contribuição Social: representa o montante de imposto de renda e contribuição social sobre o lucro calculado de acordo com a legislação tributária.

Resultado Líquido das Operações Continuadas: representa o resultado antes do imposto de renda e contribuição social menos a despesa referente aos impostos sobre o lucro. Caso a entidade não tenha operações descontinuadas ou participações no lucro, esse montante representa também o resultado líquido do exercício.

Resultado Líquido Proveniente de Operações Descontinuadas: representa o resultado líquido auferido por operações descontinuadas da entidade. Operação descontinuada é o componente da empresa que tenha sido alienado ou esteja classificado como mantido para venda.

Participações no Lucro: representa as participações estatutárias no lucro em acordo com o que estabelece a legislação societária. Essas participações serão calculadas, sucessivamente e na seguinte ordem: debêntures, empregados, administradores, partes beneficiárias e fundos de assistência ou previdência de empregados que não se caracterizem como despesa. A base de cálculo das participações será determinada segundo o lucro remanescente depois de deduzida a participação anteriormente calculada. Importante salientar que de acordo com o art. 189 da lei societária, do resultado do exercício serão deduzidos, antes de qualquer participação, os prejuízos acumulados e a provisão para imposto de renda.

Resultado Líquido do Exercício: representa o resultado líquido encontrado pela soma de todas as receitas menos a totalidade de despesas do período. No caso em que as receitas são maiores que as despesas, assinalamos o lucro líquido do exercício. Por outro lado, se as despesas são maiores que as receitas, será evidenciado o prejuízo líquido do exercício.

3.4 – A Demonstração do Resultado do Exercício: Normas da Lei Societária e o CPC 26 (R1)

Quanto à Demonstração do Resultado do Exercício (contas de resultado), a lei societária estabelece, em seu artigo 187, que deverá ser discriminado:

a) a receita bruta das vendas e serviços, as deduções das vendas, os abatimentos e os impostos;
b) a receita líquida das vendas e serviços, o custo das mercadorias e serviços vendidos e o lucro bruto;
c) as despesas com as vendas, as despesas financeiras, deduzidas das receitas, as despesas gerais e administrativas, e outras despesas operacionais;
d) o lucro ou prejuízo operacional, as outras receitas e as outras despesas;
e) resultado do exercício antes do Imposto sobre a Renda e a provisão para o imposto;
f) as participações de debêntures, empregados, administradores e partes beneficiárias, mesmo na forma de instrumentos financeiros, e de instituições ou fundos de assistência ou previdência de empregados, que não se caracterizem como despesa;
g) o lucro ou prejuízo líquido do exercício e o seu montante por ação do capital social.

E complementa assinalando que na determinação do resultado do exercício serão computados: a) as receitas e os rendimentos ganhos no período, independentemente da sua realização em moeda; e b) os custos, despesas, encargos e perdas, pagos ou incorridos, correspondentes a essas receitas e rendimentos.

O CPC 26 (R1) estabelece que a demonstração do resultado do período deve, no mínimo, incluir as seguintes rubricas: a) receitas, apresentando separadamente receita de juros calculada utilizando o método de juros efetivos; b) ganhos e perdas decorrentes do desreconhecimento de ativos financeiros mensurados pelo custo amortizado; c) custos de financiamento; d) perda por redução ao valor recuperável (incluindo reversões de perdas por redução ao valor recuperável ou ganhos na redução ao valor recuperável), determinado de acordo com o CPC 48; e) parcela dos resultados de empresas investidas, reconhecida por meio do método da equivalência patrimonial; f) se o ativo financeiro for reclassificado da categoria de mensuração ao custo amortizado de modo que seja mensurado ao valor justo por meio do resultado, qualquer ganho ou perda decorrente da diferença entre o custo amortizado anterior do ativo financeiro e seu valor justo na data da reclassificação (conforme definido no CPC 48); g) se o ativo financeiro for reclassificado da categoria de mensuração ao valor justo por meio de outros resultados abrangentes de modo que seja mensurado ao valor justo por meio do resultado, qualquer ganho ou perda acumulado reconhecido anteriormente em outros resultados abrangentes que sejam reclassificados para o resultado; h) tributos sobre o lucro; i) um único valor para o total de operações descontinuadas (CPC 31).

O pronunciamento CPC 26 (R1) assinala ainda que em atendimento à legislação societária brasileira vigente, a demonstração do resultado deve incluir ainda as seguintes rubricas: a) custo dos produtos, das mercadorias e dos serviços vendidos; b) lucro bruto; c) despesas com vendas, gerais, administrativas e outras despesas e receitas operacionais; d) resultado antes das receitas e despesas financeiras; e) resultado antes dos tributos sobre o lucro; f) resultado líquido do período.

Na demonstração do resultado do exercício, segundo o que estabelece o pronunciamento técnico CPC 26 (R1), todas as receitas e despesas decorrem das operações da entidade empresarial. Porém, as receitas e despesas decorrentes das operações podem ser classificadas em geradas por operações continuadas ou descontinuadas. Além disso, estabelece que a entidade não deve apresentar rubricas ou itens de receitas ou despesas como itens extraordinários.

GUARARAPES CONFECÇÕES S.A.
Demonstrações contábeis em 31 de dezembro de 2018 e 2017

DEMONSTRAÇÕES DOS RESULTADOS - EXERCÍCIOS FINDOS EM 31 DE DEZEMBRO DE 2018 E 2017
Em milhares de reais

		Controladora		Consolidado	
	Nota nº	2018	2017	2018	2017
Receita operacional líquida	31	1.066.014	849.213	7.192.596	6.444.659
Custo dos produtos vendidos e serviços prestados	32.1	(853.992)	(752.108)	(2.523.568)	(2.338.408)
Lucro bruto		**212.022**	**97.105**	**4.669.028**	**4.106.251**
Receitas (Despesas) Operacionais					
Despesas com vendas	32.2	(13.058)	(10.806)	(3.119.299)	(2.713.885)
Despesas gerais e administrativas	32.3	(48.975)	(57.306)	(807.760)	(765.752)
Honorário da administração	29	(3.967)	(4.050)	(15.158)	(12.758)
Resultado de equivalência patrimonial	7	1.011.952	389.374	-	-
Outras receitas operacionais, líquidas	33	47.503	150.807	683.279	274.768
		993.455	**468.019**	**(3.258.938)**	**(3.217.627)**
Lucro operacional antes do resultado financeiro líquido		**1.205.477**	**565.124**	**1.410.090**	**888.624**
Receitas financeiras	34	33.906	24.553	546.203	124.216
Despesas financeiras	34	(55.917)	(41.805)	(167.245)	(237.064)
Resultado financeiro líquido	34	**(22.011)**	**(17.252)**	**378.958**	**(112.848)**
Lucro antes do imposto de renda e da contribuição social		**1.183.466**	**547.872**	**1.789.048**	**775.776**
Imposto de renda e contribuição social - corrente	27	522	16.941	(535.031)	(191.426)
Imposto de renda e contribuição social - diferido	27	51.686	5.514	(18.343)	(14.023)
Imposto de renda e contribuição social		**52.208**	**22.455**	**(553.374)**	**(205.449)**
Lucro líquido do exercício		**1.235.674**	**570.327**	**1.235.674**	**570.327**
Atribuível a acionistas da Companhia	35	1.235.674	570.327	1.235.674	570.327
Lucro básico/diluído por ação	35				
Por ação ON		18,85949	8,70462	18,85949	8,70462
Por ação PN		20,74544	9,57508	20,74544	9,57508

As notas explicativas são parte integrante das demonstrações financeiras individuais e consolidadas.

3.5 – A Técnica de Balanços Sucessivos: Inclusão dos Efeitos de Receitas e Despesas sobre o Patrimônio Líquido

Novamente vamos utilizar a técnica de balanços sucessivos para evidenciar as modificações patrimoniais decorrentes das transações na vida empresarial de uma companhia. Porém, vamos demonstrar o impacto também de receitas e despesas na riqueza líquida da empresa.

Exemplo: Aplicando a técnica de balanços sucessivos.

A sociedade empresarial Cia. Intervalar apresenta em 31.12.2016 os seguintes saldos no balanço patrimonial:

CIA. INTERVALAR			
Balanço Patrimonial - 31.12.2016 - Em R$			
ATIVO	88.000	PASSIVO	48.000
CIRCULANTE	63.000	CIRCULANTE	12.000
Caixa e equivalentes de caixa	**36.000**	Fornecedores	12.000
Bancos conta movimento	14.000		
Aplicações financeiras de liquidez imediata	22.000	NÃO CIRCULANTE	36.000
Créditos a receber de clientes	-	Empréstimos e financiamentos a pagar	36.000
Créditos a receber de clientes			
Estoques	**27.000**		
Mercadorias para revenda	26.000		
Almoxarifado	1.000		
NÃO CIRCULANTE	25.000	PATRIMÔNIO LÍQUIDO	40.000
Imobilizado	**25.000**	Capital Social	40.000
Imóveis de uso	30.000	Capital Subscrito	60.000
(-) Depreciação acumulada imóveis de uso	(5.000)	(-) Capital a Integralizar	(20.000)
		Lucros ou Prejuízos Acumulados	-
TOTAL DO ATIVO =	88.000	TOTAL DO PASSIVO + PL =	88.000

No decorrer do mês de janeiro de 2017 ocorrem as seguintes transações:

05.01.2017. Venda de 50% dos estoques de mercadorias pelo valor de R$ 17.000,00 à vista, com depósito em conta corrente bancária da empresa.

CIA. INTERVALAR			
Balanço Patrimonial - 05.01.2017 - Em R$			
ATIVO	92.000	PASSIVO	48.000
CIRCULANTE	67.000	CIRCULANTE	12.000
Caixa e equivalentes de caixa	**53.000**	Fornecedores	12.000
Bancos conta movimento	31.000		
Aplicações financeiras de liquidez imediata	22.000	NÃO CIRCULANTE	36.000
Créditos a receber de clientes	-	Empréstimos e financiamentos a pagar	36.000
Créditos a receber de clientes	-		
Estoques	**14.000**		
Mercadorias para revenda	13.000		
Almoxarifado	1.000		
NÃO CIRCULANTE	25.000	PATRIMÔNIO LÍQUIDO	44.000
Imobilizado	**25.000**	Capital Social	40.000
Imóveis de uso	30.000	Capital Subscrito	60.000
(-) Depreciação acumulada imóveis de uso	(5.000)	(-) Capital a Integralizar	(20.000)
		Lucros ou Prejuízos Acumulados	4.000
TOTAL DO ATIVO =	92.000	TOTAL DO PASSIVO + PL =	92.000

Em decorrência da venda à vista no valor de R$ 17.000,00 ocorre o aumento do saldo da conta corrente bancária para R$ 31.000,00 (o saldo anterior era de R$ 14.000,00). Ao mesmo tempo, ocorre no resultado uma receita de venda no valor de R$ 17.000,00 e uma despesa que representa a baixa nos estoques no valor de R$ 13.000,00. Dessa forma, a riqueza líquida da empresa aumenta R$ 4.000,00 (lucro).

10.01.2017. Consumo de material de escritório em estoque no almoxarifado no valor de R$ 300,00.

CIA INTERVALAR			
Balanço Patrimonial - 10.01.2017 - Em R$			
ATIVO	91.700	PASSIVO	48.000
CIRCULANTE	**66.700**	**CIRCULANTE**	**12.000**
Caixa e equivalentes de caixa	**53.000**	Fornecedores	12.000
Bancos conta movimento	31.000		
Aplicações financeiras de liquidez imediata	22.000	**NÃO CIRCULANTE**	**36.000**
Créditos a receber de clientes	-	Empréstimos e financiamentos a pagar	36.000
Créditos a receber de clientes	-		
Estoques	**13.700**		
Mercadorias para revenda	13.000		
Almoxarifado	700		
NÃO CIRCULANTE	**25.000**	PATRIMÔNIO LÍQUIDO	43.700
Imobilizado	**25.000**	Capital Social	40.000
Imóveis de uso	30.000	Capital Subscrito	60.000
(-) Depreciação acumulada imóveis de uso	(5.000)	(-) Capital a Integralizar	(20.000)
		Lucros ou Prejuízos Acumulados	3.700
TOTAL DO ATIVO =	91.700	TOTAL DO PASSIVO + PL =	91.700

O evento diminui o ativo almoxarifado em R$ 300,00 e gera uma despesa na DRE no mesmo valor. A riqueza líquida decresce R$ 300,00. O lucro acumulado nos dez primeiros dias de janeiro agora é de R$ 3.700,00 (era R$ 4.000,00).

15.01.2017. Contratação de serviços de manutenção dos computadores da empresa no valor de R$ 1.500,00 com pagamento à vista. Serviços prestados pela contratada e pagos no mesmo dia.

CIA INTERVALAR			
Balanço Patrimonial - 15.01.2017 - Em R$			
ATIVO	90.200	PASSIVO	48.000
CIRCULANTE	**65.200**	**CIRCULANTE**	**12.000**
Caixa e equivalentes de caixa	**51.500**	Fornecedores	12.000
Bancos conta movimento	29.500		
Aplicações financeiras de liquidez imediata	22.000	**NÃO CIRCULANTE**	**36.000**
Créditos a receber de clientes	-	Empréstimos e financiamentos a pagar	36.000
Créditos a receber de clientes	-		
Estoques	**13.700**		
Mercadorias para revenda	13.000		
Almoxarifado	700		
NÃO CIRCULANTE	**25.000**	PATRIMÔNIO LÍQUIDO	42.200
Imobilizado	**25.000**	Capital Social	40.000
Imóveis de uso	30.000	Capital Subscrito	60.000
(-) Depreciação acumulada imóveis de uso	(5.000)	(-) Capital a Integralizar	(20.000)
		Lucros ou Prejuízos Acumulados	2.200
TOTAL DO ATIVO =	90.200	TOTAL DO PASSIVO + PL =	90.200

A conta corrente bancária decresce R$ 1.500,00 pelo pagamento do serviço prestado por terceiros ao mesmo tempo em que registramos a despesa na DRE. A riqueza líquida da empresa diminui para R$ 42.200,00. O lucro acumulado nos quinze primeiros dias do mês agora é de R$ 2.200,00 (R$ 3.700,00 até o dia anterior).

22.01.2017. Pagamento das obrigações com fornecedores em sua totalidade com desembolso de R$ 10.400,00 através da emissão de um cheque. Desconto conseguido pela entidade pelo pagamento antecipado da dívida.

CIA INTERVALAR			
Balanço Patrimonial - 22.01.2017 - Em R$			
ATIVO	79.800	PASSIVO	36.000
CIRCULANTE	54.800	CIRCULANTE	-
Caixa e equivalentes de caixa	41.100	Fornecedores	-
Bancos conta movimento	19.100		
Aplicações financeiras de liquidez imediata	22.000	NÃO CIRCULANTE	36.000
Créditos a receber de clientes	-	Empréstimos e financiamentos a pagar	36.000
Créditos a receber de clientes	-		
Estoques	13.700		
Mercadorias para revenda	13.000		
Almoxarifado	700		
NÃO CIRCULANTE	25.000	PATRIMÔNIO LÍQUIDO	43.800
Imobilizado	25.000	Capital Social	40.000
Imóveis de uso	30.000	Capital Subscrito	60.000
(-) Depreciação acumulada imóveis de uso	(5.000)	(-) Capital a Integralizar	(20.000)
		Lucros ou Prejuízos Acumulados	3.800
TOTAL DO ATIVO =	79.800	TOTAL DO PASSIVO + PL =	79.800

O desconto obtido no valor de R$ 1.600,00 para o pagamento antecipado da dívida é uma receita. A conta corrente bancária diminui R$ 10.400,00 pelo pagamento da obrigação no valor de R$ 12.000,00 com desconto de R$ 1.600,00. A riqueza líquida da entidade empresarial aumenta em R$ 1.600,00 devido ao aumento no lucro acumulado no período

27.01.2017. Venda de 60% do estoque de mercadorias pelo valor de R$ 9.600,00 a prazo de 30 dias.

CIA INTERVALAR			
Balanço Patrimonial - 27.01.2017 - Em R$			
ATIVO	81.600	PASSIVO	36.000
CIRCULANTE	56.600	CIRCULANTE	-
Caixa e equivalentes de caixa	41.100	Fornecedores	-
Bancos conta movimento	19.100		
Aplicações financeiras de liquidez imediata	22.000	NÃO CIRCULANTE	36.000
Créditos a receber de clientes	9.600	Empréstimos e financiamentos a pagar	36.000
Créditos a receber de clientes	9.600		
Estoques	5.900		
Mercadorias para revenda	5.200		
Almoxarifado	700		
NÃO CIRCULANTE	25.000	PATRIMÔNIO LÍQUIDO	45.600
Imobilizado	25.000	Capital Social	40.000
Imóveis de uso	30.000	Capital Subscrito	60.000
(-) Depreciação acumulada imóveis de uso	(5.000)	(-) Capital a Integralizar	(20.000)
		Lucros ou Prejuízos Acumulados	5.600
TOTAL DO ATIVO =	81.600	TOTAL DO PASSIVO + PL =	81.600

A baixa do estoque pela venda das mercadorias no valor de R$ 7.800,00 é uma despesa na DRE. A conta clientes no ativo aumenta para R$ 9.600,00 em contrapartida ao registro da receita de vendas no mesmo valor. O lucro acumulado aumenta em R$ 1.800,00 (R$ 9.600,00 menos R$ 7.800,00) para um montante acumulado de R$ 5.600,00.

31.01.2017. Reconhecimento da perda de valor (depreciação) dos imóveis de uso no valor de R$ 150,00. Reconhecimento de receita de juros de aplicações financeiras de curto prazo no valor de R$ 650,00 referentes ao rendimento no mês. Reconhecimento de juros no valor de R$ 800,00 incorridos no mês referentes aos empréstimos e financiamentos bancários.

CIA. INTERVALAR			
Balanço Patrimonial - 31.01.2017 - Em R$			
ATIVO	82.100	PASSIVO	36.800
CIRCULANTE	**57.250**	**CIRCULANTE**	-
Caixa e equivalentes de caixa	**41.750**	Fornecedores	-
Bancos conta movimento	19.100		
Aplicações financeiras de liquidez imediata	22.650	**NÃO CIRCULANTE**	**36.800**
Créditos a receber de clientes	9.600	Empréstimos e financiamentos a pagar	36.800
Créditos a receber de clientes	9.600		
Estoques	**5.900**		
Mercadorias para revenda	5.200		
Almoxarifado	700		
NÃO CIRCULANTE	**24.850**	PATRIMÔNIO LÍQUIDO	**45.300**
Imobilizado	**24.850**	Capital Social	40.000
Imóveis de uso	30.000	Capital Subscrito	60.000
(-) Depreciação acumulada imóveis de uso	(5.150)	(-) Capital a Integralizar	(20.000)
		Lucros ou Prejuízos Acumulados	5.300
TOTAL DO ATIVO =	82.100	TOTAL DO PASSIVO + PL =	82.100

Os eventos representam um total de R$ 650,00 em receitas e um montante de R$ 950 de despesas, ou seja, um resultado líquido de R$ 300,00 negativo. O resultado acumulado no mês de janeiro é de R$ 5.300,00 (era R$ 5.600,00). A conta empréstimos e financiamentos a pagar sobe para R$ 36.800,00 (era R$ 36.000,00). A conta aplicações financeiras aumenta para R$ 22.650,00 (era R$ 22.000,00). A conta depreciação acumulada imóveis de uso aumenta para $ 5.150,00 (era R$ 5.000,00).

Para compreender os efeitos duplos (dualidade) das diversas transações do exemplo anterior, que impactam o patrimônio da empresa, com representação na equação fundamental do patrimônio, observemos o quadro a seguir (valores em R$).

Transação	Ativo	=	Passivo	+	Patrimônio Líquido
Saldo =	**88.000**		**48.000**		**40.000**
05.01.2017	+ 17.000 - 13.000	=	0	+	+ 17.000 - 13.000
Subtotal =	**92.000**	=	**48.000**	+	**44.000**
10.01.2017	- 300	=	0	+	- 300
Subtotal =	**91.700**	=	**48.000**	+	**43.700**
15.01.2017	- 1.500	=	0	+	- 1.500
Subtotal =	**90.200**	=	**48.000**	+	**42.200**
22.01.2017	- 10.400	=	- 12.000	+	+ 1.600
Subtotal =	**79.800**	=	**36.000**	+	**43.800**
27.01.2017	+ 9.600 - 7.800	=	0	+	+ 9.600 - 7.800
Subtotal =	**81.600**	=	**36.000**	+	**45.600**
31.01.2017	+ 650 - 150	=	800	+	+ 650 - 950
Total =	**82.100**	=	**36.800**	+	**45.300**

Em contabilidade todas as transações ou eventos têm impacto no balanço patrimonial. Cada transação ou evento afeta dois itens do balanço, de forma simultânea e em igual valor. Na realidade, o ativo é igual aos direitos de propriedade sobre o ativo, que são detidos por credores (passivo) e proprietários (patrimônio líquido).

(...) ativo é igual a passivo mais patrimônio líquido. A ideia central é a de que o valor pode ser visto simultaneamente de duas perspectivas, ou seja, perguntando-se o quanto vale um ativo e perguntando-se qual é o valor do direito de propriedade sobre o ativo. O balanço patrimonial registra as duas perspectivas e um balanço precisa sempre ter um equilíbrio porque a primeira perspectiva tem de ser sempre igual à última. (Barker, 2012, p. 50)

Três itens individuais do balanço patrimonial têm um tratamento diferenciado em contabilidade, quais sejam: a) caixa e equivalentes de caixa; b) patrimônio líquido; e c) lucros ou prejuízos acumulados. Esses itens têm sua própria demonstração financeira.

Caixa e equivalentes de caixa (caixa, bancos e aplicações financeiras de curtíssimo prazo) têm suas transações evidenciadas pela Demonstração dos Fluxos de Caixa. O patrimônio líquido tem detalhadas as suas modificações no período através da Demonstração das Mutações do Patrimônio Líquido. A conta lucros ou prejuízos acumulados (patrimônio líquido) recebe o resultado da linha final da DRE, portanto, a Demonstração do Resultado do Exercício evidencia todas as receitas e despesas registradas em determinado período e seu resultado final é alocado no patrimônio líquido. Portanto, espelha a variação da riqueza dos proprietários resultante de variações nos ativos líquidos.

As receitas e despesas, por impactarem a riqueza líquida da empresa, poderiam até ser alocadas ao patrimônio líquido de forma direta, porém, isso causaria confusão em demasia dificultando o entendimento por parte dos usuários da informação contábil. Assim sendo, a contabilidade insere as receitas e despesas na Demonstração do Resultado do Exercício e apenas o seu resultado líquido final é transportado para a conta lucros ou prejuízos acumulados no patrimônio líquido. Uma solução racional.

Resumo das modificações patrimoniais:

Resumo - Balanços Sucessivos (em R$)

Balanço Patrimonial - Cia. Intervalar	05.01.2017	10.01.2017	15.01.2017	22.01.2017	27.01.2017	31.01.2017
ATIVO	**92.000**	**91.700**	**90.200**	**79.800**	**81.600**	**82.100**
CIRCULANTE	**67.000**	**66.700**	**65.200**	**54.800**	**56.600**	**57.250**
Caixa e equivalentes de caixa	**53.000**	**53.000**	**51.500**	**41.100**	**41.100**	**41.750**
Bancos conta movimento	31.000	31.000	29.500	19.100	19.100	19.100
Aplicações financeiras de liquidez imediata	22.000	22.000	22.000	22.000	22.000	22.650
Créditos a receber de clientes	-	-	-	-	**9.600**	**9.600**
Créditos a receber de clientes	-	-	-	-	9.600	9.600
Estoques	**14.000**	**13.700**	**13.700**	**13.700**	**5.900**	**5.900**
Mercadorias para revenda	13.000	13.000	13.000	13.000	5.200	5.200
Almoxarifado	1.000	700	700	700	700	700
NÃO CIRCULANTE	**25.000**	**25.000**	**25.000**	**25.000**	**25.000**	**24.850**
Imobilizado	**25.000**	**25.000**	**25.000**	**25.000**	**25.000**	**24.850**
Imóveis de uso	30.000	30.000	30.000	30.000	30.000	30.000
(-) Depreciação acumulada imóveis de uso	(5.000)	(5.000)	(5.000)	(5.000)	(5.000)	(5.150)
PASSIVO	**48.000**	**48.000**	**48.000**	**36.000**	**36.000**	**36.800**
CIRCULANTE	**12.000**	**12.000**	**12.000**	-	-	-
Fornecedores	12.000	12.000	12.000	-	-	-
NÃO CIRCULANTE	**36.000**	**36.000**	**36.000**	**36.000**	**36.000**	**36.800**
Empréstimos e financiamentos a pagar	36.000	36.000	36.000	36.000	36.000	36.800
PATRIMÔNIO LÍQUIDO	**44.000**	**43.700**	**42.200**	**43.800**	**45.600**	**45.300**
Capital Social	40.000	40.000	40.000	40.000	40.000	40.000
Capital Subscrito	60.000	60.000	60.000	60.000	60.000	60.000
(-) Capital a Integralizar	(20.000)	(20.000)	(20.000)	(20.000)	(20.000)	(20.000)
Lucros ou prejuízos acumulados	4.000	3.700	2.200	3.800	5.600	5.300

Demonstração do Resultado do Exercício	05.01.2017	10.01.2017	15.01.2017	22.01.2017	27.01.2017	31.01.2017
RECEITAS	17.000	17.000	17.000	18.600	28.200	28.850
(-) DESPESAS	(13.000)	(13.300)	(14.800)	(14.800)	(22.600)	(23.550)
(=) RESULTADO LÍQUIDO	4.000	3.700	2.200	3.800	5.600	5.300

3.6 – Análise Introdutória dos Resultados Evidenciados na DRE

A demonstração do resultado do exercício evidencia o desempenho econômico da empresa. Os investidores esperam que o capital investido no empreendimento seja remunerado adequadamente. Assim sendo, a entidade empresarial necessita gerar lucro suficiente. A avaliação do desempenho econômico de uma determinada entidade refere-se analiticamente ao cálculo dos indicadores de retorno sobre os investimentos e a rentabilidade do negócio. Esses indicadores são chamados de índices de rentabilidade. Dentre os diversos indicadores de rentabilidade encontrados na literatura iremos utilizar os seguintes: margem bruta, margem operacional, margem líquida, giro do ativo, retorno sobre o ativo (ROI - *Return on Investment*) e retorno sobre o patrimônio líquido (ROE – *Return on Equity*).

Para o cálculo desses índices de rentabilidade necessitamos tanto da demonstração do resultado do exercício quanto do balanço patrimonial. Assim sendo, novamente vamos utilizar os dados da Exemplo S.A. As demonstrações contábeis para análise são as seguintes:

EXEMPLO S.A.		
Demonstrações dos Resultados para os exercícios findos em 31 de dezembro de 2017 e 2016 (valores em reais)		
	2017	**2016**
Receita Operacional Líquida	**417.052**	**441.603**
Custo das Mercadorias Vendidas	(186.098)	(243.950)
Lucro Bruto	**230.954**	**197.653**
Receitas (Despesas) Operacionais	**(124.426)**	**(161.803)**
Vendas	(81.020)	(104.977)
Gerais e Administrativas	(45.843)	(63.114)
Depreciação e amortização	(5.998)	(4.814)
Resultado da equivalência patrimonial	6.250	8.950
Outras receitas (despesas) operacionais líquidas	2.185	2.152
Lucro Operacional Antes do Resultado Financeiro	**106.528**	**35.850**
Receitas Financeiras	6.166	4.742
Despesas Financeiras	(4.195)	(4.930)
Resultado antes do Imposto de Renda e Contribuição Social	**108.499**	**35.662**
Imposto de renda e contribuição social sobre o lucro	(35.497)	(9.826)
Lucro Líquido do Exercício	**73.002**	**25.836**
Lucro por ação (em R$) =	3,65	1,29

EXEMPLO S.A.							
Balanços Patrimoniais para os exercícios findos em 31 de dezembro de 2017, 2016 e 2015 (valores em reais)							
	2017	2016	2015		2017	2016	2015
ATIVO	509.141	503.126	557.926	PASSIVO	298.585	317.026	406.526
CIRCULANTE	390.766	396.104	467.839	CIRCULANTE	273.651	283.880	362.768
Caixa e equivalentes de caixa	**86.579**	**81.750**	**75.000**	Empréstimos e financiamentos a pagar	25.903	36.796	55.278
Bancos conta movimento	9.279	22.295	20.000	Fornecedores	167.100	212.600	249.800
Aplicações financeiras de liquidez imediata	77.300	59.455	55.000	Salários e encargos sociais a pagar	11.950	12.768	13.560
Créditos a receber de clientes	**166.474**	**154.104**	**193.200**	Impostos sobre vendas a recolher	10.155	12.847	13.460
Créditos a receber de clientes	190.050	175.330	210.000	Dividendos a pagar	48.546	6.136	21.000
Perda estimada com créditos liquidação duvidosa	(23.576)	(21.226)	(16.800)	Imposto de renda e contribuição social a pagar	9.997	2.733	9.670
Estoques	**136.452**	**158.550**	**197.500**				
Mercadorias para revenda	136.452	158.550	197.500	NÃO CIRCULANTE	24.934	33.146	43.758
Despesas antecipadas	**1.261**	**1.700**	**2.139**	Empréstimos e financiamentos a pagar	24.934	33.146	43.758
Prêmios de seguros a apropriar	1.261	1.700	2.139				
NÃO CIRCULANTE	118.375	107.022	90.087				
Realizável a Longo Prazo	**9.398**	**9.077**	**8.790**	PATRIMÔNIO LÍQUIDO	210.556	186.100	151.400
Depósitos judiciais	9.398	9.077	8.790	Capital social	135.000	135.000	120.000
Investimentos	**57.220**	**50.970**	**31.020**	Reservas de lucros	78.356	53.900	34.200
Participações em coligadas	37.570	31.320	22.370	Reserva legal	16.141	12.491	11.200
Participações em outras empresas avaliadas pelo custo	11.000	11.000	-	Reserva de retenção de lucro	62.215	41.409	23.000
Propriedades para investimento avaliadas a valor justo	8.650	8.650	8.650	Ações em tesouraria	(2.800)	(2.800)	(2.800)
Imobilizado	**50.490**	**45.192**	**47.980**				
Imóveis de uso	51.780	45.280	45.280				
Depreciação acumulada de imóveis de uso	(11.023)	(9.056)	(7.244)				
Veículos	16.150	11.870	11.870				
Depreciação acumulada de veículos	(7.937)	(4.748)	(2.374)				
Computadores e periféricos	1.960	1.960	1.120				
Depreciação acumulada de computadores e periféricos	(440)	(114)	(672)				
Intangível	**1.267**	**1.783**	**2.297**				
Softwares	2.580	2.580	2.580				
Amortização acumulada de software	(1.313)	(797)	(283)				
TOTAL DO ATIVO =	509.141	503.126	557.926	TOTAL DO PASSIVO + PL =	509.141	503.126	557.926

As fórmulas a serem utilizadas são:

RENTABILIDADE

$$\text{MARGEM BRUTA} = \frac{\text{Lucro Bruto}}{\text{Receita Líquida}} \times 100$$

$$\text{MARGEM OPERACIONAL} = \frac{\text{Lucro Operacional Antes das Despesas Financeiras}}{\text{Receita Líquida}} \times 100$$

$$\text{MARGEM LÍQUIDA} = \frac{\text{Lucro Líquido}}{\text{Receita Líquida}} \times 100$$

$$\text{GIRO DO ATIVO} = \frac{\text{Receita Líquida}}{\text{Ativo Total Médio}} \times 100$$

$$\text{RETORNO SOBRE O ATIVO (ROI)} = \frac{\text{Lucro Líquido}}{\text{Ativo Total Médio}} \times 100$$

$$\text{RETORNO SOBRE O PL (ROE)} = \frac{\text{Lucro Líquido}}{\text{Patrimônio Líquido Médio}} \times 100$$

Os resultados são os seguintes:

ÍNDICES	**2016**	**2017**
Margem Bruta =	44,8%	55,4%
Margem Operacional =	9,2%	27,0%
Margem Líquida =	5,9%	17,5%
Giro do Ativo =	0,83	0,82
Retorno sobre o Ativo (ROI) =	4,9%	14,4%
Retorno sobre o PL (ROE) =	15,3%	36,8%

Análise dos resultados apresentados pelos índices:

Margem Bruta: A margem bruta de 44,8% em 2016 significa que 55,2% da receita líquida é representada pelo custo das mercadorias vendidas (CMV). Podemos observar que a margem bruta no ano de 2017 melhora e passa a ser de 55,4%, ou seja, uma representatividade do CMV de 44,6% da receita bruta. Na realidade, analisando os números da DRE podemos verificar que do ano de 2016 para o ano de 2017 a receita líquida decresce aproximadamente 5,56% (de R$ 441.603 no ano de 2016 para R$ 417.052 em 2017) enquanto o CMV diminui 23,71% (de R$ 243.950 em 2016 para R$ 186.098 no ano de 2017). Um resultado muito bom, significando que a empresa conseguiu diminuir os custos em relação às vendas. Isso pode ser atribuído a fatores como uma melhoria na atividade de compras, ou ainda, um aumento de preços das mercadorias vendidas (vende-se menos em unidades, mas aumenta-se a margem).

Demonstração do Resultado do Exercício (em %)	
2016	2017
RECEITA LÍQUIDA 100%	RECEITA LÍQUIDA 100%
CMV 55,2%	CMV 44,6%
(243.950 / 441.603) x 100	(186.098 / 417.052) x 100

Margem Operacional: Para o cálculo dessa margem utilizamos um conceito de lucro operacional antes das despesas financeiras. É o ganho total da operação do negócio em um montante de lucro que será distribuído para o fisco (imposto de renda), credores por empréstimos (despesas financeiras) e acionistas (lucro líquido). A margem operacional se desloca de 9,2% em 2016 para 26,5% em 2017, um bom crescimento. Esse lucro operacional foi assim distribuído entre os anos de 2016 e 2017:

Demonstração do Resultado do Exercício (em %)	
2016	2017
LUCRO OPERACIONAL 100%	LUCRO OPERACIONAL 100%
Despesas Financeiras 12,1%	Despesas Financeiras 3,7%
(4.930 / 40.780) x 100	(4.195 / 110.723) x 100
Imposto de Renda 24,2%	Imposto de Renda 32,1%
(9.826 / 40.780) x 100	(35.497 / 110.723) x 100
Lucro Líquido 63,6%	Lucro Líquido 65,9%
(25.836 / 40.780) x 100	(73.002 / 110.723) x 100

Margem Líquida: A Exemplo S.A. apresenta uma grande melhoria em sua margem líquida do ano de 2016 para o ano de 2017. Em 2016 a margem líquida era de 5,9% e sobe para 17,5% em 2017. Um crescimento muito bom. Isso ocorreu devido ao trabalho da companhia em controlar o CMV, as despesas gerais e administrativas, despesas de vendas e despesas financeiras.

Demonstração do Resultado do Exercício (em %)	
2016	2017
RECEITA LÍQUIDA 100%	RECEITA LÍQUIDA 100%
CMV 55,2%	CMV 44,6%
(243.950 / 441.603) x 100	(186.098 / 417.052) x 100
Despesas de Vendas 23,8%	Despesas de Vendas 19,4%
(104.977 / 441.603) x 100	(81.020 / 417.052) x 100
Desp. Gerais e Administ. 14,3%	Desp. Gerais e Administ. 11,0%
(63.114 / 441.603) x 100	(45.842 / 417.052) x 100
Despesas Financeiras 1,1%	Despesas Financeiras 1,0%
(4.930 / 441.603) x100	(4.195 / 417.052) x 100

Warren Buffett sempre começa suas análises pela demonstração do resultado do exercício. A DRE revela ao investidor os resultados das operações em determinado período e tem três componentes básicos: a receita, as despesas (subtraídas das receitas) e o lucro ou prejuízo. Buffett divide o mundo corporativo em dois grandes grupos antagônicos: a) empresas excelentes com uma vantagem competitiva durável; e b) empresas medíocres que se esforçam para sobreviver em um mercado competitivo. Na busca por companhias de excelência foi percebido que os componentes individuais da demonstração do resultado do exercício podem revelar se a empresa possui a vantagem competitiva durável de longo prazo geradora de riqueza. A fonte de lucro é mais importante do que o próprio lucro. (Buffett e Clark, 2010, p. 28-29)

Giro do Ativo: Representa o quanto a empresa vendeu para cada real de investimento total (ativo). A relação entre a receita líquida e o ativo médio da empresa permaneceu praticamente constante do ano de 2016 para o ano de 2017. A diminuição na receita líquida foi compensada pela diminuição do ativo fazendo com que esse índice permanecesse em torno de 0,82 no ano de 2017. Em termos gerais, a interpretação desse índice é quanto maior melhor. Devido a empresa ser uma varejista seria interessante a busca da melhoria desse índice. Normalmente, empresas com baixa margem líquida apresentam alto giro do ativo e, por outro lado, empresas mais lucrativas têm baixo giro do ativo total.

Retorno sobre o Ativo: Representa uma medida de eficiência com que uma empresa aloca e gerencia seus recursos totais. Diferencia-se do retorno sobre o PL porque mede o lucro líquido como porcentagem dos recursos fornecidos por proprietários e credores (ativo total), em vez de apenas aquele que foi fornecido pelos proprietários (patrimônio líquido). O retorno sobre o ativo é de apenas 4,9% em 2016; já em 2017 assinala um índice de 14,4%, um número bem mais atraente. O ROI também pode ser encontrado pela multiplicação dos seguintes índices: giro do ativo (produtividade) e margem líquida (lucratividade). Esse tipo de análise refere-se ao modelo denominado

DuPont[1]. Podemos inferir que o aumento da margem líquida da Exemplo S.A. é o componente propulsor do aumento do ROI de um período para o outro. Caso a empresa consiga aumentar o giro do ativo, permanecendo o resto constante, o retorno sobre o ativo crescerá no futuro.

ANÁLISE DUPONT =	Giro	x	Margem	=	ROI
Dupont 2016 =	0,83	x	5,9%	=	**4,9%**
Dupont 2017 =	0,82	x	17,5%	=	**14,4%**

Retorno sobre o PL: Esse índice representa a taxa de rentabilidade do capital próprio da empresa. Essa taxa pode ser comparada com os rendimentos de outros investimentos no mercado para verificar se a rentabilidade do PL foi boa ou não. No caso da Exemplo S.A., em 2016, apresentou uma taxa de retorno sobre o PL de 15,3% a.a. (bem razoável) e passou para 36,8% a.a. (excelente) em 2017. O retorno sobre o patrimônio líquido é superior ao retorno sobre o ativo nos dois anos, significando que a empresa toma recursos emprestados no mercado pagando uma taxa de juros de captação inferior ao retorno trazido pelos investimentos desses recursos no ativo (taxa de aplicação). Caso não houvesse endividamento, ou seja, a alavancagem financeira[2] com índice igual a 1, as taxas de retorno sobre o PL e retorno sobre o ativo seriam iguais.

> Não seria exagero dizer que as carreiras de muitos altos executivos sobem e descem com os ROES de suas empresas. Atribuímos tanta importância ao ROE porque ele é uma medida da *eficiência* com que uma empresa emprega o capital de seus proprietários. (...) a administração só dispõe de três alavancas para controlar o ROE: (1) os lucros que consegue espremer de cada dólar de faturamento, ou *margem de lucro*; (2) as vendas geradas com cada dólar de faturamento, ou *giro do ativo*; e (3) o montante de capital próprio usado para financiar o ativo, ou *alavancagem financeira*. Com poucas exceções, o que quer que a administração faça para aumentar essas razões também aumentará o ROE. (Higgins, 2014, p.38-39)

O ROE também pode ser encontrado pela multiplicação dos seguintes índices: giro do ativo (produtividade), margem líquida (lucratividade) e alavancagem financeira (estrutura financeira). A utilização do modelo *DuPont* evidencia a estratégia empresarial na consecução do retorno sobre o patrimônio líquido. A companhia apresenta os seguintes números:

ANÁLISE DUPONT =	Giro	x	Margem	x	Alavancagem	=	ROE
Dupont 2016 =	0,83	x	5,9%	x	3,14	=	**15,3%**
Dupont 2017 =	0,82	x	17,5%	x	2,55	=	**36,8%**

Verifica-se facilmente que o retorno sobre o PL cresce para 36,8% em 2017 através da manutenção do giro sobre o ativo, aumento expressivo da margem líquida e uma pequena diminuição da alavancagem financeira. Pode-se assinalar com firmeza que o ingrediente definitivo para o resultado alcançado foi a melhoria relevante na margem líquida.

[1] Denominação em virtude da empresa química que popularizou o procedimento.

[2] Alavancagem Financeira = ROE / ROI
Alavancagem 2016 = (15,29% / 4,87%) = 3,14
Alavancagem 2017 = (36,78% / 14,42%) = 2,55

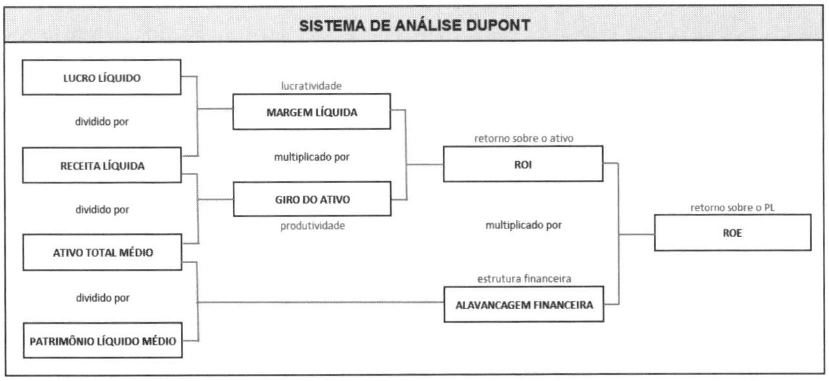

A análise qualitativa da demonstração do resultado do exercício pode dizer muito sobre a empresa. Segundo Warren Buffett, na perspectiva de procurar companhias para investir que tenham algum tipo de vantagem competitiva durável, assinala algumas conclusões: a) empresas com excelentes condições econômicas de longo prazo funcionando a seu favor tendem a ter margens de lucro bruto constantemente mais altas que as outras; b) as companhias que não têm uma vantagem competitiva durável sofrem com a concorrência intensa e mostram grandes variações nas despesas de vendas, gerais e administrativas como porcentagem do lucro bruto; c) ficar longe de empresas que apresentam despesas operacionais constantemente altas; d) empresas que precisam investir muito em pesquisa e desenvolvimento têm uma falha inerente em sua vantagem competitiva que vai sempre colocar suas condições econômicas de longo prazo em risco, o que significa que não são seguras; e) empreendimentos que têm vantagem competitiva durável normalmente têm gastos de depreciação mais baixos em relação ao lucro bruto do que empresas que sofrem os inconvenientes de uma concorrência intensa; f) empresas com vantagem competitiva durável apresentam montantes baixos de despesas com juros provindos de endividamento em relação ao lucro operacional; g) empresas com vantagem competitiva durável apresentam uma porcentagem mais alta de lucro líquido em relação à receita total do que as concorrentes; h) companhias com vantagem competitiva a seu favor apresentam lucro por ação de forma constante ao longo de vários anos e com tendência de alta. (Buffett e Clark, 2010, p.33-59)

3.7 – Testes de Exames de Suficiência – CFC

1. **Exame de Suficiência CFC - Bacharel em Ciências Contábeis – 02/2016.** De acordo com a Estrutura Conceitual para Elaboração e Divulgação de Relatório Contábil-Financeiro, no que se refere ao reconhecimento dos elementos das Demonstrações Contábeis, é **CORRETO** afirmar que:

a) um ativo deve ser reconhecido no Balanço Patrimonial quando os gastos incorridos não proporcionarem a expectativa provável de geração de benefícios econômicos futuros.

b) um passivo deve ser reconhecido no Balanço Patrimonial quando for remota a possibilidade de uma saída de recursos para sua quitação e seu valor não puder ser estimado com confiabilidade.

c) uma despesa corresponde a um decréscimo nos benefícios econômicos durante o período contábil, sob a forma da saída de recursos ou da redução de ativos ou assunção de passivos que resultam em decréscimo do patrimônio líquido, e que não estejam relacionados com distribuições aos detentores dos instrumentos patrimoniais.

d) uma receita deve ser reconhecida quando resultar em diminuição nos benefícios econômicos durante o período contábil, sob a forma da entrada de recursos ou do aumento de passivos que resultam em diminuição do patrimônio líquido, e que não estejam relacionados com a contribuição dos detentores dos instrumentos patrimoniais.

2. **Exame de Suficiência CFC - Bacharel em Ciências Contábeis – 01/2016.** Uma Sociedade Empresária apresentou, em 31.12.2015, os seguintes saldos em suas contas de resultado, antes da apuração do resultado do período.

Contas	Saldos em 31.12.2015
Custo das Mercadorias Vendidas	R$ 154.575,00
Despesas Administrativas	R$ 86.121,00
Despesas com Vendas	R$ 77.288,00
Despesas Financeiras	R$ 15.458,00
Perdas com Operações Descontinuadas	R$ 48.581,00
Receita Bruta de Vendas	R$ 662.466,00
Receitas Financeiras	R$ 13.249,00
Tributos sobre Vendas	R$ 39.749,00
Vendas Canceladas	R$ 17.666,00

De acordo com o normativo Apresentação das Demonstrações Contábeis, com base nos saldos apresentados e desconsiderando- se os aspectos tributários, é CORRETO afirmar que:

a) O Resultado Antes dos Tributos sobre o Lucro é de R$ 287.067,00.
b) O Resultado Antes das Receitas e Despesas Financeiras é de R$ 605.051,00.
c) O Lucro das Operações Continuadas é de R$ 236.277,00.
d) O Lucro Bruto é de R$ 450.476,00.

3. **Exame de Suficiência CFC - Bacharel em Ciências Contábeis – 01/2016.** Uma Sociedade Empresária apresentou as seguintes informações a respeito de suas operações com mercadorias:

Discriminação	Valor
Abatimentos sobre compras	R$ 7.000,00
Abatimentos sobre vendas	R$ 10.000,00
Valor total de aquisição das mercadorias	R$ 90.000,00
Desconto financeiro concedido	R$ 3.000,00
Desconto financeiro obtido	R$ 4.000,00
Fretes sobre compras	R$ 5.000,00
Fretes sobre vendas	R$ 8.000,00
Receita bruta de vendas	R$ 180.000,00
Tributos sobre compras – recuperáveis e incluídos no valor de aquisição	R$ 6.000,00
Tributos sobre vendas	R$ 30.000,00

Considere que todos os itens adquiridos foram vendidos no mesmo período e que não havia estoques de mercadorias no início do período. Diante apenas das informações apresentadas, e de acordo com o disposto na Lei nº 6.404/76, o Lucro Bruto é de:

a) R$ 50.000,00. b) R$ 51.000,00. c) R$ 58.000,00. d) R$ 59.000,00.

4. **Exame de Suficiência CFC - Bacharel em Ciências Contábeis – 01/2016.** De acordo com a Estrutura Conceitual para Elaboração e Divulgação de Relatório Contábil-Financeiro, no que se refere à posição patrimonial e financeira, assinale a opção **INCORRETA**.

a) Ativo é um recurso controlado pela entidade como resultado de eventos passados e do qual se espera que fluam futuros benefícios econômicos para a entidade.

b) Passivo é uma obrigação presente da entidade derivada de eventos passados, cuja liquidação se espera que resulte na saída de recursos da própria entidade capazes de gerar benefícios econômicos.

c) Patrimônio Líquido é o interesse residual nos ativos da entidade depois de deduzidos todos os seus passivos.

d) Receitas são aumentos nos benefícios econômicos durante o período contábil que resultam em diminuições do Patrimônio Líquido e que estão relacionados com a contribuição dos detentores dos instrumentos patrimoniais.

5. **Exame de Suficiência CFC - Bacharel em Ciências Contábeis – 02/2015.** Uma Sociedade Empresária apresentou, em 31.12.2014, os saldos, abaixo, extraídos do Balancete de Verificação.

Contas	Saldos
Banco Conta Movimento	R$40.000,00
Estoque de Mercadorias	R$90.000,00
Receita Bruta de Vendas	R$420.000,00
Custo das Mercadorias Vendidas	R$170.000,00
ICMS sobre Vendas	R$71.400,00
PIS sobre Faturamento	R$6.930,00
Cofins sobre Faturamento	R$31.920,00
ICMS a Recuperar	R$20.000,00
PIS a Recuperar	R$500,00
Cofins a Recuperar	R$2.000,00
Devolução de Vendas	R$10.000,00
Duplicatas a Receber	R$86.500,00
Duplicatas a Pagar	R$120.000,00
Despesas com Salários	R$32.000,00
Comissões de Vendedores	R$18.000,00
Despesas de Juros	R$1.700,00
Receitas de Juros	R$2.600,00
Seguros Pagos Antecipadamente	R$4.650,00
Imóveis de Uso	R$75.000,00
Capital a Integralizar	R$10.000,00
Reserva de Lucros	R$30.000,00
Capital Subscrito	R$98.000,00

Com base nos dados apresentados e desconsiderando-se os tributos sobre o lucro, o Resultado Líquido do período é de:

a) R$ 75.450,00. b) R$ 76.000,00. c) R$ 80.650,00. d) R$ 90.650,00.

6. **Exame de Suficiência CFC - Bacharel em Ciências Contábeis – 01/2015.** Uma Sociedade Empresária apresentou, em 31.12.2014, os seguintes saldos:

Contas	Saldos
Banco Conta Movimento	R$22.900,00
Caixa	R$135.000,00
Capital Subscrito	R$225.000,00
Custo das Mercadorias Vendidas	R$113.400,00
Depreciação Acumulada	R$1.300,00
Despesa com Depreciação	R$900,00
Despesa com Férias	R$4.500,00
Despesa com FGTS	R$5.400,00
Despesa com Salários	R$36.000,00
Estoques	R$11.500,00
Fornecedores	R$83.100,00
ICMS a Recolher	R$7.900,00
ICMS sobre Vendas	R$49.700,00
Máquinas e Equipamentos	R$56.600,00
Móveis e Utensílios	R$62.000,00
Despesa de Tributos sobre o Lucro	R$1.100,00
Receita Bruta de Vendas de Mercadorias	R$207.500,00
Receita Financeira	R$7.700,00
Salários a Pagar	R$6.500,00
Veículos	R$40.000,00

Com base nas informações acima, após a apuração e antes da destinação do resultado do exercício, é **CORRETO** afirmar que o valor do:

a) Ativo Circulante é de R$ 176.900,00.
b) Ativo Não Circulante é de R$ 157.300,00.
c) Passivo Circulante é de R$ 89.600,00.
d) Patrimônio Líquido é de R$ 230.300,00.

7. **Exame de Suficiência CFC - Bacharel em Ciências Contábeis – 01/2015.** Uma Sociedade Empresária registrou as seguintes transações no exercício de 2014:

- Aquisição de mercadorias, no período, ao custo de R$ 100.000,00.
- Venda de 80% das mercadorias adquiridas, no período, por R$ 160.000,00, com incidência de tributos sobre o faturamento no valor de R$ 33.040,00. O custo total dessas mercadorias vendidas é de R$ 80.000,00.
- Despesas comerciais, incorridas no período, no valor de R$ 3.000,00.
- Despesas administrativas, incorridas no período, no valor de R$ 10.000,00.
- Ganho por equivalência patrimonial, no período, no valor de R$ 5.000,00.
- Receita financeira, do período, no valor de R$ 3.000,00.
- Imposto de Renda e Contribuição Social incidentes sobre o lucro do período, no valor de R$ 7.000,00.

- Resultado positivo de operações descontinuadas no valor de R$ 3.800,00, líquido dos tributos.

O resultado líquido das operações continuadas, divulgado na Demonstração do Resultado, elaborado de acordo com o normativo Apresentação das Demonstrações Contábeis, é de:

a) R$ 31.960,00. b) R$ 33.760,00. c) R$ 34.960,00. d) R$ 38.760,00.

8. **Exame de Suficiência CFC - Bacharel em Ciências Contábeis – 01/2015.** Uma Sociedade Empresária apresentou os seguintes dados:

Contas	**Saldos**
Cofins sobre a Receita Bruta	R$ 600,00
Custo das Mercadorias Vendidas	R$ 63.300,00
Descontos Incondicionais Concedidos	R$ 12.000,00
Despesas de Comissões Sobre Vendas	R$ 2.880,00
Despesas Financeiras	R$ 1.440,00
Despesas com Seguros	R$ 1.080,00
Despesas Administrativas	R$ 24.480,00
ICMS sobre Vendas	R$ 19.200,00
PIS sobre a Receita Bruta	R$ 900,00
Despesa com IR e CSLL	R$ 7.500,00
Receita Bruta da Venda de Mercadorias	R$ 132.000,00
Receitas Financeiras	R$ 8.400,00

Com base nos dados apresentados, pode-se afirmar que o valor do Lucro Líquido do Exercício é de:

a) R$ 7.020,00. b) R$ 8.520,00. c) R$ 11.400,00. d) R$ 19.020,00.

9. **Exame de Suficiência CFC - Bacharel em Ciências Contábeis – 01/2015.** Uma Sociedade Empresária apresentava, em 1º.1.2014, os seguintes saldos em suas contas de Patrimônio Líquido:

Conta	**Saldo**	**Natureza**
Capital Subscrito	R$ 500.000,00	Credora
Capital a Integralizar	R$ 150.000,00	Devedora
Reserva Legal	R$ 30.000,00	Credora
Reserva de Lucros para Expansão	R$ 50.000,00	Credora

Durante o ano de 2014, essa sociedade apresentou as seguintes movimentações:

- Integralização de capital em dinheiro no montante de R$ 80.000,00.
- Lucro Líquido do período no montante de R$ 120.000,00.
- Destinação do lucro para dividendos obrigatórios a pagar de R$ 65.000,00.
- Destinação do lucro para Reserva Legal de R$ 6.000,00.

- Destinação do lucro para Reserva de Lucros para Expansão de R$ 49.000,00.

Considerando que houve apenas esses saldos e movimentações, o saldo do Patrimônio Líquido da empresa, em 31.12.2014, era de:

a) R$ 565.000,00. b) R$ 630.000,00. c) R$ 865.000,00. d) R$ 930.000,00.

10. **Exame de Suficiência CFC - Bacharel em Ciências Contábeis – 02/2014.** Uma Sociedade Empresária apresentou os dados abaixo, referentes ao ano de 2014:

Despesa incorrida em agosto e paga em julho =	R$ 4.000,00
Despesa incorrida em julho e paga em agosto =	R$ 2.000,00
Despesa incorrida em julho e paga em julho =	R$ 8.000,00
Receita realizada em agosto e recebida em julho =	R$ 32.000,00
Receita realizada em julho e recebida em agosto =	R$ 16.000,00
Receita realizada em julho e recebida em julho =	R$ 64.000,00

O lucro apurado do mês de julho, observando-se o Regime de Competência, foi de:

a) R$ 70.000,00. b) R$ 84.000,00. c) R$ 98.000,00. d) R$ 102.000,00.

11. **Exame de Suficiência CFC - Bacharel em Ciências Contábeis – 02/2014.** Em relação ao impacto provocado pelo registro contábil no Ativo Circulante de uma Sociedade Empresária Industrial, analise os eventos descritos e, em seguida, assinale a opção **CORRETA**.

Evento	Descrições
A	Aquisição à vista de terreno para construção da nova sede da empresa.
B	Aquisição de matéria-prima, a prazo, para uso durante o ciclo operacional.
C	Aplicação financeira em fundo de renda fixa com resgate diário, realizada com recursos provenientes da conta corrente de depósito à vista da sociedade empresária no banco.
D	Pagamento de adiantamento de salários aos empregados para compensação na data do pagamento da folha de salários, que ocorrerá no último dia útil do mês.
E	Recebimento de adiantamento de clientes, por conta de produto a ser fabricado, por encomenda, com prazo de entrega previsto para 18 meses.
F	Apropriação como despesa do período, de parcela do seguro pago antecipadamente.
G	Aumento de capital com incorporação de reservas de lucros.
H	Pagamento de aluguel relativo ao mês anterior.

Em relação ao impacto líquido provocado no Ativo Circulante, assinale a opção **CORRETA**.

a) Apenas os eventos A e H têm como resultado um aumento no Ativo Circulante.
b) Apenas os eventos B e E têm como resultado um aumento no Ativo Circulante.

c) Apenas os eventos C e D têm como resultado uma redução no Ativo Circulante.
d) Apenas os eventos F e G têm como resultado uma redução no Ativo Circulante.

12. **Exame de Suficiência CFC - Bacharel em Ciências Contábeis – 01/2014.** Uma sociedade empresária apurou, no exercício de 2013, um lucro líquido de R$ 120.000,00. O saldo do Patrimônio Líquido, antes do registro do resultado e da respectiva destinação, era de R$188.000,00, assim distribuído:

- Capital Social R$ 150.000,00.
- Reserva de Ágio na Emissão de Ações R$ 2.000,00.
- Reserva legal R$ 26.000,00.
- Reserva Estatutária R$ 10.000,00.

De acordo com a Lei nº 6.404/76, o valor a ser registrado em Reserva Legal, como destinação do lucro líquido apurado em 2013, é de:

a) R$ 4.000,00, uma vez que o saldo da Reserva Legal está limitado a 20% do Capital Social.

b) R$ 6.000,00, uma vez que a reserva legal deve corresponder a 5% do lucro líquido do exercício antes de qualquer outra destinação.

c) R$ 7.000,00, pois a companhia poderá deixar de constituir a reserva legal no exercício em que o saldo dessa reserva, acrescido do montante das demais reservas de lucro, exceder 30% do capital social.

d) R$ 9.000,00, pois a companhia poderá deixar de constituir a reserva legal no exercício em que o saldo dessa reserva, acrescido do montante das reservas de capital, exceder 30% do capital social.

13. **Exame de Suficiência CFC - Bacharel em Ciências Contábeis – 01/2014.** Uma sociedade empresária apresentava a seguinte evolução dos Índices de Liquidez, Endividamento e Imobilização para os anos de 2011 a 2013:

	2011	2012	2013
Liquidez Geral	1,25	0,90	0,82
Liquidez Corrente	1,25	1,50	1,75
Endividamento	50%	89%	110%
Imobilização	0,88	1,09	1,20

Com base nos índices informados, é **INCORRETO** afirmar que ao longo do período de 2011 a 2013 ocorreu uma:

a) melhora no índice de Imobilização. b) melhora no índice de Liquidez Corrente. c) piora no índice de Endividamento. d) piora no índice de Liquidez Geral.

14. **Exame de Suficiência CFC - Bacharel em Ciências Contábeis – 01/2012.**

Uma sociedade empresária apresentou os seguintes indicadores nos últimos três exercícios:

Indicador	2009	2010	2011
Quociente de Endividamento	1.0	2.0	3.0
Rentabilidade sobre o Patrimônio Líquido	18%	21%	24%
Rentabilidade sobre o Ativo	15%	15%	15%
Margem Líquida	10%	6%	5%

A partir da análise dos indicadores, é **CORRETO** afirmar que:

a) a elevação do endividamento ao longo dos anos tem reduzido a rentabilidade proporcionada aos proprietários.

b) a taxa de retorno sobre o Ativo tem se mantido em 15% apesar da queda na margem líquida, porque a empresa tem aumentado o giro do ativo.

c) do ponto de vista dos proprietários, a empresa está cada dia menos lucrativa e menos arriscada.

d) o custo médio do capital de terceiros é inferior a 15% a.a., uma vez que a rentabilidade do Patrimônio Líquido supera a rentabilidade sobre o Ativo.

15. Exame de Suficiência CFC - Bacharel em Ciências Contábeis – 01/2011.

Em 31 de dezembro de 2010, uma determinada companhia publicou a seguinte demonstração contábil:

Balanço Patrimonial (em R$)					
	2009	2010		2009	2010
ATIVO	**88.400,00**	**107.000,00**	**PASSIVO E PL**	**88.400,00**	**107.000,00**
Ativo Circulante	**57.400,00**	**61.800,00**	**Passivo Circulante**	**36.600,00**	**43.400,00**
Disponível	1.400,00	6.600,00	Fornecedores	22.000,00	28.000,00
Clientes	24.000.00	27.200.00	Contas a Pagar	5.800.00	9.400.00
Estoques	32.000,00	28.000,00	Empréstimos	9.000.00	6.000,00
Ativo Não Circulante	**31.000,00**	**45.200,00**	**Passivo Não Circulante**	**21.800,00**	**30.000,00**
Realizável a Longo Prazo	12.000,00	18.000,00	Empréstimos	21.800.00	30.000,00
Imobilizado	19.000,00	27.200,00	**Patrimônio Liquido**	**30.000,00**	**33.600.00**
			Capital	30.000,00	33.600,00

Com relação ao Balanço Patrimonial acima, assinale a opção **CORRETA**:

a) O Capital Circulante Líquido foi ampliado em R$ 2.400,00 e o Quociente de Liquidez Corrente foi reduzido em 0,15.

b) O Capital Circulante Líquido foi ampliado em R$ 4.600,00 e o Quociente de Liquidez Corrente foi reduzido em 0,10.

c) O Capital Circulante Líquido foi reduzido em R$ 2.400,00 e o Quociente de Liquidez Corrente foi reduzido em 0,15.

d) O Capital Circulante Líquido foi reduzido em R$ 4.600,00 e o Quociente de Liquidez Corrente foi reduzido em 0,10.

3.8 – Exercícios Propostos

1. Estruture a demonstração do resultado do exercício dos itens a seguir, levando em consideração a legislação societária e o que emana do CPC 26 (R1). Após encontrar a DRE, calcular as margens bruta, operacional e líquida:

a)

CIA ALBATROZ - 31.12.2017	
Contas	Valor (R$)
Custo das Mercadorias Vendidas =	56.980
Receita Líquida de Vendas =	87.600
Despesas de Vendas =	8.760
Despesas Gerais e Administrativas =	5.370
Despesas de Depreciação =	1.230
Ganho por Equivalência Patrimonial =	1.900
Receitas Financeiras =	8.000
Despesas Financeiras =	3.260
Outras Despesas Operacionais =	900
Imposto de Renda e CSLL =	34%
Lucro de Operacões Descontinuadas =	1.020
Participações estatutárias no Lucro=	1.505
Quantidade de ações em circulação =	10.000

b)

CIA EUROPA - 31.12.2015	
Contas	Valor (R$)
Custo das Mercadorias Vendidas =	187.550
Receita Líquida de Vendas =	324.870
Despesas de Vendas =	43.500
Despesas Gerais e Administrativas =	29.800
Despesas de Depreciação =	8.600
Perda por Equivalência Patrimonial =	2.700
Receitas Financeiras =	2.560
Despesas Financeiras =	7.490
Outras Despesas Operacionais =	1.890
Imposto de Renda e CSLL =	34%
Quantidade de ações em circulação =	4.000

c)

MEDALHISTA S.A - 31.12.2017	
Contas	Valor (R$)
Impostos sobre Vendas =	20.862
Devoluções de Vendas =	8.000
Receita Bruta de Vendas =	123.900
Custo das Mercadorias Vendidas =	42.300
Despesas com propaganda =	2.400
Despesas com viagens de vendedores =	1.890
Despesas com honorários de advogados =	1.500
Despesas com comissões dos vendedores =	7.130
Despesas com salários do setor administrativo =	8.300
Despesas com salários do setor comercial =	9.100
Despesas com depreciações de imobilizados =	1.600
Despesas com amortizações de intangíveis =	860
Outras receitas operacionais líquidas=	745
Perda por equivalência patrimonial =	994
Despesas de juros com empréstimos =	2.520
Despesas com variação cambial negativa =	1.650
Receita de rendimentos de aplicações financeiras =	3.240
Despesa com imposto de renda e CSLL =	7.284
Prejuízo líquido proveniente de operações descontinuadas =	2.147
Participações estatutárias no lucro =	3.500
Quantidade de ações em circulação =	5.000

d)

CIA OCEÂNICA - 31.12.2016	
Contas	Valor (R$)
Impostos sobre Vendas =	40.167
Descontos incondicionais sobre Vendas =	11.773
Receita Bruta de Vendas =	234.899
Custo das Mercadorias Vendidas =	96.870
Despesas com propaganda =	8.768
Despesas com impostos sobre imóveis =	2.123
Despesas com honorários de advogados =	1.321
Despesas com comissões dos vendedores =	8.645
Despesas com salários do setor administrativo =	9.230
Despesas com salários do setor comercial =	10.275
Despesas com depreciações de imobilizados =	2.280
Despesas com amortizações de intangíveis =	1.210
Outras receitas operacionais líquidas=	647
Perda por equivalência patrimonial =	1.340
Despesas de juros com empréstimos =	7.980
Receita com variação cambial positiva =	2.127
Receita de rendimentos de aplicações financeiras =	3.956
Despesa com imposto de renda e CSLL =	13.221
Prejuízo líquido proveniente de operações descontinuadas =	3.426
Participações de empregados no lucro =	10%
Participações de administradores no lucro =	5%
Quantidade de ações em circulação =	8.000

e)

ASIÁTICA S.A. - 31.12.2017	
Contas	**Valor (R$)**
Receita Líquida de Vendas =	209.800
CMV =	143.900
Receita com aluguéis =	3.090
Perda por equivalência patrimonial =	13.900
Despesas com depreciações =	5.483
Despesas com impostos sobre imóveis =	345
Despesas com viagens e estadias dos vendedores =	1.602
Despesas com comissões dos vendedores =	9.540
Despesas com salários do setor administrativo =	7.010
Despesas com salários do setor comercial =	9.020
Despesas com manutenção de veículos de entrega de mercadorias =	808
Despesas com combustível dos veículos de entrega de mercadorias =	1.102
Outras despesas operacionais líquidas=	780
Receitas de remuneração de aplicações financeiras =	2.870
Imposto de renda e CSLL =	34%
Despesas de juros com empréstimos =	12.070
Quantidade de ações em circulação =	10.000

2. Resolver os itens seguintes utilizando balanços sucessivos:

a) A empresa Alcateia S.A. apresentava, na data de 31.01.2015, os seguintes saldos no balanço patrimonial:

Contas	R$
Bancos conta movimento	15.000
Aplicações financeiras de liquidez imediata	26.000
Créditos a receber de clientes	20.000
Mercadorias para revenda	38.000
Imóveis de uso	52.000
Depreciação acumulada imóveis de uso	21.000
Fornecedores	47.500
Empréstimos e financiamentos a pagar (LP)	32.500
Capital Subscrito	75.000
Capital a Integralizar	25.000

As transações ocorridas em fevereiro de 2015 são as seguintes:

05.02.2015. Compra de R$ 16.000 em mercadorias para o estoque sendo 50% à vista com a emissão de um cheque e o restante a prazo de 30 dias.

10.02.2015. Integralização de capital efetuada pelos acionistas no valor de R$ 15.000 depositado na conta corrente da empresa.

16.02.2015. Contratação de jardineiro para serviço a ser prestado no mesmo dia nos jardins do imóvel da empresa. Serviço no valor de R$ 500 pago com a emissão de cheque.

22.02.2015. Venda de 80% das mercadorias em estoque pelo valor de R$ 56.200 com recebimento estipulado para 60 dias adiante.

27.02.2015. Recebimento de R$ 20.000 dos créditos com clientes e pagamento de 50% das obrigações com fornecedores.

28.02.2015. Reconhecimento da depreciação de imóveis no valor de R$ 250 referente ao período. Reconhecimento de receita financeira referente à remuneração das aplicações financeiras no valor de R$ 1.200. Reconhecimento de juros sobre os empréstimos de longo prazo no valor de R$ 2.250.

b) A sociedade Relatividade S.A. apresentava, na data de 28.02.2016, os seguintes saldos no balanço patrimonial:

Contas	R$
Bancos conta movimento	14.000
Aplicações financeiras de liquidez imediata	16.000
Créditos a receber de clientes	26.000
Mercadorias para revenda	18.300
Veículos	23.000
Depreciação acumulada veículos	2.300
Fornecedores	12.000
Salários e encargos sociais a pagar	3.000
Capital Subscrito	90.000
Capital a Integralizar	10.000

03.03.2016. Venda de 70% do estoque de mercadorias pelo valor de R$ 17.000 à vista.

05.03.2016. Pagamento de salários do mês anterior registrados no passivo no valor de R$ 3.000.

12.03.2016. Registro da estimativa de perdas com créditos de liquidação duvidosa no valor de R$ 1.300.

22.03.2016. Recebimento de rendimentos de aplicações financeiras no valor de R$ 2.400. Resgate das aplicações financeiras com transferência do saldo total para conta corrente bancária.

25.03.2016. Despesa com combustível dos veículos da empresa no valor de R$ 1.750 pago com a emissão de cheque.

31.03.2016. Compra e consumo de materiais de escritório no valor de R$ 80 com pagamento a prazo de 30 dias. Reconhecimento da depreciação mensal de veículos da empresa no valor de R$ 170. Reconhecimento da despesa com salários dos funcionários para pagamento no quinto dia útil do próximo mês no valor de R$ 3.000.

c) A Cia. Ouro Preto apresentava, na data de 31.12.2016, os seguintes saldos no balanço patrimonial:

Contas	R$
Bancos conta movimento	18.000
Aplicações financeiras de liquidez imediata	15.000
Créditos a receber de clientes	18.000
Mercadorias para revenda	25.000
Imóveis de uso	90.000
Depreciação acumulada imóveis de uso	34.000
Fornecedores	46.000
Capital Subscrito	110.000
Capital a Integralizar	20.000
Prejuízos acumulados	4.000

No mês de dezembro de 2016 a empresa registrou R$ 22.000 em receitas e R$ 26.000 em despesas, portanto, apresentou R$ 4.000 de prejuízo no período.

03.01.2017. Pagamento de fornecedores no valor de R$ 15.000 com desconto de 10% devido ao recebimento antecipado da dívida.

05.01.2017. Recebimento de créditos com clientes no valor de R$ 10.000 com desconto de 10% devido ao pagamento antecipado por parte do devedor.

11.01.2017. Venda de 80% do estoque de mercadorias pelo valor de R$ 28.000 a prazo de 30 dias.

18.01.2017. Integralização efetuada pelos proprietários no valor de R$ 12.000 em dinheiro, depositado na conta corrente bancária da empresa.

22.01.2017. Pagamento de 50% do saldo de fornecedores.

29.01.2017. Reconhecimento da depreciação de imóveis no valor de R$ 300, referente ao período. Reconhecimento de receita financeira referente à remuneração das aplicações financeiras no valor de R$ 820. Perda por inutilização da totalidade dos estoques de mercadorias devido à inundação.

3. Realizar a análise através de índices levando em consideração o balanço e a DRE dos itens a seguir, apresentando uma opinião sobre a situação financeira e econômica das empresas. Utilizar os índices de liquidez, endividamento e rentabilidade.

a)

ESMERALDA S.A.

Balanços Patrimoniais para os exercícios findos em 31 de dezembro de 2017, 2016 e 2015 (em milhares de reais)

	2017	2016	2015		2017	2016	2015
ATIVO	**515.647**	**488.828**	**443.347**	**PASSIVO**	**314.757**	**298.919**	**280.347**
CIRCULANTE	**255.015**	**265.755**	**228.720**	**CIRCULANTE**	**255.313**	**222.419**	**179.890**
Caixa e equivalentes de caixa	**37.000**	**122.455**	**55.200**	Empréstimos e financiamentos a pagar	98.700	66.400	63.100
Bancos conta movimento	25.000	104.455	31.200	Fornecedores	67.540	59.900	53.210
Aplicações financeiras	12.000	18.000	24.000	Salários e encargos sociais a pagar	19.800	14.320	12.860
Créditos a receber de clientes	**150.415**	**51.500**	**51.400**	Impostos sobre vendas a recolher	38.000	29.535	20.050
Créditos a receber de clientes	162.415	60.000	55.000	Dividendos a pagar	10.981	26.910	21.000
Perda estimada com créd. liq. duvidosa	(12.000)	(8.500)	(3.600)	Imposto de renda e contrib. soc. a pagar	20.292	25.354	9.670
Estoques	**65.000**	**90.000**	**120.000**				
Mercadorias para revenda	65.000	90.000	120.000	**NÃO CIRCULANTE**	**59.444**	**76.500**	**100.457**
Despesas antecipadas	**2.600**	**1.800**	**2.120**	Empréstimos e financiamentos a pagar	59.444	76.500	100.457
Prêmios de seguros a apropriar	2.600	1.800	2.120				
NÃO CIRCULANTE	**260.632**	**223.073**	**214.627**				
Realizável a Longo Prazo	**6.782**	**4.300**	**3.980**	**PATRIMÔNIO LÍQUIDO**	**200.890**	**189.909**	**163.000**
Créditos a receber de diretores	6.782	4.300	3.980	Capital social	120.000	120.000	120.000
Investimentos	**87.540**	**84.800**	**83.400**	Reservas de lucros	84.890	73.909	47.000
Participações em coligadas	34.670	52.100	56.700	Reserva legal	24.000	24.000	24.000
Participações em outras empresas	29.870	18.700	18.700	Reserva de retenção de lucro	60.890	49.909	23.000
Propriedades para investimento	23.000	14.000	8.000	Ações em tesouraria	(4.000)	(4.000)	(4.000)
Imobilizado	**164.400**	**132.300**	**125.366**				
Imóveis de uso	122.300	110.900	98.000				
Deprec. acumul. imóveis de uso	(23.000)	(17.000)	(7.244)				
Veículos	87.600	54.000	45.600				
Deprec. acumul. veículos	(34.500)	(26.800)	(22.000)				
Computadores e periféricos	13.400	12.300	11.870				
Deprec. acumul. comput. e periféricos	(1.400)	(1.100)	(860)				
Intangível	**1.910**	**1.673**	**1.881**				
Software	2.800	2.460	2.580				
Amortiz. acumul. software	(890)	(787)	(699)				
TOTAL DO ATIVO =	**515.647**	**488.828**	**443.347**	**TOTAL DO PASSIVO + PL =**	**515.647**	**488.828**	**443.347**

ESMERALDA S.A.		
Demonstrações dos Resultados para os exercícios findos em 31 de dezembro de 2017 e 2016 (em milhares de reais)		
	2017	**2016**
Receita Operacional Líquida	**657.432**	**760.545**
Custo das Mercadorias Vendidas	(458.798)	(528.700)
Lucro Bruto	**198.634**	**231.845**
Receitas (Despesas) Operacionais	**(151.117)**	**(151.769)**
Vendas	(45.350)	(40.080)
Gerais e Administrativas	(65.480)	(87.670)
Depreciação e amortização	(14.103)	(14.884)
Resultado da equivalência patrimonial	(17.430)	(4.600)
Outras receitas (despesas) operacionais líquidas	(8.754)	(4.535)
Lucro Operacional Antes do Resultado Financeiro	**47.517**	**80.076**
Receitas Financeiras	3.660	6.230
Despesas Financeiras	(8.923)	(7.133)
Resultado antes do Imposto de Renda e Contribuição	**42.254**	**79.173**
Imposto de renda e contribuição social sobre o lucro	(20.292)	(25.354)
Lucro Líquido do Exercício	**21.962**	**53.819**
Lucro por ação (em R$) =	1,10	2,69

b)

BRILHANTINA S.A.							
Balanços Patrimoniais para os exercícios findos em 31 de dezembro de 2017, 2016 e 2015 (em milhares de reais)							
	2017	**2016**	**2015**		**2017**	**2016**	**2015**
ATIVO	**503.722**	**443.764**	**451.510**	PASSIVO	**380.026**	**324.033**	**345.510**
CIRCULANTE	**182.714**	**136.478**	**143.142**	CIRCULANTE	**258.517**	**256.188**	**234.620**
Caixa e equivalentes de caixa	**27.600**	**41.570**	**59.120**	Empréstimos e financiamentos a pagar	89.300	63.490	58.340
Bancos conta movimento	15.000	22.000	23.500	Fornecedores	97.800	112.823	114.980
Aplicações financeiras	12.600	19.570	35.620	Salários e encargos sociais a pagar	21.089	13.600	12.900
Créditos a receber de clientes	**64.281**	**60.251**	**51.888**	Impostos sobre vendas a recolher	43.001	41.695	25.300
Créditos a receber de clientes	69.870	65.490	56.400	Dividendos a pagar	3.964	13.731	12.870
Perda estimada com créd. liq. duvidosa	(5.589)	(5.239)	(4.512)	Imposto de renda e contrib. soc. a pagar	3.363	10.849	10.230
Estoques	**90.833**	**34.657**	**32.134**				
Mercadorias para revenda	90.833	34.657	32.134	NÃO CIRCULANTE	**121.509**	**67.845**	**110.890**
				Empréstimos e financiamentos a pagar	121.509	67.845	110.890
NÃO CIRCULANTE	**321.008**	**307.286**	**308.368**				
Realizável a Longo Prazo	**21.300**	**10.450**	**9.500**				
Créditos a receber de diretores	21.300	10.450	9.500				
Investimentos	**74.890**	**62.260**	**54.420**	PATRIMÔNIO LÍQUIDO	**123.696**	**119.731**	**106.000**
Participações em coligadas	31.200	29.800	23.400	Capital social	80.000	80.000	80.000
Participações em outras empresas	20.790	20.790	20.790	Reservas de lucros	43.696	39.731	26.000
Propriedades para investimento	22.900	11.670	10.230	Reserva legal	16.000	16.000	16.000
Imobilizado	**224.178**	**234.256**	**243.488**	Reserva de retenção de lucro	27.696	23.731	10.000
Imóveis de uso	240.450	222.870	210.900				
Deprec. acumul. imóveis de uso	(57.708)	(44.574)	(33.744)				
Veículos	99.340	87.600	76.540				
Deprec. acumul. veículos	(59.604)	(35.040)	(15.308)				
Computadores e periféricos	6.800	6.800	6.800				
Deprec. acumul. comput. e periféricos	(5.100)	(3.400)	(1.700)				
Intangível	**640**	**320**	**960**				
Software	1.600	1.600	1.600				
Amortiz. acumul. software	(960)	(1.280)	(640)				
TOTAL DO ATIVO =	**503.722**	**443.764**	**451.510**	TOTAL DO PASSIVO + PL =	**503.722**	**443.764**	**451.510**

BRILHANTINA S.A.		
Demonstrações dos Resultados para os exercícios findos em 31 de dezembro de 2017 e 2016 (em milhares de reais)		
	2017	**2016**
Receita Operacional Líquida	**498.765**	**567.890**
Custo das Mercadorias Vendidas	(344.147)	(352.091)
Lucro Bruto	**154.618**	**215.799**
Receitas (Despesas) Operacionais	**(134.369)**	**(171.904)**
Vendas	(37.845)	(50.278)
Gerais e Administrativas	(56.456)	(90.889)
Depreciação e amortização	(39.078)	(32.902)
Resultado da equivalência patrimonial	1.400	6.400
Outras receitas (despesas) operacionais líquidas	(2.390)	(4.235)
Lucro Operacional Antes do Resultado Financeiro	**20.249**	**43.895**
Receitas Financeiras	2.123	3.765
Despesas Financeiras	(11.080)	(9.349)
Resultado antes do Imposto de Renda e Contribuição	**11.292**	**38.311**
Imposto de renda e contribuição social sobre o lucro	(3.363)	(10.849)
Lucro Líquido do Exercício	**7.929**	**27.462**
Lucro por ação (em R$) =	0,40	1,37

c)

CIA. SOLAR							
Balanços Patrimoniais para os exercícios findos em 31 de dezembro de 2017, 2016 e 2015 (em milhares de reais)							
	2017	**2016**	**2015**		**2017**	**2016**	**2015**
ATIVO	**417.284**	**405.960**	**443.191**	PASSIVO	**260.996**	**316.038**	**366.191**
CIRCULANTE	**235.806**	**222.726**	**201.996**	**CIRCULANTE**	**214.420**	**264.438**	**270.591**
Caixa e equivalentes de caixa	**71.999**	**63.894**	**58.620**	Empréstimos e financiamentos a pagar	19.879	92.470	98.210
Bancos conta movimento	25.467	24.237	22.230	Fornecedores	32.567	48.768	66.180
Aplicações financeiras	46.532	39.657	36.390	Salários e encargos sociais a pagar	15.560	17.650	19.430
Créditos a receber de clientes	**83.957**	**77.602**	**75.242**	Impostos sobre vendas a recolher	19.885	19.919	44.238
Créditos a receber de clientes	88.679	82.239	79.400	Dividendos a pagar	60.945	55.523	19.876
Perda estimada com créd. liq. duvidosa	(4.722)	(4.637)	(4.158)	Imposto de renda e contrib. soc. a pagar	65.584	30.108	22.657
Estoques	**79.850**	**81.230**	**68.134**				
Mercadorias para revenda	79.850	81.230	68.134	**NÃO CIRCULANTE**	**46.576**	**51.600**	**95.600**
				Empréstimos e financiamentos a pagar	46.576	51.600	95.600
NÃO CIRCULANTE	**181.478**	**183.234**	**241.195**				
Realizável a Longo Prazo	**9.750**	**8.790**	**8.230**				
Créditos a receber de diretores	9.750	8.790	8.230				
Investimentos	**47.800**	**43.600**	**97.199**	PATRIMÔNIO LÍQUIDO	**156.288**	**89.922**	**77.000**
Participações em outras empresas	13.800	13.800	71.609	Capital social	140.000	80.000	70.000
Propriedades para investimento	34.000	29.800	25.590	Reservas de lucros	16.288	9.922	7.000
Imobilizado	**123.928**	**130.844**	**135.766**	Reserva legal	16.288	9.922	7.000
Imóveis de uso	120.800	110.380	96.350				
Deprec. acumul. imóveis de uso	(28.992)	(22.076)	(15.416)				
Veículos	80.300	70.900	68.540				
Deprec. acumul. veículos	(48.180)	(28.360)	(13.708)				
TOTAL DO ATIVO =	**417.284**	**405.960**	**443.191**	TOTAL DO PASSIVO + PL =	**417.284**	**405.960**	**443.191**

CIA. SOLAR		
Demonstrações dos Resultados para os exercícios findos em 31 de dezembro de 2017 e 2016 (em milhares de reais)		
	2017	**2016**
Receita Operacional Líquida	**890.768**	**786.900**
Custo das Mercadorias Vendidas	(498.700)	(512.809)
Lucro Bruto	**392.068**	**274.091**
Receitas (Despesas) Operacionais	**(195.080)**	**(180.327)**
Vendas	(76.888)	(69.870)
Gerais e Administrativas	(87.566)	(84.569)
Depreciação e amortização	(26.736)	(21.312)
Outras receitas (despesas) operacionais líquidas	(3.890)	(4.576)
Lucro Operacional Antes do Resultado Financeiro	**196.988**	**93.764**
Receitas Financeiras	5.467	3.245
Despesas Financeiras	(9.560)	(8.456)
Resultado antes do Imposto de Renda e Contribuição	**192.895**	**88.553**
Imposto de renda e contribuição social sobre o lucro	(65.584)	(30.108)
Lucro Líquido do Exercício	**127.311**	**58.445**
Lucro por ação (em R$) =	6,37	2,92

Capítulo 4

Reconhecimento dos Elementos das Demonstrações Financeiras

Em termos gerais, podemos inferir que o processo contábil se concretiza por intermédio de três fases (ou etapas), quais sejam: a) reconhecimento; b) mensuração; e c) evidenciação.

> Essas três etapas são sequenciais. A primeira é condição para que ocorram a segunda e a terceira, por sua vez. Exceto no caso de divulgação em nota explicativa de eventos não mensuráveis, quando então a segunda etapa não é aplicável. (Flores, Braunbeck e Carvalho, 2018, p. 110)

O reconhecimento envolve a classificação da transação ou evento e a distinção do elemento a ser reconhecido (ativo, passivo, patrimônio líquido, receita ou despesa). Na compra de um imobilizado temos: a) como transação, a compra do bem; b) a identificação de que o item deve ser reconhecido como um ativo (o bem adquirido). Nessa fase se faz necessária a utilização de um conjunto de definições dos elementos do balanço patrimonial e da demonstração do resultado do exercício.

A mensuração refere-se à fase de colocar um valor monetário na transação ou evento (objeto) que se queira valorar. A Estrutura Conceitual nos traz quatro bases de mensuração principais, que estudaremos mais atentamente no transcorrer desse capítulo: a) custo histórico; b) custo corrente; c) valor realizável; e d) valor presente. Por exemplo, a mensuração inicial dos estoques é feita pelo custo histórico (valor de compra; foco no passado), mas a mensuração pode ser realizada posteriormente pelo valor realizável líquido (um valor presente) em determinadas circunstâncias.

A fase de evidenciação refere-se a demonstrar para os usuários da contabilidade, através das demonstrações contábeis e notas explicativas, os eventos e transações reconhecidos e mensurados no processo contábil, ou seja, a apresentação dos elementos reconhecidos e mensurados de maneira informativa.

> (...) o processo contábil tem como objetivo reduzir assimetrias informacionais por meio da produção de informação útil acerca da entidade que reporta no tocante à sua realidade econômica (transações e eventos) para partes interessadas, que podem ser simplesmente denominadas, nesse instante, usuários, ou seja, aqueles que usam os relatórios financeiros, os 'produtos' do processo contábil. (Flores, Braunbeck e Carvalho, 2018, p. 08)

4.1 – Reconhecimento de Ativos, Passivos, Receitas e Despesas

Segundo a Estrutura Conceitual, as demonstrações contábeis retratam os efeitos patrimoniais e financeiros das transações e outros eventos, por meio do grupamento dos mesmos em classes amplas de acordo com as suas características econômicas chamadas de elementos das demonstrações contábeis. Como já sabemos, os elementos diretamente relacionados à mensuração da posição patrimonial e financeira no balanço patrimonial são os ativos, os passivos e o patrimônio líquido e os elementos diretamente relacionados com a mensuração do desempenho na demonstração do resultado são as receitas e as despesas.

O entendimento contido na Estrutura Conceitual é o de que o reconhecimento se refere ao processo que consiste na incorporação ao balanço patrimonial ou à demonstração do resultado de item que se enquadre na definição de elemento e que satisfaça os critérios de reconhecimento. Envolve a descrição do item, a mensuração do seu montante monetário e a sua inclusão no balanço patrimonial ou na demonstração do resultado. Podemos verificar que a Estrutura Conceitual trata o reconhecimento como um processo que engloba o reconhecimento propriamente dito, a mensuração e a evidenciação.

Quando um determinado item se enquadra na definição de um elemento, esse item deve ser reconhecido caso: a) seja provável que algum benefício econômico futuro associado ao item flua para a entidade ou flua da entidade; e b) o item tiver custo ou valor que possa ser mensurado com confiabilidade.

A estrutura Conceitual chama a atenção para o fato de que existe um inter-relacionamento entre os elementos. Isso significa que um item que se enquadre na definição e nos critérios de reconhecimento de determinado ativo, requer automaticamente o reconhecimento de outro elemento, por exemplo, uma receita, um passivo ou patrimônio líquido. Por outro lado, um item que se enquadre na definição e nos critérios de reconhecimento de um passivo, requer de forma automática o reconhecimento de outro elemento, por exemplo, uma despesa ou um ativo.

Quanto ao primeiro critério para o reconhecimento de um item, ou seja, o conceito de probabilidade (ser provável) deve ser adotado para determinar o grau de incerteza com que os benefícios econômicos futuros referentes ao item venham a fluir para a entidade ou a fluir da entidade. O conceito está em conformidade com a incerteza que caracteriza o ambiente no qual as empresas operam (o mundo dos negócios). As avaliações acerca do grau de incerteza atrelado ao fluxo de benefícios econômicos futuros devem ser feitas com base na evidência disponível quando as demonstrações contábeis são elaboradas. Por exemplo, quando for provável que um crédito a receber de um determinado cliente será pago pelo devedor, é plenamente justificável, na ausência de qualquer evidência em contrário, reconhecer a conta a receber como ativo. Para o conjunto de contas a receber (saldo total), por outro lado, sempre existe algum grau de inadimplência que é normalmente considerado provável; dessa forma, reconhece-se como despesa a esperada redução nos benefícios econômicos (perda estimada com créditos de liquidação duvidosa[1]).

O segundo critério para reconhecimento de um item refere-se à necessidade desse item possuir um custo ou valor que possa ser mensurado com confiabilidade. Em muitos casos, para encontrar esse custo ou valor necessitamos de uma estimativa. Nesse particular, entende-se que o uso de estimativas razoáveis é parte essencial da elaboração das demonstrações contábeis e não prejudica a sua confiabilidade. Quando, entretanto, não puder ser feita estimativa razoável, o item não deve ser reconhecido no balanço patrimonial ou na demonstração do resultado.

A Estrutura Conceitual assinala que eventualmente pode acontecer de um determinado item possuir as características essenciais de elemento, mas não atender aos critérios para reconhecimento, porém, pode ser requerida sua divulgação em notas explicativas, quando a divulgação do item for considerada relevante para a avaliação da posição patrimonial e financeira, do desempenho e das mutações na posição financeira da entidade por parte dos usuários das demonstrações contábeis.

Reconhecimento de Ativos	Um ativo deve ser reconhecido no balanço patrimonial quando for provável que benefícios econômicos futuros dele provenientes fluirão para a entidade e seu custo ou valor puder ser mensurado com confiabilidade.

[1] Na prática contábil brasileira, antes da convergência à contabilidade internacional, essa estimativa de perda era denominada Provisão para Créditos de Liquidação Duvidosa. O CPC 25 define provisão como passivo de prazo ou valor incerto. Portanto, atualmente a nomenclatura Perda Estimada para Créditos de Liquidação Duvidosa é mais apropriada.

Reconhecimento de Passivos	Um passivo deve ser reconhecido no balanço patrimonial quando for provável que uma saída de recursos detentores de benefícios econômicos seja exigida em liquidação de obrigação presente e o valor pelo qual essa liquidação se dará puder ser mensurado com confiabilidade.
Reconhecimento de Receitas	A receita deve ser reconhecida na demonstração do resultado quando resultar em aumento nos benefícios econômicos futuros, relacionado com aumento de ativo ou com diminuição de passivo, e puder ser mensurado com confiabilidade. Isso significa, na prática, que o reconhecimento da receita ocorre simultaneamente com o reconhecimento do aumento nos ativos ou da diminuição nos passivos (por exemplo, o aumento líquido nos ativos originado da venda de bens e serviços ou o decréscimo do passivo originado do perdão de dívida a ser paga).
Reconhecimento de Despesas	As despesas devem ser reconhecidas na demonstração do resultado quando resultarem em decréscimo nos benefícios econômicos futuros, relacionado com o decréscimo de um ativo ou o aumento de um passivo, e puder ser mensurado com confiabilidade. Isso significa, na prática, que o reconhecimento da despesa ocorre simultaneamente com o reconhecimento de aumento nos passivos ou de diminuição nos ativos (por exemplo, a alocação por competência de obrigações trabalhistas ou da depreciação de equipamento).

Em relação às despesas não podemos esquecer a necessidade de aplicar no processo contábil o regime de competência, ou seja, as despesas devem ser reconhecidas na demonstração do resultado com base na associação direta entre elas e os correspondentes itens de receita (confrontação entre receitas e despesas), envolvendo o reconhecimento simultâneo ou combinado das receitas e despesas que resultem diretamente ou conjuntamente dos mesmos eventos ou transações.

Quando se espera que os benefícios econômicos sejam gerados ao longo de vários períodos contábeis e a associação com a correspondente receita somente possa ser feita de forma estimada, as despesas devem ser reconhecidas na demonstração do resultado com base em procedimentos de alocação sistemática e racional. Por exemplo, quando necessitamos reconhecer despesas associadas com o uso ou o consumo de ativos, tais como itens do imobilizado. Em tais casos, a despesa é designada como depreciação e esses procedimentos de alocação destinam-se a reconhecer despesas nos períodos contábeis em que os benefícios econômicos associados a tais itens sejam consumidos ou expirem.

Quando o gasto não produzir benefícios econômicos, a despesa deve ser reconhecida imediatamente na demonstração do resultado. A despesa também deve ser reconhecida na demonstração do resultado nos casos em que um passivo é incorrido sem o correspondente reconhecimento de ativo, como no caso de passivo decorrente de garantia de produto.

4.2 – Mensuração dos Elementos das Demonstrações Financeiras

Mensurar no aspecto da contabilidade significa colocar valor monetário às propriedades de um determinado objeto ou evento devidamente especificado. Sendo assim, podemos entender a mensuração como o processo de determinar os montantes monetários por meio dos quais os elementos das demonstrações contábeis (ativos, passivos, patrimônio líquido, receitas e despesas) devem ser reconhecidos e apresentados no balanço patrimonial e na demonstração do resultado. Esse processo envolve a seleção da base específica de mensuração.

> Em contabilidade, mensuração é o processo de atribuição de valores monetários significativos a objetos ou eventos associados a uma empresa, e obtidos de modo a permitir agregação (tal como na avaliação total de ativos) ou desagregação, quando exigida em situações específicas. Exemplos de objetos incluem contas a receber, instalações e equipamentos e dívidas a longo prazo; exemplos de atividades incluem vendas de produtos e serviços e pagamento de dividendos. Antes que a mensuração possa ser feita, porém, precisa ser selecionado um atributo específico a ser medido. No caso de contas a receber, os atributos poderiam incluir o número de dólares a serem recebidos e a data esperada de recebimento. Atributos de instalações e equipamentos poderiam incluir a capacidade física de produção, o dispêndio de recursos no ato da aquisição, ou os recursos necessários para repor os ativos no presente momento. (Hendriksen e Breda, 2012, p. 304-305)

Segundo a Estrutura Conceitual, diversas bases de mensuração são empregadas em diferentes graus e em variadas combinações nas demonstrações contábeis. Essas bases incluem as seguintes:

<table>
<tr><td rowspan="2">Custo histórico</td><td>Ativos</td><td>Os ativos são registrados pelos montantes pagos em caixa ou equivalentes de caixa ou pelo valor justo dos recursos entregues para adquiri-los na data da aquisição.</td></tr>
<tr><td>Passivos</td><td>Os passivos são registrados pelos montantes dos recursos recebidos em troca da obrigação ou pelos montantes em caixa ou equivalentes de caixa, se espera serão necessários para liquidar o passivo no curso normal das operações.</td></tr>
<tr><td rowspan="2">Custo corrente</td><td>Ativos</td><td>Os ativos são mantidos pelos montantes em caixa ou equivalentes de caixa que teriam de ser pagos se esses mesmos ativos ou ativos equivalentes fossem adquiridos na data do balanço.</td></tr>
<tr><td>Passivos</td><td>Os passivos são reconhecidos pelos montantes em caixa ou equivalentes de caixa, não descontados, que se espera seriam necessários para liquidar a obrigação na data do balanço.</td></tr>
<tr><td rowspan="2">Valor realizável</td><td>Ativos</td><td>Os ativos são mantidos pelos montantes em caixa ou equivalentes de caixa que poderiam ser obtidos pela sua venda em forma ordenada.</td></tr>
<tr><td>Passivos</td><td>Os passivos são mantidos pelos seus montantes de liquidação, isto é, pelos montantes em caixa ou equivalentes de caixa, não descontados, que se espera serão pagos para liquidar as correspondentes obrigações no curso normal das operações.</td></tr>
</table>

Valor presente	**Ativos**	Os ativos são mantidos pelo valor presente, descontado, dos fluxos futuros de entradas líquidas de caixa que se espera seja gerado pelo item no curso normal das operações.
	Passivos	Os passivos são mantidos pelo valor presente, descontado, dos fluxos futuros de saídas líquidas de caixa que se espera serão necessários para liquidar o passivo no curso normal das operações.

Nos termos do CPC 00 (R1), a base de mensuração mais comumente adotada pelas entidades na elaboração de suas demonstrações contábeis é o custo histórico. Porém, na prática contábil essa base de mensuração normalmente é combinada com outras. Por exemplo, os estoques são geralmente mantidos pelo menor valor entre o custo e o valor líquido de realização, os títulos e valores mobiliários negociáveis podem em determinadas circunstâncias ser mantidos a valor de mercado e os passivos decorrentes de pensões são mantidos pelo seu valor presente.

A mensuração é um aspecto essencial da contabilidade. A sistemática contábil somente é capaz de registrar eventos ou transações os quais se possa atribuir valores monetários. A mensuração na contabilidade tem como padrão a unidade monetária. A mensuração monetária tem como principal objetivo homogeneizar o significado de objetos e eventos distintos. É a aplicação do princípio do denominador comum monetário possibilitando que a contabilidade tenha uma linguagem universal.

Teoricamente as bases de mensuração podem representar valores de entrada (compra ou produção) ou valores de saída (venda ou mercado). Assim sendo, podemos classificar as bases de mensuração trazidas pela Estrutura Conceitual da seguinte forma:

	Base de Mensuração	**Tempo Focal**
Valores de Entrada	Custo Histórico	Passado
	Custo Corrente	Presente
Valores de Saída	Valor Realizável	Presente
	Valor Presente	Futuro

Apesar da mensuração de objetos ou eventos do passado ser mais fácil e objetiva, os usuários podem requerer também mensurações relativas a objetos e eventos do presente e do futuro. Assim, a mensuração não deve estar presa a uma base de tempo somente.

Outra observação interessante, derivada do parágrafo anterior, é que decisões especiais precisam de mensurações também especiais, em bases apropriadas. Deste modo, se a direção de uma empresa decide vender uma determinada máquina após sua vida útil, ela terá de mensurar o seu valor residual ou valor de mercado depois de decorrido o prazo de depreciação, para encontrar um adequado preço de venda para a mesma.

Além de necessárias como suporte às decisões dos usuários, as mensurações também são importantes para o controle e avaliação dos resultados obtidos pelos gestores. Os alvos organizacionais são estabelecidos através de mensurações, e estas também expressam resultados como medidas de performance em relação aos alvos.

No âmbito da Contabilidade, o problema da mensuração está centrado principalmente na questão de definição dos valores dos bens possuídos pelas empresas. Sendo assim, torna-se primordial estabelecer a base conceitual utilizada para expressar o valor, através da unidade monetária, para que se atenda a necessidade dos usuários. A base conceitual pode estar em valores históricos, em valores de reposição, em valores descontados dos fluxos futuros de caixa ou em valores realizáveis líquidos. Na realidade, a mensuração é nada mais que uma aproximação.

4.3 – Critérios de Avaliação do Ativo e Passivo de Acordo com a Legislação Societária

Critérios de Avaliação do Ativo

Segundo a lei societária atual (Lei nº 6.404/76), no balanço patrimonial, os elementos do ativo serão avaliados segundo os seguintes critérios:

Artigo	Elemento	Item	Mensuração
183	Ativo	As aplicações em instrumentos financeiros, inclusive derivativos, e em direitos e títulos de créditos, classificados no ativo circulante ou no realizável a longo prazo.	a) pelo seu valor justo, quando se tratar de aplicações destinadas à negociação ou disponíveis para venda; e b) pelo valor de custo de aquisição ou valor de emissão, atualizado conforme disposições legais ou contratuais, ajustado ao valor provável de realização, quando este for inferior, no caso das demais aplicações e os direitos e títulos de crédito.
183	Ativo	Os direitos que tiverem por objeto mercadorias e produtos do comércio da companhia, assim como matérias-primas, produtos em fabricação e bens em almoxarifado.	pelo custo de aquisição ou produção, deduzido de provisão para ajustá-lo ao valor de mercado, quando este for inferior.
183	Ativo	Os investimentos em participação no capital social de outras sociedades, exceto investimentos em coligadas e controladas.	pelo custo de aquisição, deduzido de provisão para perdas prováveis na realização do seu valor, quando essa perda estiver comprovada como permanente, e que não será modificado em razão do recebimento, sem custo para a companhia, de ações ou quotas bonificadas.
248	Ativo	Os investimentos em coligadas ou em controladas e em outras sociedades que façam parte de um mesmo grupo ou estejam sob controle comum.	serão avaliados pelo método da equivalência patrimonial.
183	Ativo	Os demais investimentos.	pelo custo de aquisição, deduzido de provisão para atender às perdas prováveis na realização do seu valor, ou para redução do custo de aquisição ao valor de mercado, quando este for inferior.

183	Ativo	Os direitos classificados no imobilizado.	pelo custo de aquisição, deduzido do saldo da respectiva conta de depreciação, amortização ou exaustão.
183	Ativo	Os direitos classificados no intangível.	pelo custo incorrido na aquisição deduzido do saldo da respectiva conta de amortização.
183	Ativo	Os elementos do ativo decorrentes de operações de longo prazo.	serão ajustados a valor presente, sendo os demais ajustados quando houver efeito relevante.
184	Passivo	As obrigações, encargos e riscos, conhecidos ou calculáveis, inclusive Imposto sobre a Renda a pagar com base no resultado do exercício.	serão computados pelo valor atualizado até a data do balanço.
184	Passivo	As obrigações em moeda estrangeira, com cláusula de paridade cambial.	serão convertidas em moeda nacional à taxa de câmbio em vigor na data do balanço.
184	Passivo	As obrigações, os encargos e os riscos classificados no passivo não circulante.	serão ajustados ao seu valor presente, sendo os demais ajustados quando houver efeito relevante.

Valor Justo

Para a Lei nº 6.404/76 deve-se considerar valor justo:

a) das matérias-primas e dos bens em almoxarifado, o preço pelo qual possam ser repostos, mediante compra no mercado;

b) dos bens ou direitos destinados à venda, o preço líquido de realização mediante venda no mercado, deduzidos os impostos e demais despesas necessárias para a venda, e a margem de lucro;

c) dos investimentos, o valor líquido pelo qual possam ser alienados a terceiros.

d) dos instrumentos financeiros, o valor que pode se obter em um mercado ativo, decorrente de transação não compulsória realizada entre partes independentes; e, na ausência de um mercado ativo para um determinado instrumento financeiro: 1) o valor que se pode obter em um mercado ativo com a negociação de outro instrumento financeiro de natureza, prazo e risco similares; 2) o valor presente líquido dos fluxos de caixa futuros para instrumentos financeiros de natureza, prazo e risco similares; ou 3) o valor obtido por meio de modelos matemático-estatísticos de precificação de instrumentos financeiros.

Depreciação, Amortização e Exaustão

Segundo a lei societária, a diminuição do valor dos elementos dos ativos imobilizado e intangível será registrada periodicamente nas contas de:

a) depreciação, quando corresponder à perda do valor dos direitos que têm por objetos bens físicos sujeitos a desgaste ou perda de utilidade por uso, ação da natureza ou obsolescência;

b) amortização, quando corresponder à perda do valor do capital aplicado na aquisição de direitos da propriedade industrial ou comercial e quaisquer outros com existência ou exercício de duração limitada, ou cujos objetos sejam bens de utilização por prazo legal ou contratualmente limitado;

c) exaustão, quando corresponder à perda do valor, decorrente da sua exploração, de direitos cujos objetos sejam recursos minerais ou florestais, ou bens aplicados nessa exploração.

Teste de Recuperabilidade de Ativos (*impairment*)

De acordo com a lei societária, a companhia deverá efetuar, periodicamente, análise sobre a recuperação dos valores registrados no imobilizado e no intangível, a fim de que sejam:

a) registradas as perdas de valor do capital aplicado quando houver decisão de interromper os empreendimentos ou atividades a que se destinavam ou quando comprovado que não poderão produzir resultados suficientes para recuperação desse valor; ou

b) revisados e ajustados os critérios utilizados para determinação da vida útil econômica estimada e para cálculo da depreciação, exaustão e amortização.

Estoques

Segundo a Lei nº 6.404/76, os estoques de mercadorias fungíveis (*commodities*) destinadas à venda poderão ser avaliados pelo valor de mercado, quando esse for o costume mercantil aceito pela técnica contábil.

Avaliação do Investimento em Coligadas e Controladas

O art. 248 da lei societária especifica as normas para realização da avaliação de investimentos em coligadas e controladas pelo método de equivalência patrimonial, como segue:

a) o valor do patrimônio líquido da coligada ou da controlada será determinado com base em balanço patrimonial ou balancete de verificação levantado, com observância das normas da lei societária, na mesma data, ou até 60 (sessenta) dias, no máximo, antes da data do balanço da companhia; no valor de patrimônio líquido não serão computados os resultados não realizados decorrentes de negócios com a companhia, ou com outras sociedades coligadas à companhia, ou por ela controladas;

b) o valor do investimento será determinado mediante a aplicação, sobre o valor de patrimônio líquido referido no item anterior, da porcentagem de participação no capital da coligada ou controlada;

c) a diferença entre o valor do investimento, de acordo com a letra b, e o custo de aquisição; somente será registrada como resultado do exercício: 1) se decorrer de lucro ou prejuízo apurado na coligada ou controlada; 2) se corresponder, comprovadamente, a ganhos ou perdas efetivos; 3) no caso de companhia aberta, com observância das normas expedidas pela Comissão de Valores Mobiliários.

d) para efeito de determinar a relevância do investimento, serão computados como parte do custo de aquisição os saldos de créditos da companhia contra as coligadas e controladas.

e) a sociedade coligada, sempre que solicitada pela companhia, deverá elaborar e fornecer o balanço ou balancete de verificação previsto na letra a.

Conceitos de Coligadas e Controladas

Nos termos da lei societária em seu art. 243:

a) são coligadas as sociedades nas quais a investidora tenha influência significativa, ou seja, quando a investidora detém ou exerce o poder de participar nas decisões das políticas financeira ou operacional da investida, sem controlá-la. É presumida influência significativa quando a investidora for titular de 20% (vinte por cento) ou mais do capital votante da investida, sem controlá-la.

b) considera-se controlada a sociedade na qual a controladora, diretamente ou através de outras controladas, é titular de direitos de sócio que lhe assegurem, de modo permanente, preponderância nas deliberações sociais e o poder de eleger a maioria dos administradores.

Notas Explicativas sobre Investimentos em Coligadas e Controladas

Segundo o art. 247 da Lei nº 6.404/76, as notas explicativas devem conter informações precisas sobre as sociedades coligadas e controladas e suas relações com a companhia, indicando:

a) a denominação da sociedade, seu capital social e patrimônio líquido;
b) o número, espécies e classes das ações ou quotas de propriedade da companhia, e o preço de mercado das ações, se houver;
c) o lucro líquido do exercício;
d) os créditos e obrigações entre a companhia e as sociedades coligadas e controladas;
e) o montante das receitas e despesas em operações entre a companhia e as sociedades coligadas e controladas.

Demonstrações Consolidadas

De acordo com a lei societária, em seu art. 249, a companhia aberta que tiver mais de 30% (trinta por cento) do valor do seu patrimônio líquido representado por investimentos em sociedades controladas deverá elaborar e divulgar, juntamente com suas demonstrações financeiras, demonstrações consolidadas.

A Comissão de Valores Mobiliários poderá expedir normas sobre as sociedades cujas demonstrações devam ser abrangidas na consolidação, e: a) determinar a inclusão de sociedades que, embora não controladas, sejam financeira ou administrativamente dependentes da companhia; b) autorizar, em casos especiais, a exclusão de uma ou mais sociedades controladas.

Normas sobre Consolidação

Em seu art. 250, a Lei nº 6.404/76 especifica as normas sobre consolidação. Assim, das demonstrações financeiras consolidadas serão excluídas:

a) as participações de uma sociedade em outra;

b) os saldos de quaisquer contas entre as sociedades;

c) as parcelas dos resultados do exercício, dos lucros ou prejuízos acumulados e do custo de estoques ou do ativo não circulante que corresponderem a resultados, ainda não realizados, de negócios entre as sociedades.

A participação dos acionistas não controladores no patrimônio líquido e no lucro do exercício será destacada, respectivamente, no balanço patrimonial e na demonstração do resultado do exercício.

As sociedades controladas, cujo exercício social termine mais de 60 (sessenta) dias antes da data do encerramento do exercício da companhia, elaborarão, com observância das normas da lei societária, demonstrações financeiras extraordinárias em data compreendida nesse prazo.

4.4 – Manutenção do Capital e Determinação do Lucro

A Estrutura Conceitual apresenta dois conceitos de capital: a) o financeiro (ou monetário), que é adotado pela maioria das entidades na elaboração de suas demonstrações contábeis. Tal como o dinheiro investido ou o seu poder de compra investido, o capital é sinônimo de ativos líquidos ou patrimônio líquido da entidade; b) o capital físico, tal como capacidade operacional, o capital é considerado como a capacidade produtiva da entidade.

O pronunciamento salienta que a seleção do conceito de capital apropriado para a entidade deve estar baseada nas necessidades dos usuários das demonstrações contábeis. Assim, o conceito de capital financeiro deve ser adotado se os usuários das demonstrações contábeis estiverem primariamente interessados na manutenção do capital nominal investido ou no poder de compra do capital investido. Por outro lado, se a principal preocupação dos usuários for com a capacidade operacional da entidade, o conceito de capital físico deve ser adotado. Na prática, o conceito escolhido indica o objetivo a ser alcançado na determinação do lucro.

Os conceitos de capital mencionados dão origem aos seguintes conceitos de manutenção de capital: a) Manutenção do capital financeiro. De acordo com esse conceito, o lucro é considerado auferido somente se o montante financeiro (ou dinheiro) dos ativos líquidos no fim do período exceder o seu montante financeiro (ou dinheiro) no começo do período, depois de excluídas quaisquer distribuições aos proprietários e seus aportes de capital durante o período; b) Manutenção do capital físico. De acordo com esse conceito, o lucro é considerado auferido somente se a capacidade física produtiva (ou capacidade operacional) da entidade (ou os recursos ou fundos necessários para atingir essa capacidade) no fim do período exceder a capacidade física produtiva no início do período, depois de excluídas quaisquer distribuições aos proprietários e seus aportes de capital durante o período.

Para o CPC 00 (R1), o conceito de manutenção de capital está relacionado com a forma pela qual a entidade define o capital que ela procura manter. Ele representa um elo entre os conceitos de capital e os conceitos de lucro, pois fornece um ponto de referência para medição do lucro; é uma condição essencial para distinção entre o retorno sobre o capital da entidade e a recuperação do capital; somente os ingressos de ativos que excedam os montantes necessários para manutenção do capital podem ser considerados como lucro e, portanto, como retorno sobre o capital. Portanto, o lucro é o montante remanescente depois que as despesas (inclusive os ajustes de manutenção do capital, quando for apropriado) tiverem sido deduzidas do resultado. Se as despesas excederem as receitas, o montante residual será um prejuízo.

O conceito de manutenção do capital físico requer a adoção do custo corrente como base de mensuração. O conceito de manutenção do capital financeiro, entretanto, não requer o uso de uma base específica de mensuração. A escolha da base conforme este conceito depende do tipo de capital financeiro que a entidade está procurando manter.

Em termos gerais, a entidade terá mantido seu capital se ela tiver tanto capital no fim do período como tinha no início, computados os efeitos das distribuições aos proprietários e seus aportes para o capital durante esse período. Qualquer valor além daquele necessário para manter o capital do início do período é lucro.

De acordo com o conceito de manutenção do capital financeiro, por meio do qual o capital é definido em termos de unidades monetárias nominais, o lucro representa o aumento do capital monetário nominal ao longo do período. De acordo com o conceito de manutenção do capital físico, quando o capital é definido em termos de capacidade física produtiva, o lucro representa o aumento desse capital ao longo do período.

A seleção das bases de mensuração e do conceito de manutenção de capital é que determina o modelo contábil a ser utilizado na elaboração das demonstrações contábeis. Diferentes modelos contábeis apresentam diferentes graus de relevância e confiabilidade e, como em outras áreas, a administração deve buscar o equilíbrio entre a relevância e a confiabilidade.

4.5 – Testes de Exames de Suficiência – CFC

1. **Exame de Suficiência CFC - Bacharel em Ciências Contábeis – 02/2017.** De acordo com a Estrutura Conceitual para Elaboração e Divulgação de Relatório Contábil-Financeiro, os elementos diretamente relacionados com a mensuração da posição patrimonial e financeira são os ativos, os passivos e o patrimônio líquido.

Considerando-se essa afirmativa, julgue os itens relativos aos ativos, passivos e ao patrimônio líquido como Verdadeiros (V) ou Falsos (F) e, em seguida, assinale a alternativa **CORRETA**.

I. Ativo é um recurso controlado pela entidade como resultado de eventos passados e do qual se espera que fluam futuros benefícios econômicos para a entidade.

II. Passivo é uma obrigação presente da entidade, derivada de eventos passados, cuja liquidação se espera que resulte na saída de recursos da entidade capazes de gerar benefícios econômicos.

III. Patrimônio Líquido é o interesse residual nos ativos da entidade depois de deduzidos todos os seus passivos.

A sequência **CORRETA** é:

a) F, F, V. b) F, V, F. c) V, V, V. d) V, F, F.

2. **Exame de Suficiência CFC - Bacharel em Ciências Contábeis – 02/2017.** Uma Sociedade Empresária foi constituída, em 10.12.2016, com a subscrição de 200.000 ações pelo valor nominal de R$ 3,50 cada uma.

Parte do Capital Subscrito foi integralizado, na mesma data, mediante 20% em dinheiro, 15% em mercadorias para revenda e 35% em veículos.

Considerando-se apenas as informações apresentadas é **CORRETO** afirmar que:

a) o Capital Integralizado é de R$ 210.000,00.
b) o Capital Investido é de R$ 210.000,00.
c) o Passivo Exigível é de R$ 490.000,00.
d) o Patrimônio Líquido é de R$490.000,00.

3. **Exame de Suficiência CFC - Bacharel em Ciências Contábeis – 02/2017.** Uma Sociedade Empresária apresentou as seguintes informações referentes ao mês de dezembro de 2016:

- Despesa de dezembro de 2016, paga em janeiro de 2017 R$ 34.000,00
- Despesa de janeiro de 2017, paga em dezembro de 2016 R$ 48.000,00
- Despesa de dezembro de 2016, paga em dezembro de 2016 R$ 74.000,00
- Receita de dezembro de 2016, recebida em janeiro de 2017 R$ 99.000,00
- Receita de janeiro de 2017, recebida em dezembro de 2016 R$ 84.000,00
- Receita de dezembro de 2016, recebida em dezembro de 2016 R$ 39.000,00

Não há incidência de tributos e nem de acréscimos financeiros.

Considerando-se apenas as informações apresentadas e de acordo com a Estrutura Conceitual para Elaboração e Divulgação de Relatório Contábil-Financeiro, a Sociedade Empresária apurou, no mês de dezembro de 2016:

a) Prejuízo de R$ 117.000,00. b) Prejuízo de R$ 35.000,00.
c) Lucro de R$ 30.000,00. d) Lucro de R$ 66.000,00.

4. **Exame de Suficiência CFC - Bacharel em Ciências Contábeis – 02/2017.** Uma Sociedade Empresária apresentou, em 31.12.2016, as seguintes informações de grupos de contas em valores líquidos, após a apuração e distribuição de resultados:

- Ativo Imobilizado R$ 3.250.000,00
- Bancos Conta Movimento R$ 375.000,00
- Clientes R$ 3.000.000,00
- Contas a Pagar R$ 2.750.000,00
- Créditos Fiscais e Tributários R$ 37.500,00
- Empréstimos Bancários R$ 2.500.000,00
- Estoques R$ 2.125.000,00
- Reserva de Lucros R$ 25.000,00
- Reservas de Capital R$ 500.000,00

Sabe-se que a relação de saldos não está completa e que o saldo da conta Capital Social não foi informado.

Considerando-se apenas as informações apresentadas, os valores do Patrimônio Líquido e do Capital Social são, respectivamente:

a) R$ 3.537.500,00 e R$ 3.012.500,00. b) R$ 3.537.500,00 e R$ 3.512.500,00.
c) R$ 3.500.000,00 e R$ 3.475.000,00. d) R$ 3.500.000,00 e R$ 2.975.000,00.

5. **Exame de Suficiência CFC - Bacharel em Ciências Contábeis – 02/2017.** Uma Sociedade Empresária foi constituída em 2.1.2017. O estatuto fixou o valor de R$ 1.000.000,00 como capital social a ser integralizado 40% no ano de 2017 e 60% no ano de 2018.

No ato da constituição, 40% do capital subscrito foram integralizados da seguinte forma:

- Integralização em dinheiro mediante depósito bancário: R$ 300.000,00
- Integralização em móveis de uso avaliados, na forma da Lei nº 6.404/76, em R$ 100.000,00

Considerando-se apenas as informações apresentadas, após o registro contábil da subscrição do capital e da integralização, é **CORRETO** afirmar que, em janeiro de 2017, a Sociedade Empresária apresenta no Patrimônio Líquido:

a) um saldo credor no grupo Capital Social no valor de R$ 1.000.000,00, um saldo credor na conta de Capital Subscrito no valor de R$ 600.000,00 e um saldo credor na conta de Capital a Integralizar no valor de R$ 400.000,00.

b) um saldo credor no grupo Capital Social no valor de R$ 1.000.000,00 e um saldo devedor na conta de Capital a Integralizar no valor de R$ 600.000,00.

c) um saldo credor no grupo Capital Social no valor de R$ 400.000,00 e um saldo credor na conta de Capital Subscrito no valor de R$ 400.000,00.

d) um saldo credor no grupo Capital Social no valor de R$ 400.000,00, um saldo credor na conta de Capital Subscrito no valor de R$ 1.000.000,00 e um saldo devedor na conta de Capital a Integralizar no valor de R$ 600.000,00.

6. **Exame de Suficiência CFC - Bacharel em Ciências Contábeis – 02/2017.** Uma Sociedade Empresária apresenta as seguintes informações, referentes ao período de janeiro a dezembro de 2016, extraídas do seu balancete de verificação em 31.12.2016, das contas de resultado referentes a operações continuadas:

- Custo com Venda do Imobilizado R$ 17.000,00
- Custo das Mercadorias Vendidas R$ 260.000,00
- Despesas Administrativas R$ 15.000,00
- Despesas Comerciais R$ 45.000,00
- Faturamento Bruto de Vendas R$ 400.000,00
- ICMS sobre Vendas R$ 48.000,00
- Receita com Venda de Imobilizado R$ 14.000,00
- Receita de Aluguéis R$ 40.000,00
- Receita Financeira R$ 20.000,00
- Vendas Canceladas R$10.000,00

Considerando-se apenas as informações apresentadas e de acordo com o CPC 26 – Apresentação das Demonstrações Contábeis, o valor do Resultado antes das Receitas e Despesas Financeiras a ser evidenciado na Demonstração do Resultado do período é de:

a) R$ 19.000,00. b) R$ 22.000,00. c) R$ 59.000,00. d) R$ 62.000,00.

7. **Exame de Suficiência CFC - Bacharel em Ciências Contábeis – 02/2017.** De acordo com o CPC 26 – Apresentação das Demonstrações Contábeis, a apresentação das despesas na Demonstração do Resultado do período poderá utilizar uma classificação com base na sua natureza, se permitida legalmente, ou na sua função dentro da entidade.

   Assinale a opção que contém apenas exemplos de despesas classificadas por Natureza:

a) Despesas Administrativas, Despesas com Depreciação e Despesas com Vendas.
b) Despesas com Benefícios a Empregados, Despesas com Publicidade e Despesas com Depreciação.
c) Despesas com Benefícios a Empregados, Custo dos Produtos Vendidos e Despesas Administrativas.
d) Despesas com Vendas, Despesas com Depreciação e Custo dos Produtos Vendidos.

8. **Exame de Suficiência CFC - Bacharel em Ciências Contábeis – 02/2017.** No Brasil, conforme disposto pela Lei nº 6.404/76 e alterações posteriores, o Patrimônio Líquido é dividido nos seguintes grupos:

a) Capital Social, Reservas de Capital, Ajustes de Avaliação Patrimonial, Reservas de Lucros, Ações em Tesouraria e Prejuízos Acumulados.

b) Capital Social, Reservas de Reavaliação, Reservas de Contingência, Reservas de Lucros, Ações em Tesouraria e Prejuízos Acumulados.

c) Capital Subscrito, Reservas de Capital, Ajustes de Avaliação Patrimonial, Reservas de Lucros, Ações em Tesouraria e Dividendo Mínimo Obrigatório.

d) Capital Subscrito, Reservas de Capital, Juros sobre o Capital Próprio, Reservas de Lucros, Ações em Tesouraria e Lucros Acumulados.

9. **Exame de Suficiência CFC - Bacharel em Ciências Contábeis – 02/2016.** Uma Sociedade Empresária apresentou, em 30.6.2016, os seguintes dados retirados do seu Balancete de Verificação e a fórmula de Liquidez Geral:

Dados	Valor
Dados Bancos Conta Movimento	R$192.000,00
Capital Subscrito	R$1.440.000,00
Duplicatas a Receber - Curto prazo	R$144.000.00
Duplicatas a Receber - Longo Prazo	R$460.800,00
Duplicatas Descontadas - Curto Prazo	R$32.000,00
Empréstimos Concedidos – Longo Prazo	R$307.200,00
Empréstimos Obtidos - Curto Prazo	R$160.000.00
Estoques - Curto Prazo	R$576.000.00
Fornecedores – Curto Prazo	R$112.000.00
Terrenos de Uso	R$64.000,00

$$\text{Liquidez Geral} = \frac{\text{Ativo Circulante + Ativo Realizável a Longo Prazo}}{\text{Passivo Circulante + Passivo Não Circulante}}$$

Considerando-se apenas os dados apresentados, é **CORRETO** afirmar que o Índice de Liquidez Geral é de, aproximadamente:

a) 0,96. b) 2,25. c) 5,53. d) 6,29.

10. Exame de Suficiência CFC - Bacharel em Ciências Contábeis – 01/2016. Uma Sociedade Empresária apresentou os seguintes índices, calculados a partir dos dados de suas demonstrações contábeis, para os anos de 2014 e 2015:

Indice	**Fórmula de Cálculo**	**2014**	**2015**
Rentabilidade do Ativo	Lucro líquido / Ativo Total	18,75%	18,76%
Rentabilidade do Patrimônio Liquido	Lucro Líquido/Patrimônio Líquido	26,79%	28,13%
Endividamento	Capital de Terceiros / Patrimônio Liquido	42,90%	50,00%
Giro do Ativo	Vendas Líquidas / Ativo Total	1,25	1,55
Margem Líquida	Lucro Liquido/ Vendas Líquidas	15,00%	12,10%
Liquidez Corrente	Ativo Circulante / Passivo Circulante	1.43	1.22

Considerando-se os índices apresentados, conforme fórmula de cálculo expressa no quadro anterior, é **CORRETO** afirmar que:

a) a redução na Liquidez Corrente em conjunto com o aumento na Rentabilidade do Patrimônio Líquido explicam a redução na Margem Líquida.

b) a redução na Margem Líquida de 2015, em relação ao ano anterior, foi compensada pelo aumento no Giro do Ativo, o que manteve a Rentabilidade do Ativo aproximadamente a mesma.

c) o aumento no Endividamento de 2015, em relação ao ano anterior, foi compensado pela redução na Liquidez Corrente, o que manteve a Rentabilidade do Ativo aproximadamente a mesma.

d) o aumento no Giro do Ativo em conjunto com o aumento na Rentabilidade do Patrimônio Líquido explicam a redução na Margem Líquida.

11. Exame de Suficiência CFC - Bacharel em Ciências Contábeis – 01/2015. Uma Sociedade Empresária apresentou os seguintes saldos no Ativo Circulante, em 30.11.2014:

Contas a Receber.. R$ 80.000,00

(-) Perdas Estimadas em Créditos de Liquidação Duvidosa .... R$ 1.920,00

Em dezembro de 2014, foi recebido o valor de R$ 74.000,00 proveniente do saldo existente em novembro de 2014, e a diferença foi considerada incobrável, uma vez que foram esgotadas todas as possibilidades de recebimento.

Em relação aos efeitos dessa transação, é **CORRETO** afirmar que:

a) será reconhecida, adicionalmente, uma perda complementar no valor de R$ 4.080,00.
b) será reconhecida, adicionalmente, uma perda complementar no valor de R$ 6.000,00.
c) será reconhecido um desconto comercial no valor de R$ 4.080,00.
d) será reconhecido um desconto comercial no valor de R$ 6.000,00.

12. **Exame de Suficiência CFC - Bacharel em Ciências Contábeis – 01/2014.** De acordo com a Estrutura Conceitual, quando os gastos incorridos não proporcionarem a expectativa provável de geração de benefícios econômicos para a entidade além do período contábil corrente, o item será reconhecido como:

a) Ativo. b) Despesa. c) Intangível. d) Passivo.

13. **Exame de Suficiência CFC - Bacharel em Ciências Contábeis – 01/2014.** Considerando o que dispõe a Estrutura Conceitual, a respeito das características qualitativas da informação contábil-financeira útil, julgue os itens abaixo como Verdadeiros (V) ou Falsos (F) e, em seguida, assinale a opção **CORRETA.**

I. Para que a informação contábil-financeira seja útil, ela precisa ser relevante e representar com fidedignidade o que se propõe a representar.

II. A utilidade da informação contábil-financeira é melhorada se ela for comparável, verificável, tempestiva e compreensível.

III. Informação contábil-financeira relevante é aquela capaz de fazer diferença nas decisões que possam ser tomadas pelos usuários.

IV. Comparabilidade é o mesmo que uniformidade e consistência.

A sequência **CORRETA** é:

a) F, F, F, V. b) F, F, V, V. c) V, V, F, F. d) V, V, V, F.

14. **Exame de Suficiência CFC - Bacharel em Ciências Contábeis – 02/2013.** Em 31.7.2013, uma sociedade empresária firmou contrato de seguros com cláusula de cobertura dos ativos para o período de 1º.8.2013 a 31.7.2014. A empresa pagou em 31.7.2013, em parcela única, o montante de R$ 1.200,00 referente ao prêmio de seguro.

De acordo com o contrato, em caso de sinistro, a empresa poderá receber indenização no montante de até R$ 100.000,00, e o valor da franquia a ser paga será de R$ 840,00. No Balanço Patrimonial de 31.7.2013, a empresa apresentará a seguinte situação patrimonial:

a) Despesas Pagas Antecipadamente, no Ativo Circulante, R$1.200,00.
b) Despesas Pagas Antecipadamente, no Ativo Não Circulante, R$ 360,00.
c) Despesas Realizadas com Seguros, na Demonstração de Resultado, R$ 840,00.
d) Seguros a Receber, no Ativo Não Circulante, R$ 100.000,00.

15. **Exame de Suficiência CFC - Bacharel em Ciências Contábeis – 02/2013.** Uma sociedade empresária apresentou os seguintes saldos após a destinação do resultado de 2012:

CONTAS	SALDOS
Bancos Conta Movimento	R$25.000,00
Caixa	R$ 10.000.00
Capital a Integralizar	R$50.000,00
Capital Subscrito	R$ 100.000,00
Depreciação Acumulada	R$ 15.000,00
Duplicatas a Receber	R$47.000,00
Duplicatas Descontadas	R$27.000.00
Estoques de Mercadorias	R$28.000,00
Fornecedores	R$70.000,00
ICMS a Recuperar	R$2.000,00
Investimentos em Coligadas	R$49.000,00
Reservas de Lucros	R$38.000,00
Veículos de Uso	R$39.000,00

No Balanço Patrimonial, o Ativo Total é igual a:

a) R$ 135.000,00. b) R$ 158.000,00. c) R$ 183.000,00. d) R$ 185.000,00.

16. **Exame de Suficiência CFC - Bacharel em Ciências Contábeis – 02/2013.** Com base na Estrutura Conceitual para Elaboração e Divulgação de Relatório Contábil-Financeiro, julgue os itens sobre Manutenção de Capital como Verdadeiros (V) ou Falsos (F) e, em seguida, assinale a opção **CORRETA**.

I. De acordo com o conceito de capital financeiro, tal como o dinheiro investido ou o seu poder de compra investido, o capital é sinônimo de ativos líquidos ou patrimônio líquido da entidade.

II. De acordo com o conceito de manutenção do capital físico, o lucro é considerado auferido somente se a capacidade física produtiva da entidade no fim do período exceder a capacidade física produtiva no início do período, depois de excluídas quaisquer distribuições aos proprietários e seus aportes de capital durante o período.

III. Todas as mudanças de preços, afetando ativos e passivos da entidade, são vistas, no conceito de manutenção de capital físico, como mudanças na mensuração da capacidade financeira da entidade, devendo ser tratadas como lucro.

A sequência **CORRETA** é:

a) F, F, V. b) F, V, F. c) V, F, V. d) V, V, F.

17. **Exame de Suficiência CFC - Bacharel em Ciências Contábeis – 02/2013.** Uma sociedade empresária contabilizou seus lucros e prejuízos (em milhares de reais) durante os oito primeiros meses do ano de 2012, apresentando esses resultados mensais por meio do gráfico a seguir:

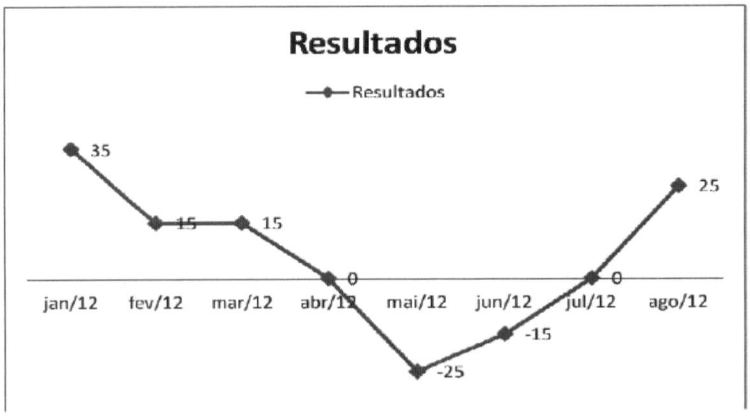

Com base nos resultados mensais apresentados no gráfico acima, assinale a opção **INCORRETA**:

a) nos meses de abril e julho, a sociedade empresária não obteve lucro e nem prejuízo.
b) nos meses de janeiro, fevereiro, março e abril, a sociedade empresária apurou prejuízos.
c) nos meses de janeiro, fevereiro, março e agosto, isto é, antes de abril e depois de julho, a sociedade empresária apurou lucro.
d) nos meses de maio e junho, a sociedade empresária apurou prejuízos.

18. Exame de Suficiência CFC - Bacharel em Ciências Contábeis – 01/2012. Conforme a Estrutura Conceitual para Elaboração e Divulgação de Relatório Contábil-Financeiro, para que um recurso controlado por uma entidade atenda ao conceito de Ativo, é característica essencial a:

a) entrega ou promessa futura de entrega de caixa ou outros ativos financeiros para a aquisição.
b) existência de documento que comprove o direito de propriedade da entidade.
c) existência de substância física, material e corpórea, avaliada com base em documentação hábil.
d) expectativa de geração de benefícios econômicos futuros para a entidade.

19. Exame de Suficiência CFC - Bacharel em Ciências Contábeis – 01/2012. A Estrutura Conceitual para Elaboração e Divulgação de Relatório Contábil-Financeiro estabelece os conceitos que fundamentam a preparação e a apresentação de demonstrações contábeis destinadas a usuários externos.

Portanto, **NÃO** é finalidade desse normativo:

a) apoiar os usuários das demonstrações contábeis na interpretação de informações nelas contidas, preparadas em conformidade com as normas.

b) auxiliar os auditores independentes a formar sua opinião sobre a conformidade das demonstrações contábeis com as normas.

c) dar suporte aos responsáveis pela elaboração das demonstrações contábeis na aplicação das normas e no tratamento de assuntos que ainda não tiverem sido objetos de normas.

d) definir normas ou procedimentos para qualquer questão particular sobre aspectos de mensuração, divulgação ou de publicidade.

20. Exame de Suficiência CFC - Bacharel em Ciências Contábeis – 02/2011. Uma entidade apresentou, em 31.12.2010, os seguintes saldos de contas:

Contas	Saldos
Ações de Outras Empresas - para negociação	R$2.300,00
Acões em Tesouraria	R$500,00
Bancos Conta Movimento	R$7.500,00
Caixa	R$1.000.00
Capital Social	R$26.500,00
Depreciação Acumulada	R$11.000,00
Estoque de Mercadoria para Revenda	R$6.200,00
Fomecedores – Vencimento em setembro de 2011	R$24.000,00
Imóveis de Uso	R$32.500,00
Impostos a Pagar - Vencimento em janeiro de 2011	R$8.000,00
Propriedades para Investimento	R$5.000,00
Participação Societária em Empresas Controladas	R$17.500,00
Participações Permanentes no Capital de Outras Empresas	R$1.500,00
Reserva Legal	R$4.500,00

No Balanço Patrimonial, o saldo do grupo Investimentos do Ativo Não Circulante é igual a:

a) R$ 21.300,00. b) R$ 23.000,00. c) R$ 24.000,00. d) R$ 26.300,00.

21. Exame de Suficiência CFC - Bacharel em Ciências Contábeis – 02/2011. Relacione a base de mensuração na primeira coluna com a descrição respectiva na segunda coluna e, em seguida, assinale a opção CORRETA.

(1) Custo Histórico	( ) Os ativos são reconhecidos pelos valores em caixa ou equivalentes de caixa que teriam de ser pagos se esses ativos ou ativos equivalentes fossem adquiridos na data do balanço.
(2) Custo Corrente	( ) Os ativos são registrados pelos valores pagos ou a serem pagos em caixa ou equivalentes de caixa ou pelo valor justo dos recursos que são entregues para adquiri-los na data da aquisição.
(3) Valor de Realização ou Liquidação	( ) Os ativos são mantidos pelos valores em caixa ou equivalentes de caixa que poderiam ser obtidos pela venda em uma forma ordenada.

A sequência **CORRETA** é:

a) 2, 1, 3. b) 2, 3, 1. c) 3, 2, 1. d) 3, 1, 2.

22. Exame de Suficiência CFC - Bacharel em Ciências Contábeis – 02/2011. Em relação às características qualitativas das informações contábeis, assinale a opção **INCORRETA**.

a) a mensuração e a apresentação dos efeitos financeiros de transações semelhantes e outros eventos devem ser feitas de modo consistente pela entidade, e mudanças em políticas contábeis somente são admitidas quando requeridas pela introdução de normas contábeis aperfeiçoadas.

b) as informações são relevantes quando podem influenciar as decisões econômicas dos usuários, ajudando-os a avaliar o impacto de eventos passados, presentes ou futuros ou confirmando ou corrigindo as suas avaliações anteriores.

c) para ser confiável, a informação contida nas demonstrações contábeis deve ser neutra, isto é, imparcial. As demonstrações contábeis não são neutras se, pela escolha ou apresentação da informação, elas induzirem a tomada de decisão ou julgamento específico, visando atingir um resultado ou desfecho predeterminado.

d) uma qualidade essencial das informações apresentadas nas demonstrações contábeis é que elas sejam compreendidas pelos usuários. Para tanto, presume-se que os usuários tenham um conhecimento razoável dos negócios, atividades econômicas e contabilidade e a disposição de estudar as informações com razoável diligência.

23. Exame de Suficiência CFC - Bacharel em Ciências Contábeis – 01/2011. Uma determinada sociedade empresária, em 31.12.2010, apresentou os seguintes saldos:

Caixa	R$ 6.500,00
Bancos Conta Movimento	R$ 14.000,00
Capital Social	R$ 20.000,00
Custo das Mercadorias Vendidas	R$ 56.000,00
Depreciação Acumulada	R$ 1.500.00
Despesas Gerais	R$ 23.600,00
Fornecedores	R$ 9.300,00
Duplicatas a Receber em 60 dias	R$ 20.900,00
Equipamentos	R$ 10.000,00
Reserva de Lucros	R$ 3.000,00
Estoque de Mercadorias	R$ 4.000,00
Receitas de Vendas	R$ 97.700,00
Salários a Pagar	R$ 3.500.00

Após a apuração do Resultado do Período e antes da sua destinação, o total do Patrimônio Líquido e o total do Ativo Circulante são, respectivamente:

a) R$ 37.100,00 e R$ 41.400,00. b) R$ 37.100,00 e R$ 46.100,00.
c) R$41.100,00 e R$45.400,00. d) R$41.100,00 e R$50.400,00.

24. Exame de Suficiência CFC - Bacharel em Ciências Contábeis – 01/2011. A movimentação ocorrida nas contas de Reservas de Lucros em um determinado período é evidenciada na seguinte demonstração contábil:

a) Balanço Patrimonial
b) Demonstração das Mutações do Patrimônio Líquido
c) Demonstração dos Fluxos de Caixa
d) Demonstração dos Lucros ou Prejuízos Acumulados

25. Exame de Suficiência CFC - Bacharel em Ciências Contábeis – 01/2011. Classifique os métodos de avaliação do Ativo, a seguir enumerados, como valor de entrada ou saída:

- Custo Histórico
- Valor de Liquidação
- Valor Realizável Líquido
- Custo Corrente de Reposição

A sequência **CORRETA** é:

a) entrada, saída, entrada, entrada. b) entrada, saída, saída, entrada.
c) saída, entrada, saída, entrada. d) saída, saída, saída, entrada.

26. **Exame de Suficiência CFC - Bacharel em Ciências Contábeis – 01/2011.** Em relação ao Passivo, julgue os itens abaixo e, em seguida, assinale a opção **CORRETA**.

I. Passivos podem decorrer de obrigações formais ou legalmente exigíveis.

II. Existem obrigações que atendem ao conceito de passivo, mas não são reconhecidas por não ser possível mensurá-las de forma confiável.

III. A extinção de um passivo pode ocorrer mediante a prestação de serviços.

Está(ão) **CERTO(S)** o(s) item(ns):

a) I, II e III. b) I e II, apenas. c) II e III, apenas. d) III, apenas.

27. **Exame de Suficiência CFC - Bacharel em Ciências Contábeis – 01/2011.** Uma entidade apresenta, em 31.12.2010, os seguintes saldos de contas:

CONTAS	Saldos (R$)
Ações de Outras Empresas - Para Negociação Imediata	400.00
Acões em Tesouraria	300,00
Ajustes de Avaliação Patrimonial (saldo devedor)	900,00
Aplicações em Fundos de Investimento com Liquidez Diária	2.600,00
Bancos Conta Movimento	6.000,00
Caixa	700,00
Capital Social	40.000,00
Clientes - Vencimento em marco/2011	12.000,00
Clientes - Vencimento em março/2012	6.600,00
Clientes - Vencimento em marco/2013	4.000,00
Depreciação Acumulada	8.800,00
Despesas Pagas Antecipadamente (prêmio de seguro com vigência até dezembro/2011)	300,00
Estoque de Matéria-Prima	5.000,00
Financiamento Bancário (a ser pago em 12 parcelas mensais de igual valor, vencendo a primeira em janeiro de 2011)	30.000,00
Fornecedores	19.000.00

ICMS a Recuperar	600,00
Imóveis de Uso	26.000,00
Impostos a Pagar (Vencimento em janeiro/2011)	6.400,00
Máquinas	18.000,00
Obras de Arte	4.000,00
Participação Societária em Empresas Controladas	14.000,00
Participações Permanentes no Capital de Outras Empresas	1.000,00
Reserva Legal	4.000,00
Reservas de Capital	2.200,00
Veículos	8.000,00

No Balanço Patrimonial, o saldo do Ativo Circulante é igual a:

a) R$ 24.300,00. b) R$ 25.000,00. c) R$ 27.200,00. d) R$ 27.600,00.

28. Exame de Suficiência CFC - Bacharel em Ciências Contábeis – 01/2011. A Estrutura Conceitual para Elaboração e Divulgação de Relatório Contábil-Financeiro estabelece os conceitos que fundamentam a preparação e a apresentação de demonstrações contábeis destinadas a usuários externos.

Com base nessa observação, julgue os itens a seguir como Verdadeiros (V) ou Falsos (F) e, em seguida, assinale a opção **CORRETA**.

( ) Estão fora do alcance da Estrutura Conceitual informações financeiras elaboradas para fins exclusivamente fiscais.
( ) Uma qualidade essencial das informações apresentadas nas demonstrações contábeis é que elas sejam prontamente entendidas pelos usuários. Por esta razão, informações sobre assuntos complexos devem ser excluidas por serem de difícil entendimento para usuários que não conheçam as particularidades do negócio.
( ) Regime de Competência e continuidade são apresentados na Estrutura Conceitual para Elaboração e Apresentação das Demonstrações Contábeis como pressupostos básicos.
( ) Compreensibilidade, relevância, confiabilidade e comparabilidade são apresentadas na Estrutura Conceitual para Elaboração e Apresentação das Demonstrações Contábeis como pressupostos básicos.

A sequência **CORRETA** é:

a) F, F, F, F. b) F, F, V, F. c) V, F, V, F. d) V, V, V, F.

Capítulo 5

O Método das Partidas Dobradas: A Lógica no Controle Contábil

5.1 – Débito e Crédito em Contabilidade

O método das partidas dobradas desempenha um papel relevante na construção da economia capitalista desde seus primórdios, haja vista sua técnica ser indispensável para o controle das operações e o desenvolvimento das organizações. Nenhuma entidade empresarial pode desdenhar a importância da aplicação do processo contábil aos seus negócios.

A contribuição fundamental do método das partidas dobradas foi a de permitir a visualização da situação de uma determinada entidade no presente através do registro dos fatos passados ao longo da continuidade empresarial. A posição financeira e econômica da empresa em determinado momento é na realidade um resumo de acontecimentos passados.

O método das partidas dobradas apresenta como principais vantagens: a) o método disponibiliza meios para encontrar erros mais rapidamente, devido a dualidade necessária em sua aplicação; b) o método foi testado na realidade das organizações empresariais durante centenas de anos; e c) para sua utilização é obrigatório uma contabilidade sistemática e em ordem de transações.

Entender o método das partidas dobradas é o passo fundamental para o entendimento da contabilidade. O método é a base do registro da informação contábil e estruturação das demonstrações financeiras. O mecanismo do débito e crédito utilizado no sistema contábil é uma convenção criada como forma de aumentar ou diminuir o saldo de uma conta. A simplicidade do método não é aparente, porém, funciona tão bem que ainda não foi suplantado por outro, mesmo depois de mais de quinhentos anos de existência[1].

Para consolidar o entendimento da utilização do mecanismo, vamos utilizar uma representação gráfica para sintetizar as modificações no saldo de uma conta que chamaremos de razonete ou conta T, como a seguir:

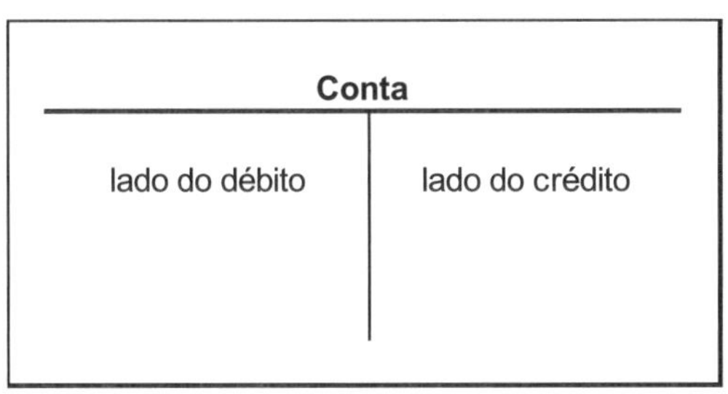

Como podemos notar, no lado esquerdo do razonete temos os lançamentos a débito e no lado direito os lançamentos a crédito. Assim, quando realizamos um lançamento no lado esquerdo da conta caixa do ativo circulante, dizemos que estamos debitando essa conta, por outro lado, quando lançamos valores à direita estaremos creditando essa mesma conta.

Os seguintes padrões devem ser assimilados, quando se trata da aplicação da sistemática do débito e crédito:

[1] O Frei Luca Pacioli é o autor da primeira obra impressa contendo o método das partidas dobradas em 1494, *Summa de Arithmetica, Geometria, Proportioni et Proportionalita*. É considerado o pai da contabilidade.

- **Contas do Ativo**: em quase sua totalidade, têm natureza devedora, ou seja, seu saldo será, com poucas exceções, sempre devedor;
- **Contas do Passivo e Patrimônio líquido**: em quase sua totalidade, têm natureza credora, ou seja, seu saldo será, com poucas exceções, sempre credor;
- **Contas de Receita**: as contas que representam receitas têm natureza credora, apresentando sempre saldo credor;
- **Contas de Despesa**: as contas representativas de despesas têm natureza devedora, sempre apresentando saldo devedor.

As poucas contas do ativo que apresentam saldo credor são chamadas de contas redutoras do ativo. São exemplos: depreciação acumulada de imobilizados, amortização acumulada de intangíveis, exaustão acumulada de recursos naturais, estimativa de perdas com créditos de liquidação duvidosa, ajuste a valor presente de créditos e estimativa de perdas em ativos.

As contas com saldo devedor do passivo são redutoras do passivo e as contas devedoras no patrimônio líquido, redutoras do patrimônio líquido. São exemplos: ajuste a valor presente de obrigações, ajuste de avaliação patrimonial negativo, ações em tesouraria e prejuízos acumulados.

O método das partidas dobradas implica em que para um lançamento de determinado valor a débito em uma ou mais contas, deve existir um crédito correspondente (dualidade) no mesmo valor em uma ou mais contas. Assim, obrigatoriamente, os valores lançados a débito devem ser exatamente iguais aos valores lançados a crédito. Para cada débito existe um crédito de igual valor.

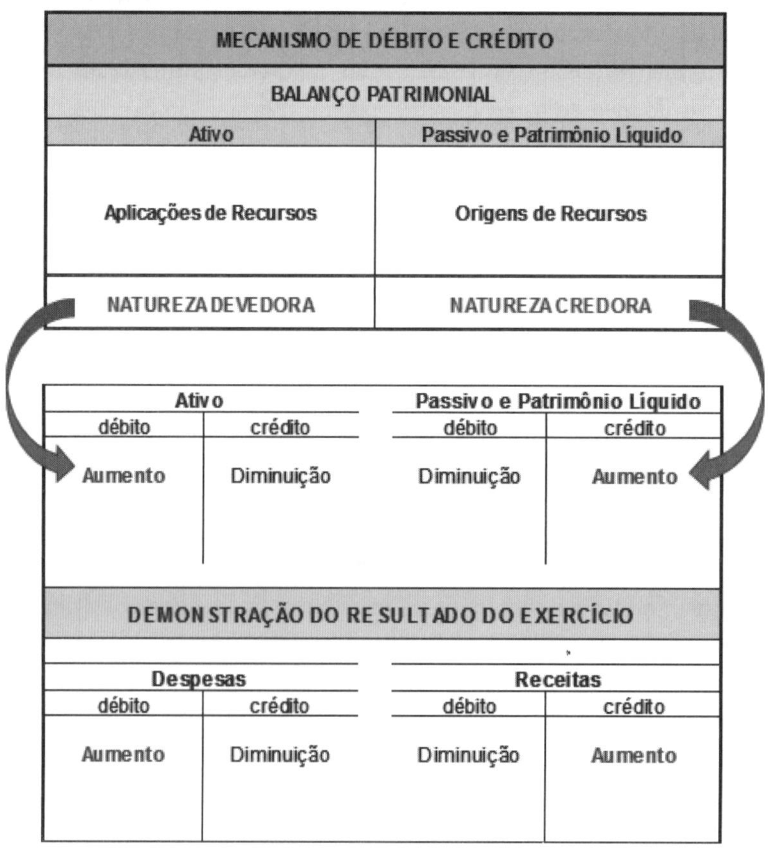

O esquema anterior representa bem a sistemática e a lógica do débito e crédito em contabilidade. Para entendimento do referido esquema, vamos analisar as seguintes observações:

- **Contas do Ativo**: o ativo tem natureza devedora (natureza principal), portanto, aumenta através de lançamentos a débito e, por consequência, diminui com lançamentos a crédito.

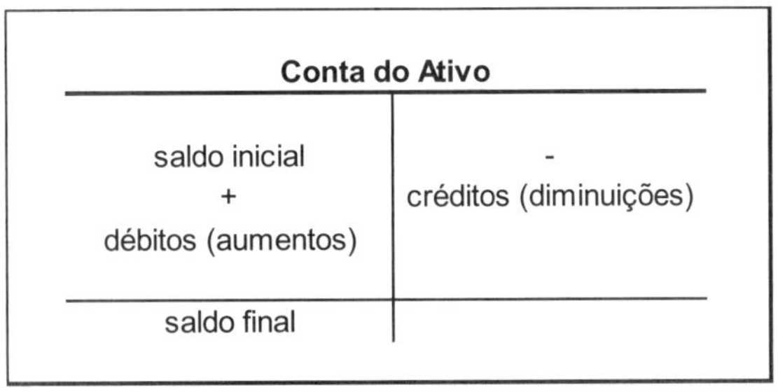

- **Contas do Passivo e Patrimônio Líquido**: o passivo e o patrimônio líquido têm natureza credora (natureza principal), assim sendo, os lançamentos a crédito nessas contas aumentarão seus saldos; já lançamentos a débito diminuirão seus saldos.

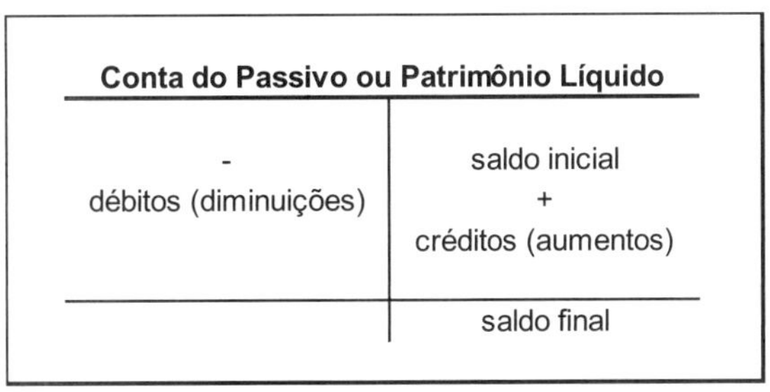

- **Contas de Receita**: as receitas maiores que as despesas representam lucro, e o lucro aumenta a riqueza líquida (patrimônio líquido) da empresa. A única forma de o lucro aumentar o patrimônio líquido é sendo credor, e se, o lucro é credor, as receitas também devem ter natureza credora (aumentam por crédito). As contas de receita recebem lançamentos a débito somente quando necessária alguma retificação, devido a lançamentos incorretos.

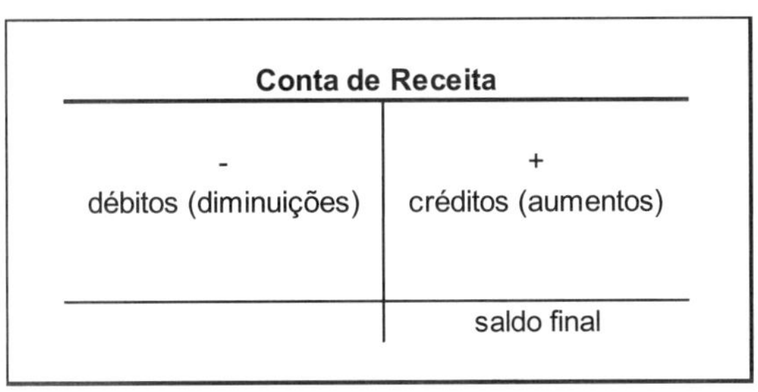

- **Contas de Despesa**: empresas que apresentam despesas maiores que as receitas têm prejuízo contábil, e o prejuízo diminui a riqueza líquida (patrimônio líquido). A única forma de o prejuízo diminuir o patrimônio líquido é sendo devedor, haja vista que o patrimônio líquido é credor, e se, o prejuízo (despesas maiores que receitas) é devedor, as despesas também são. As contas de despesa recebem lançamentos a crédito apenas quando necessária alguma retificação, devido a lançamentos incorretos.

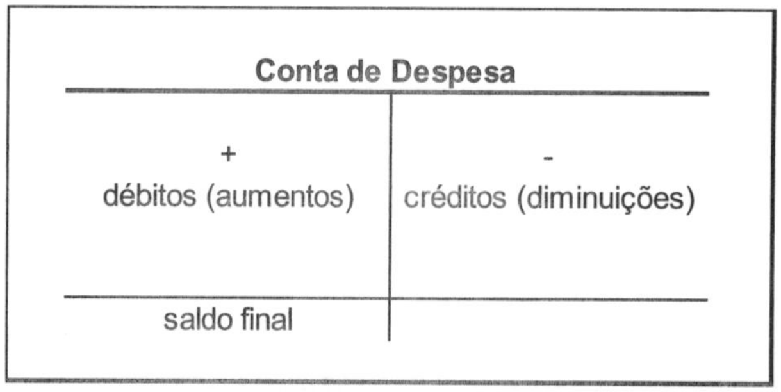

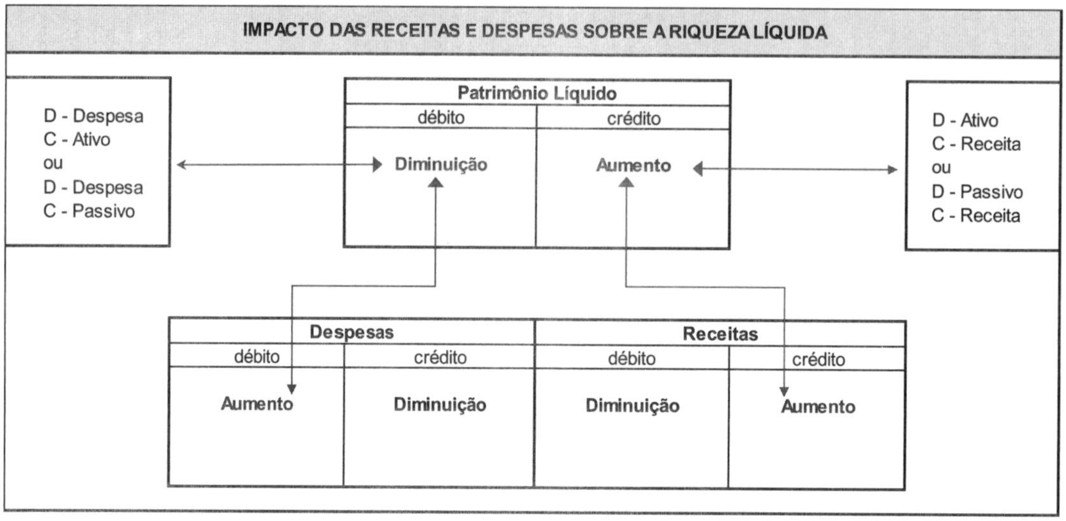

A dualidade das partidas dobradas se refere ao fato de que, para todo aumento em ativos totais, existe uma causalidade relacionada a uma diminuição em ativos. Uma obrigação é um decremento futuro de ativos. Dessa forma, na compra de um equipamento industrial a prazo, temos um aumento no ativo pela aquisição do bem e um aumento no passivo referente ao surgimento da dívida. Na realidade, a dívida nada mais é que uma diminuição futura em ativos (devido ao pagamento em data futura).

> (...) vale menção específica ao método das partidas dobradas, que é a base do sistema contábil há vários séculos. Por meio desse método é que se pode pensar no desenvolvimento de demonstrações financeiras de fluxos (e para períodos), para além das demonstrações de posições patrimoniais (em datas específicas), como os levantamentos periódicos de bens, direitos e obrigações (inventários). O método das partidas dobradas possibilitou que a contabilidade oferecesse aos seus usuários não somente a 'foto' (o inventário, a posição patrimonial em uma data específica), mas também o 'filme' (o desempenho resultante de fluxos entre datas específicas, o período). (Flores, Braunbeck e Carvalho, 2018, p. 17)

Para manter a igualdade da equação fundamental do patrimônio, se faz necessário assegurar-se de que os valores debitados às diversas contas, para cada evento ou transação, sejam iguais aos valores creditados às outras variadas contas. Assim sendo, a soma dos saldos das contas devedoras devem ser iguais a soma dos saldos das contas credoras. Ou ainda, o total de valores debitados deve ser igual ao total de valores creditados.

RESUMO - MECANISMO DE DÉBITO E CRÉDITO			
ELEMENTO	NATUREZA PRINCIPAL	SALDO	
		AUMENTA	DIMINUI
Ativo	Devedora	Débito	Crédito
Passivo	Credora	Crédito	Débito
Patrimônio Líquido	Credora	Crédito	Débito
Receita	Credora	Crédito	Débito
Despesa	Devedora	Débito	Crédito

5.2 – Escrituração Contábil

Código Civil

No capítulo IV – Escrituração, da Lei nº 10.406/2002 (código civil) em seu art. 1.179 dispõe que o empresário e a sociedade empresária são obrigados a seguir um sistema de contabilidade, mecanizado ou não, com base na escrituração uniforme de seus livros, em correspondência com a documentação respectiva, e a levantar anualmente o balanço patrimonial e o de resultado econômico[2].

Além dos demais livros exigidos por lei é indispensável o Diário, que pode ser substituído por fichas, no caso de escrituração mecanizada ou eletrônica. (art. 1.180)

A escrituração será feita em idioma e moeda corrente nacionais e em forma contábil, por ordem cronológica de dia, mês e ano, sem intervalos em branco, nem entrelinhas, borrões, rasuras, emendas ou transportes para as margens. (art. 1.183.)

No Diário serão lançadas, com individuação, clareza e caracterização do documento respectivo, dia a dia, por escrita direta ou reprodução, todas as operações relativas ao exercício da empresa. (art. 1.184)

O balanço patrimonial deverá exprimir, com fidelidade e clareza, a situação real da empresa e, atendidas as peculiaridades desta, bem como as disposições das leis especiais, indicará, distintamente, o ativo e o passivo. (art. 1.188)

O balanço de resultado econômico ou demonstração da conta de lucros e perdas acompanhará o balanço patrimonial e dele constarão crédito e débito, na forma da lei especial. (art. 1.189)

O empresário e a sociedade empresária são obrigados a conservar em boa guarda toda a escrituração, correspondência e mais papéis concernentes à sua atividade, enquanto não ocorrer prescrição ou decadência no tocante aos atos neles consignados. (art. 1.194)

Lei Societária

[2] Referência à Demonstração do Resultado do Exercício.

A Lei nº 6.404/76, em seu art. 176, estabelece que ao fim de cada exercício social, a diretoria irá elaborar, com base na escrituração mercantil da companhia, as seguintes demonstrações financeiras, que deverão exprimir com clareza a situação do patrimônio da companhia e as mutações ocorridas no exercício: a) balanço patrimonial; b) demonstração dos lucros ou prejuízos acumulados; c) demonstração do resultado do exercício; d) demonstração dos fluxos de caixa; e) se companhia aberta, demonstração do valor adicionado.

Em seu art. 177 assinala que a escrituração da companhia será mantida em registros permanentes, com obediência aos preceitos da legislação comercial e desta Lei e aos princípios de contabilidade geralmente aceitos, devendo observar métodos ou critérios contábeis uniformes no tempo e registrar as mutações patrimoniais segundo o regime de competência.

Outros tópicos importantes do mesmo artigo são: a) As demonstrações financeiras do exercício em que houver modificação de métodos ou critérios contábeis, de efeitos relevantes, deverão indicá-la em nota e ressaltar esses efeitos; b) A companhia observará exclusivamente em livros ou registros auxiliares, sem qualquer modificação da escrituração mercantil e das demonstrações reguladas nesta Lei, as disposições da lei tributária, ou de legislação especial sobre a atividade que constitui seu objeto, que prescrevam, conduzam ou incentivem a utilização de métodos ou critérios contábeis diferentes ou determinem registros, lançamentos ou ajustes ou a elaboração de outras demonstrações financeiras; c) As demonstrações financeiras das companhias abertas observarão, ainda, as normas expedidas pela Comissão de Valores Mobiliários e serão obrigatoriamente submetidas à auditoria por auditores independentes nela registrados; d) As demonstrações financeiras serão assinadas pelos administradores e por contabilistas legalmente habilitados; e) As normas expedidas pela Comissão de Valores Mobiliários a que se refere ao item c, deverão ser elaboradas em consonância com os padrões internacionais de contabilidade adotados nos principais mercados de valores mobiliários; f) As companhias fechadas poderão optar por observar as normas sobre demonstrações financeiras expedidas pela Comissão de Valores Mobiliários para as companhias abertas.

Conselho Federal de Contabilidade

A Interpretação Técnica Geral 2000 (ITG 2000) – Escrituração Contábil, normativo emitido pelo Conselho Federal de Contabilidade (CFC), estabelece critérios e procedimentos a serem adotados pela entidade para a escrituração contábil de seus fatos patrimoniais, por meio de qualquer processo, bem como a guarda e a manutenção da documentação e de arquivos contábeis e a responsabilidade do profissional da contabilidade.

O normativo assinala que o nível de detalhamento da escrituração contábil deve estar alinhado às necessidades de informação de seus usuários. A escrituração contábil deve ser executada: a) em idioma e em moeda corrente nacionais; b) em forma contábil; c) em ordem cronológica de dia, mês e ano; d) com ausência de espaços em branco, entrelinhas, borrões, rasuras ou emendas; e) com base em documentos de origem externa ou interna ou, na sua falta, em elementos que comprovem ou evidenciem fatos contábeis.

Complementa especificando que a escrituração em forma contábil deve conter no mínimo: a) data do registro contábil, ou seja, a data em que o fato contábil ocorreu; b) conta devedora; c) conta credora; d) histórico que represente a essência econômica da transação ou o código de histórico padronizado, neste caso baseado em tabela auxiliar inclusa em livro próprio; e) valor do registro contábil; f) informação que permita identificar, de forma unívoca, todos os registros que integram um mesmo lançamento contábil.

O registro contábil deve conter o número de identificação do lançamento em ordem sequencial relacionado ao respectivo documento de origem externa ou interna ou, na sua falta, em elementos que comprovem ou evidenciem fatos contábeis. Além disso, a terminologia utilizada no registro contábil deve expressar a essência econômica da transação.

Regulamento do Imposto de Renda

O Decreto nº 3.000/99 – Regulamento do Imposto de Renda (RIR/99) estabelece em seu art. 251 que a pessoa jurídica sujeita à tributação com base no lucro real deve manter escrituração com observância das leis comerciais e fiscais. E continua, a escrituração deverá abranger todas as operações do contribuinte, os resultados apurados em suas atividades no território nacional, bem como os lucros, rendimentos e ganhos de capital auferidos no exterior.

É facultado às pessoas jurídicas que possuírem filiais, sucursais ou agências manter contabilidade não centralizada, devendo incorporar ao final de cada mês, na escrituração da matriz, os resultados de cada uma delas. (art. 252)

Os livros comerciais e fiscais poderão ser escriturados por sistema de processamento eletrônico de dados, em folhas contínuas, que deverão ser numeradas, em ordem sequencial, mecânica ou tipograficamente. (art. 255)

A falsificação, material ou ideológica, da escrituração e seus comprovantes, ou de demonstração financeira, que tenha por objeto eliminar ou reduzir o montante de imposto devido, ou diferir seu pagamento, submeterá o sujeito passivo a multa, independentemente da ação penal que couber. (art. 256.)

A pessoa jurídica é obrigada a seguir ordem uniforme de escrituração, mecanizada ou não, utilizando os livros e papéis adequados, cujo número e espécie ficam a seu critério. (art. 257)

O RIR/99 normatiza a necessidade do Livro Diário em seu art. 258, da seguinte forma: a) Sem prejuízo de exigências especiais da lei, é obrigatório o uso de Livro Diário, encadernado com folhas numeradas seguidamente, em que serão lançados, dia a dia, diretamente ou por reprodução, os atos ou operações da atividade, ou que modifiquem ou possam vir a modificar a situação patrimonial da pessoa jurídica; b) Admite-se a escrituração resumida no Diário, por totais que não excedam ao período de um mês, relativamente a contas cujas operações sejam numerosas ou realizadas fora da sede do estabelecimento, desde que utilizados livros auxiliares para registro individuado e conservados os documentos que permitam sua perfeita verificação; c) No transporte dos totais mensais dos livros auxiliares, para o Diário, deve ser feita referência às páginas em que as operações se encontram lançadas nos livros auxiliares devidamente registrados; d) A pessoa jurídica que empregar escrituração mecanizada poderá substituir o Diário e os livros facultativos ou auxiliares por fichas seguidamente numeradas, mecânica ou tipograficamente; e) Os livros ou fichas do Diário, bem como os livros auxiliares, deverão conter termos de abertura e de encerramento, e ser submetidos à autenticação no órgão competente do Registro do Comércio; f) No caso de substituição do Livro Diário por fichas, a pessoa jurídica adotará livro próprio para inscrição do balanço e demais demonstrações financeiras, o qual será autenticado no órgão de registro competente.

Em relação ao Livro Razão, o RIR/99 assinala, em seu art. 259: a) A pessoa jurídica tributada com base no lucro real deverá manter, em boa ordem e segundo as normas contábeis recomendadas, Livro Razão ou fichas utilizados para resumir e totalizar, por conta ou subconta, os lançamentos efetuados no Diário, mantidas as demais exigências e condições previstas na legislação; b) A escrituração deverá ser individualizada, obedecendo à ordem cronológica das operações; c) A não manutenção do Livro Razão, nas condições determinadas, implicará o arbitramento do lucro da pessoa jurídica; d) Estão dispensados de registro ou autenticação o Livro Razão ou fichas de que trata este artigo.

5.2.1 – Livro Diário e Livro Razão

Os registros contábeis são efetuados nos chamados livros de escrituração, nos quais a empresa lança as transações e eventos advindos do dia a dia das operações. Os principais livros utilizados pela contabilidade são o Livro Diário e o Livro Razão.

No Livro Diário são registradas todas as operações da empresa, em ordem cronológica de dia, mês e ano, utilizando o método das partidas dobradas. Assim sendo, são lançados no Livro Diário, dia a dia, todas as transações e eventos que têm impacto no patrimônio da entidade. Pelo motivo de condensar cronologicamente a história da empresa, é considerado o livro de escrituração mais importante.

Segundo a ITG 2000 do CFC, no Livro Diário devem ser lançadas, em ordem cronológica, com individualização, clareza e referência ao documento probante, todas as operações ocorridas, e quaisquer outros fatos que provoquem variações patrimoniais.

O Livro Razão, por outro lado, possibilita a qualquer momento, o conhecimento do saldo de uma determinada conta. No Razão são evidenciados todos os lançamentos a débito e a crédito em cada conta e, portanto, a qualquer momento é possível verificar o seu saldo individualizado.

Na atualidade, a maioria das empresas utiliza um sistema de processamento eletrônico de dados para realizar os lançamentos contábeis e extrair as demonstrações financeiras. De qualquer forma, os conceitos de Diário e Razão são os mesmos, e em todos os *softwares* de contabilidade encontrados no mercado é possível tirar uma listagem do Diário e do Razão. Dessa forma, utilizando-se de *softwares* de contabilidade, os lançamentos a débito e a crédito nas contas são efetivados por lançamentos no Diário que, automaticamente, são refletidos no Razão e nas demonstrações financeiras.

5.2.2 – Lançamentos Contábeis no Diário

O lançamento contábil é o ato de registrar as transações ou eventos efetivados, utilizando-se do método das partidas dobradas. Os lançamentos contábeis no Diário podem ser representados como a seguir:

DATA	LANÇAMENTO	DÉBITO	CRÉDITO
xx.xx.xxxx	D – Conta debitada	R$ valor	
	C – Conta creditada		R$ valor
	Histórico:		

Os lançamentos no diário apresentam os seguintes itens obrigatórios:

- **Data**: refere-se à data da transação ou evento a ser registrado;
- **Conta debitada**: designa a conta que está recebendo o lançamento em débito;
- **Conta creditada**: representa a conta que está recebendo o crédito;
- **Histórico**: um esclarecimento para expressar a transação ou evento a ser registrado;
- **Valor**: refere-se aos valores monetários debitados e creditados.

Importante salientar que a forma de efetuar o lançamento contábil pode ser diversa da evidenciada anteriormente, em razão da especificidade da transação ou evento que se queira refletir. Assim sendo, existem quatro formas de lançamentos no Diário, quais sejam:

a) **Primeira forma**: um débito e um crédito.

Exemplo:

DATA	LANÇAMENTO	DÉBITO	CRÉDITO
15.12.2015	D – Mercadorias para revenda	R$ 1.500,00	
	C – Bancos conta movimento		R$ 1.500,00
	Histórico: compra de mercadorias à vista (cheque n. 0009).		

Segunda forma: um débito e dois ou mais créditos.

Exemplo:

DATA	LANÇAMENTO	DÉBITO	CRÉDITO
16.12.2015	D – Mercadorias para revenda	R$ 2.000,00	
	C – Bancos conta movimento		R$ 1.000,00
	C – Fornecedores		R$ 1.000,00
	Histórico: compra de mercadorias, sendo 50% à vista (cheque n. 0010) e o restante a prazo.		

b) **Terceira forma**: dois ou mais débitos e um crédito.

Exemplo:

DATA	LANÇAMENTO	DÉBITO	CRÉDITO
17.12.2015	D – Imóveis de uso	R$ 1.500,00	
	D – Veículos	R$ 2.500,00	
	C – Empréstimos e financiamentos a pagar		R$ 4.000,00
	Histórico: compra financiada de terrenos no valor de R$ 1.500,00 e veículos no valor de R$ 2.500,00 para uso nas operações da empresa.		

Quarta forma: dois ou mais débitos e dois ou mais créditos.

Exemplo:

DATA	LANÇAMENTO	DÉBITO	CRÉDITO
19.12.2015	D – Mercadorias para revenda	R$ 3.000,00	
	D – Móveis e utensílios	R$ 1.200,00	
	C – Fornecedores		R$ 3.000,00
	C – Bancos conta movimento		R$ 1.200,00
	Histórico: compra de mercadorias a prazo e móveis de escritório à vista (cheque n. 0011).		

Na prática contábil podemos utilizar na escrituração qualquer das formas anteriores, porém, a quarta forma deveria ser evitada porque pode, em algumas circunstâncias, gerar uma dificuldade de entendimento quando utilizada para representar grandes movimentações diárias. Quanto ao Razão, levando em consideração os lançamentos anteriores referentes à conta Bancos conta movimento, este seria assim representado:

Conta: Bancos conta movimento			**Código:** 1.1.1.2		
DATA	OPERAÇÕES[3]	DÉBITO	CRÉDITO	D/C	SALDO
10.12.2015	Caixa	R$ 6.000,00	-	D	R$ 6.000,00
15.12.2015	Mercadorias para revenda	-	R$ 1.500,00	D	R$ 4.500,00
16.12.2015	Mercadorias para revenda	-	R$ 1.000,00	D	R$ 3.500,00
19.12.2015	Móveis e utensílios	-	R$ 1.200,00	D	R$ 2.300,00

O razonete[3] representativo das operações refletidas no Livro Razão anterior seria como abaixo:

Bancos conta movimento	
6.000,00	1.500,00
	1.000,00
	1.200,00
2.300,00	

5.3 – Balancete de Verificação do Razão

A escrituração contábil deve ser realizada com a utilização do método das partidas dobradas. Assim sendo, o total dos saldos devedores deve ser exatamente igual ao total dos saldos credores. Nesse contexto, a utilização do Balancete de Verificação do Razão se materializa como de boa prática contábil para verificar se a igualdade entre débitos e créditos se efetivou.

O Balancete de Verificação[4] pode ser exemplificado como a seguir:

---

[3] O razonete deve ser entendido como uma versão simplificada do Razão para fins didáticos.

[4] O balancete de verificação deve ser levantado antes do encerramento das contas de resultado.

Contabilista S.A. Balancete de Verificação em 31.07.2015 Movimento do mês de julho/2015 (em R$)						
CONTAS	**SALDO INICIAL**		**MOVIMENTO**		**SALDO ATUAL**	
	DEVEDOR	**CREDOR**	**DÉBITO**	**CRÉDITO**	**DEVEDOR**	**CREDOR**
Caixa	1.500,00		1.900,00	2.250,00	1.150,00	
Bancos conta movimento	5.000,00		4.500,00	4.200,00	5.300,00	
Créditos a rec. de clientes	4.500,00		4.000,00	1.500,00	7.000,00	
Empréstimos a receber	2.300,00			1.300,00	1.000,00	
Mercadorias para revenda	4.300,00			3.800,00	500,00	
Imóveis de uso	4.000,00				4.000,00	
Depreciação imóveis de uso		1.400,00		100,00		1.500,00
Fornecedores		9.700,00	1.700,00			8.000,00
Adiantamento de clientes		900,00	900,00			0
Salários e encargos a pagar		1.600,00	1.600,00	1.650,00		1.650,00
Capital Subscrito		9.000,00				9.000,00
Capital a integralizar	1.000,00			600,00	400,00	
Venda de Mercadorias				7.000,00		7.000,00
CMV			3.800,00		3.800,00	
Salários e encargos sociais			1.650,00		1.650,00	
Viagens e estadias			650,00		650,00	
Aluguel			1.200,00		1.200,00	
Telefonia			400,00		400,00	
Depreciação e amortização			100,00		100,00	
TOTAL	**22.600,00**	**22.600,00**	**22.400,00**	**22.400,00**	**27.150,00**	**27.150,00**

5.4 – Exemplo Prático

03.01.2016. A sociedade empresarial Cia. Hungria, inicia as atividades com subscrição de capital no valor de R$ 180.000,00 e integralização efetuada pelos acionistas no valor de R$ 150.000,00 em dinheiro depositado em conta corrente bancária da empresa.

05.01.2016. Compra de mercadorias para revenda no valor de R$ 40.000,00, sendo 50% à vista (com a emissão de cheque bancário) e o restante para pagamento em 60 dias. Impostos recuperáveis sobre a compra = 18%.

08.01.2016. Compra de veículo no valor total de R$ 36.000,00, para entrega de produtos aos clientes, através de financiamento bancário para pagamento em 12 parcelas mensais, iguais e consecutivas.

10.01.2016. Aplicação financeira de curto prazo no valor de R$ 22.000,00 com prazo de resgate em 60 dias.

13.01.2016. Venda de 70% do estoque de mercadorias pelo valor de R$ 50.000,00, sendo 60% à vista com depósito em banco e o restante a prazo de 30 dias. Impostos incidentes sobre a venda = 18%.

15.01.2016. Reconhecimento da comissão dos vendedores sobre a venda de mercadorias do dia 13.01.2016 no percentual de 4% sobre a receita bruta. Comissões serão pagas no 5º dia útil do próximo mês.

19.01.2016. Pagamento de honorários de advogado que prestou serviços no próprio mês para a empresa no valor de R$ 1.500,00, através da emissão de cheque bancário.

23.01.2016. Pagamento de consumo de combustível do veículo da área comercial no valor de R$ 600,00, através da emissão de cheque bancário.

31.01.2016. Reconhecimento da depreciação do veículo referente ao mês no valor de R$ 400,00. Reconhecimento da despesa de salários dos funcionários do setor administrativo referente ao mês de janeiro no valor de R$ 1.600,00 e despesa de salários dos funcionários do setor comercial no valor de R$ 1.200,00 que serão pagos no 5º dia útil do próximo mês. Reconhecimento de juros incorridos no mês referente ao financiamento bancário no valor de R$ 260,00 e da receita de juros referente à aplicação financeira no valor de R$ 120,00. Reconhecimento e pagamento (através da emissão de cheque bancário) do aluguel do imóvel onde a empresa está instalada no valor de R$ 800,00.

Observação: Calcular Imposto de Renda e Contribuição Social sobre o Lucro Líquido utilizando alíquota de 34%. Considerar que não existem diferenças entre o lucro contábil e o lucro tributável (lucro real) e que o período de apuração é mensal.

Para a resolução devemos: a) efetuar os lançamentos de Diário referentes aos eventos e transações do período; b) caso exista um balanço inicial, transportar seus saldos para os razonetes; c) transportar os lançamentos de Diário para os razonetes; d) levantar o saldo de todas as contas nos razonetes; e) calcular o imposto de renda e contribuição social sobre o lucro; f) compensar impostos sobre compras a recuperar com os impostos sobre vendas a recolher; g) levantar o balancete de verificação; h) encerrar as contas de resultado (DRE); i) levar o resultado do exercício para o patrimônio líquido; j) estruturar o balanço patrimonial e a demonstração do resultado do exercício.

Lançamentos no Diário				
Data	**Lançamento**	**Código**	**Débito**	**Crédito**
03.01.16	D – Capital a integralizar	3.1.2	R$ 180.000	
	C – Capital subscrito	3.1.1		R$ 180.000
	D – Bancos conta movimento	1.1.1.2	R$ 150.000	
	C – Capital a integralizar	3.1.2		R$ 150.000
05.01.16	D – Mercadorias para revenda	1.1.5.1.1	R$ 40.000	
	C – Bancos conta movimento	1.1.1.2		R$ 20.000
	C – Fornecedores	2.1.4.1		R$ 20.000
	D – Impostos sobre compras a recuperar	1.1.7.1	R$ 7.200	
	C – Mercadorias para revenda	1.1.5.1.1		R$ 7.200
08.01.16	D – Veículos	1.2.3.3.1	R$ 36.000	
	C – Empréstimos e financ. a pagar	2.1.1.1		R$ 36.000

10.01.16	D – Aplicações financ. de liq. imediata	1.1.1.3.1	R$ 22.000	
	C – Bancos conta movimento	1.1.1.2		R$ 22.000
13.01.16	D – Bancos conta movimento	1.1.1.2	R$ 25.000	
	D – Créditos a receber de clientes	1.1.3.1	R$ 25.000	
	C – Venda de mercadorias	4.1.1		R$ 50.000
	D – CMV	4.3.1	R$ 22.960	
	C – Mercadorias para revenda	1.1.5.1.1		R$ 22.960
	D – Impostos sobre vendas	4.2.3	R$ 9.000	
	C – Impostos sobre vendas a recolher	2.1.15		R$ 9.000
15.01.16	D – Comissões sobre vendas	4.4.1.2	R$ 2.000	
	C – Comissões sobre vendas a pagar	2.1.18		R$ 2.000
19.01.16	D – Honorários	4.4.2.7	R$ 1.500	
	C – Bancos conta movimento	1.1.1.2		R$ 1.500
23.01.16	D – Combustível e lubrificantes	4.4.1.5	R$ 600	
	C – Bancos conta movimento	1.1.1.2		R$ 600
31.01.16	D – Depreciação e amortização	4.4.3.1	R$ 400	
	C – Depreciação acumulada veículos	1.2.3.3.2		R$ 400
	D – Salários e encargos sociais	4.4.1.1	R$ 1.200	
	D – Salários e encargos sociais	4.4.2.1	R$ 1.600	
	C – Salários e encargos sociais a pagar	2.1.6		R$ 2.800
	D – Juros sobre obrigações	4.4.4.1.1	R$ 260	
	C – Empréstimos e financ. a pagar	2.1.1.1		R$ 260
	D - Aplicações financ. de liq. Imediata	1.1.1.3.1	R$ 120	
	C – Receita sobre aplicações financeiras	4.4.4.2.3		R$ 120
	D – Aluguel	4.4.2.8	R$ 800	
	C – Bancos conta movimento	1.1.1.2		R$ 800
Encerramento das contas de resultado e cálculo do imposto de renda e contribuição social sobre o lucro				
31.01.16	D - Venda de mercadorias	4.1.1	R$ 50.000	
	D - Receita sobre aplicações financeiras	4.4.4.2.3	R$ 120	
	C – Resultado líquido do exercício	4.4.7.1		R$ 50.120
	D – Resultado líquido do exercício	4.4.7.1	R$ 40.320	
	C – CMV	4.3.1		R$ 22.960
	C – Impostos sobre vendas	4.2.3		R$ 9.000
	C – Comissões sobre vendas	4.4.1.2		R$ 2.000
	C – Honorários	4.4.2.7		R$ 1.500
	C – Combustível e lubrificantes	4.4.1.5		R$ 600
	C – Depreciação e amortização	4.4.3.1		R$ 400
	C – Salários e encargos sociais	4.4.1.1		R$ 1.200
	C – Salários e encargos sociais	4.4.2.1		R$ 1.600
	C – Juros sobre obrigações	4.4.4.1.1		R$ 260
	C – Aluguel	4.4.2.8		R$ 800
	D – Imposto de renda e contrib. social	4.4.5.1	R$ 3.332	
	C – Imp. de renda e contrib. soc. a pagar	2.1.10		R$ 3.332
	D – Resultado líquido do exercício	4.4.7.1	R$ 3.332	
	C - Imposto de renda e contrib. social	4.4.5.1		R$ 3.332

Compensação entre impostos sobre compras a recuperar e impostos sobre vendas a recolher				
31.01.16	D – Impostos sobre vendas a recolher	2.1.15	R$ 7.200	
	C - Impostos sobre compras a recuperar	1.1.7.1		R$ 7.200
Transferência do resultado do período para a conta de lucros ou prejuízos acumulados no patrimônio líquido				
31.01.16	D – Resultado líquido do exercício	4.4.7.1	R$ 6.468	
	C – Lucros ou prejuízos acumulados	3.6.1		R$ 6.468

LANÇAMENTOS NOS RAZONETES - CONTAS PATRIMONIAIS

Bancos conta movimento

(2) R$ 150.000	R$ 20.000 (3)
(7) R$ 25.000	R$ 22.000 (6)
	R$ 1.500 (11)
	R$ 600 (12)
	R$ 800 (17)
R$ 130.100	

Aplicações financeiras de liq. imediata

(6) R$ 22.000	
(16) R$ 120	
R$ 22.120	

Créditos a receber de clientes

(7) R$ 25.000	
R$ 25.000	

Mercadorias para revenda

(3) R$ 40.000	R$ 7.200 (4)
	R$ 22.960 (8)
R$ 9.840	

Impostos sobre compras a recuperar

(4) R$ 7.200	R$ 7.200 (22)

Veículos

(5) R$ 36.000	
R$ 36.000	

Depreciação acumulada veículos

	R$ 400 (13)
	R$ 400

Empréstimos e financ. a pagar

	R$ 36.000 (5)
	R$ 260 (15)
	R$ 36.260

Fornecedores

	R$ 20.000 (3)
	R$ 20.000

Salários e encargos sociais a pagar

	R$ 2.800 (14)
	R$ 2.800

Impostos sobre vendas a recolher

	R$ 9.000 (9)
(22) R$ 7.200	
	R$ 1.800

Imposto de renda e contr. soc. a pagar

	R$ 3.332 (20)
	R$ 3.332

Comissões sobre vendas a pagar

	R$ 2.000 (10)
	R$ 2.000

Capital subscrito

	R$ 180.000 (1)
	R$ 180.000

Capital a integralizar

(1) R$ 180.000	R$ 150.000 (2)
R$ 30.000	

Lucros ou prejuízos acumulados

	R$ 6.468 (23)
	R$ 6.468

LANÇAMENTOS NOS RAZONETES - CONTAS DE RESULTADO

CMV

(8) R$ 22.960	R$ 22.960 (19)
R$ 0	

Impostos sobre vendas

(9) R$ 9.000	R$ 9.000 (19)
R$ 0	

Honorários

(11) R$ 1.500	R$ 1.500 (19)
R$ 0	

Combustível e lubrificantes

(12) R$ 600	R$ 600 (19)
R$ 0	

Depreciação e amortização

(13) R$ 400	R$ 400 (19)
R$ 0	

Salários e encargos sociais

(14) R$ 1.200	R$ 1.200 (19)
R$ 0	

Salários e encargos sociais

(14) R$ 1.600	R$ 1.600 (19)
R$ 0	

Juros sobre obrigações

(15) R$ 260	R$ 260 (19)
R$ 0	

Aluguel

(17) R$ 800	R$ 800 (19)
R$ 0	

Imposto de renda e contrib. social

(20) R$ 3.332	R$ 3.332 (21)
R$ 0	

Receita sobre aplic. financeiras

(18) R$ 120	R$ 120 (16)
	R$ 0

Comissões sobre vendas

(10) R$ 2.000	R$ 2.000 (19)
R$ 0	

Venda de mercadorias

(18) R$ 50.000	R$ 50.000 (7)
	R$ 0

Resultado líquido do exercício

(19) R$ 40.320	R$ 50.120 (18)
(21) R$ 3.332	
	R$ 6.468
(23) R$ 6.468	
	R$ 0

CIA. HUNGRIA Balancete de Verificação - janeiro de 2016				
	LANÇAMENTOS		SALDO FINAL	
CONTA	DÉBITO	CRÉDITO	DEVEDOR	CREDOR
Bancos conta movimento	R$ 175.000,00	R$ 44.900,00	R$ 130.100,00	
Aplicações financeiras de liq. imediata	R$ 22.120,00		R$ 22.120,00	
Créditos a receber de clientes	R$ 25.000,00		R$ 25.000,00	
Mercadorias para revenda	R$ 40.000,00	R$ 30.160,00	R$ 9.840,00	
Impostos sobre compras a recuperar	R$ 7.200,00	R$ 7.200,00	R$ -	
Veículos	R$ 36.000,00		R$ 36.000,00	
Depreciação acumulada veículos		R$ 400,00		R$ 400,00
Empréstimos e financ. a pagar		R$ 36.260,00		R$ 36.260,00
Fornecedores		R$ 20.000,00		R$ 20.000,00
Salários e encargos sociais a pagar		R$ 2.800,00		R$ 2.800,00
Impostos sobre vendas a recolher	R$ 7.200,00	R$ 9.000,00		R$ 1.800,00
Comissões sobre vendas a pagar		R$ 2.000,00		R$ 2.000,00
Imposto de renda e contr. soc. a pagar		R$ 3.332,00		R$ 3.332,00
Capital subscrito		R$ 180.000,00		R$ 180.000,00
Capital a integralizar	R$ 180.000,00	R$ 150.000,00	R$ 30.000,00	
Venda de mercadorias		R$ 50.000,00		R$ 50.000,00
Receita sobre aplic. financeiras		R$ 120,00		R$ 120,00
CMV	R$ 22.960,00		R$ 22.960,00	
Impostos sobre vendas	R$ 9.000,00		R$ 9.000,00	
Honorários	R$ 1.500,00		R$ 1.500,00	
Combustível e lubrificantes	R$ 600,00		R$ 600,00	
Depreciação e amortização	R$ 400,00		R$ 400,00	
Salários e encargos sociais	R$ 1.200,00		R$ 1.200,00	
Salários e encargos sociais	R$ 1.600,00		R$ 1.600,00	
Juros sobre obrigações	R$ 260,00		R$ 260,00	
Aluguel	R$ 800,00		R$ 800,00	
Imposto de renda e contrib. social	R$ 3.332,00		R$ 3.332,00	
Comissões sobre vendas	R$ 2.000,00		R$ 2.000,00	
TOTAL	**R$ 536.172,00**	**R$ 536.172,00**	**R$ 296.712,00**	**R$ 296.712,00**

CIA. HUNGRIA **Demonstração do Resultado para o período de janeiro de 2016 (em R$)**	
Receita Operacional Líquida	**41.000**
Custo das Mercadorias Vendidas	(22.960)
Lucro Bruto	**18.040**
Receitas (Despesas) Operacionais	**(8.100)**
Vendas	(3.800)
Gerais e Administrativas	(3.900)
Depreciação e amortização	(400)
Lucro Operacional Antes do Resultado Financeiro	**9.940**
Receitas Financeiras	120
Despesas Financeiras	(260)
Resultado antes do Imposto de Renda e Contribuição	**9.800**
Imposto de renda e contribuição social sobre o lucro	(3.332)
Lucro Líquido do Exercício	**6.468**

CIA. HUNGRIA			
Balanço Patrimonial em 31 de janeiro de 2016 (em R$)			
ATIVO	**222.660**	**PASSIVO**	**66.192**
CIRCULANTE	**187.060**	CIRCULANTE	**66.192**
Caixa e equivalentes de caixa	**152.220**	Empréstimos e financiamentos a pagar	36.260
Bancos conta movimento	130.100	Fornecedores	20.000
Aplicações financeiras	22.120	Salários e encargos sociais a pagar	2.800
Créditos a receber de clientes	**25.000**	Imposto de renda e contrib. soc. a pagar	3.332
Créditos a receber de clientes	25.000	Impostos sobre vendas a recolher	1.800
Estoques	**9.840**	Comissões sobre vendas a pagar	2.000
Mercadorias para revenda	9.840		
		PATRIMÔNIO LÍQUIDO	**156.468**
NÃO CIRCULANTE	**35.600**	Capital social	150.000
Imobilizado	**35.600**	Capital Subscrito	180.000
Veículos	36.000	Capital a integralizar	(30.000)
Depreciação acumulala veículos	(400)	Lucros ou prejuízos acumulados	6.468
TOTAL DO ATIVO =	**222.660**	TOTAL DO PASSIVO + PL =	**222.660**

No final de cada período contábil, os saldos das contas de resultado são transferidos para uma conta representativa da última linha da DRE (resultado líquido do exercício) para auferir-se o lucro ou prejuízo do período. Assim sendo, no período contábil subsequente, as contas de receitas e despesas iniciam o período com o saldo zerado. Para que isso ocorra, os saldos credores de receitas são lançados a débito dessas receitas contra o crédito na conta de resultado. Por outro lado, os saldos devedores das contas de despesas são lançados a crédito dessas despesas em contrapartida de débito na conta de resultado.

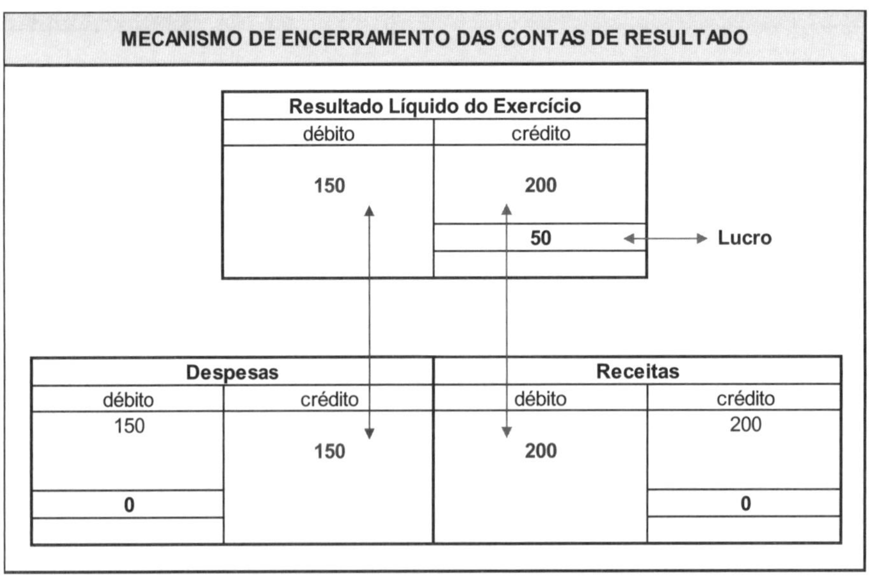

Após a transferência dos saldos das contas de receitas e despesas para a conta de resultado líquido do período, verifica-se o saldo dessa conta de resultado e transfere-se o seu saldo para a conta de lucros ou prejuízos acumulados (patrimônio líquido). Caso a conta de resultado do exercício apresente saldo credor, significa que houve lucro no período. Porém, caso apresente saldo devedor, significa que a empresa obteve prejuízo. A conta representativa do resultado do exercício também é uma conta de resultado, portanto, necessita ser encerrada também (zerada).

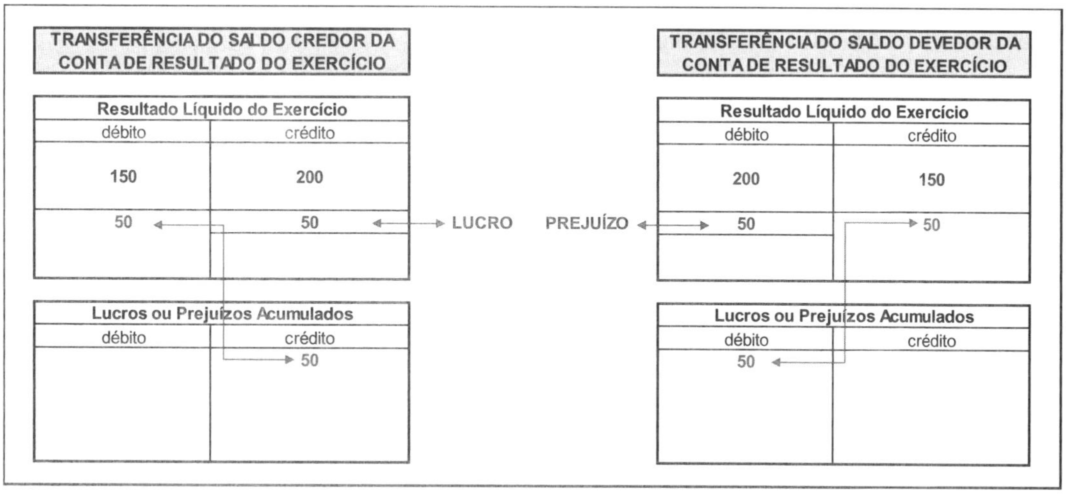

5.5 – Contabilidade Societária e Normas Fiscais

Nesta presente obra não iremos enveredar nas diferenças entre as normas contábeis e fiscais em relação a elementos (receitas e despesas) que são lançados na contabilidade pelo regime de competência e o entendimento diferenciado da legislação do imposto de renda e contribuição social sobre o lucro. Por exemplo: o ganho com equivalência patrimonial registrado na contabilidade pode ser excluído da base de cálculo para fins de imposto de renda na sistemática do lucro real, por outro lado, a perda com equivalência patrimonial deve ser adicionada à base de cálculo. Assim sendo, o lucro contábil normalmente é diferente do lucro tributável.

No lucro real trimestral, por exemplo, a empresa calcula o imposto de renda e a contribuição social sobre o lucro no período de apuração trimestral e efetua o pagamento no último dia do mês subsequente ao período de apuração. Os tributos sobre o lucro devem ser calculados considerando todas as adições e exclusões ao lucro contábil, necessárias e permitidas pela legislação. Em síntese, lucro real é o lucro líquido do período de apuração ajustado pelas adições, exclusões ou compensações prescritas ou autorizadas pela legislação do imposto de renda. A determinação do lucro real será precedida da apuração do lucro líquido de cada período de apuração.

As alíquotas gerais para empresas comerciais na sistemática do lucro real são: a) 15% de imposto de renda sobre o lucro; b) 10% de adicional de imposto de renda; e c) 9% de contribuição social sobre o lucro líquido (CSLL).

Da mesma forma, não abordaremos as nuances relativas aos tributos incidentes sobre as vendas. O PIS (Programa de Integração Social) e a COFINS (Contribuição para o Financiamento da Seguridade Social) podem ser calculados de forma cumulativa (não recuperável) ou não cumulativa (recuperável). Quando não cumulativos, a empresa tem o direito à recuperação (crédito) desses tributos na compra de mercadorias para revenda, como acontece com o ICMS (Imposto sobre Operações relativas à Circulação de Mercadorias e sobre Prestações de Serviços de Transporte Interestadual e Intermunicipal e de Comunicação) em relação às empresas comerciais, em termos gerais. Nesse particular, utilizamos apenas uma conta, em nossos exemplos resolvidos, para representar os tributos recuperáveis sobre compras e outra conta para representar os impostos incidentes sobre vendas, dessa forma englobando de forma representativa ICMS, PIS e COFINS.

Quando o tributo é cumulativo para a empresa, o mesmo deve fazer parte do custo de compra, pois o valor desse tributo na transação de compra não pode ser recuperado via tributação. Por outro lado, na sistemática não cumulativa, a empresa se credita dos tributos na compra de mercadorias para revenda, ou seja, ela recupera os tributos compensando-os dos tributos calculados nas vendas.

No caso do IPI (Imposto sobre Produtos Industrializados), um imposto federal, incide sobre as indústrias e, portanto, não é recuperável para as empresas comerciais, sendo custo das compras de mercadorias. O ISS (Imposto sobre serviços) é de competência dos municípios e incide sobre as empresas prestadoras de serviços. Em termos gerais, as prestadoras de serviço não recuperam o IPI e o ICMS sobre a compra de materiais consumidos.

O ICMS é um imposto estadual e apresenta diversas alíquotas dependendo do tipo de produto transacionado e da unidade da federação onde a empresa está instalada. O PIS tem duas alíquotas: 1,65% para situação de não cumulatividade e 0,65% para cumulatividade. A COFINS também apresenta duas alíquotas: 7,60% para situação de não cumulatividade e 3,00% para cumulatividade. Em geral, as pessoas jurídicas tributadas pelo lucro real, estão sujeitas ao PIS e COFINS não cumulativos.

Preferimos não entrar nos detalhes operacionais provindos da legislação referentes aos tributos sobre o lucro, recuperáveis nas compras e incidentes sobre vendas de mercadorias. Entendemos que para uma obra voltada ao primeiro ano de estudo em contabilidade não seria profícuo assolar o estudante com os diversos detalhes da legislação fiscal de cada tributo individual. Portanto, evidenciaremos os aspectos básicos. Nosso foco aqui é a sistemática contábil e a contabilidade financeira, abarcando a legislação societária e os normativos emitidos pelo CPC.

Dessa forma, nos exercícios resolvidos e propostos, os impostos sobre compra de mercadorias são recuperáveis, o lucro contábil é igual ao lucro tributável e o período de apuração é mensal, para fins didáticos.

5.6 – Testes de Exames de Suficiência - CFC

1. **Exame de Suficiência CFC - Bacharel em Ciências Contábeis – 01/2017.** Assinale a opção que apresenta apenas contas patrimoniais de natureza credora.

a) Adiantamentos a Empregados, Capital Subscrito, Fornecedores, Receita de Vendas.
b) Capital a Integralizar, Empréstimos a Pagar, IPI a Recuperar, Reservas para Contingências.
c) Adiantamentos de Clientes, Depreciação Acumulada, ICMS a Recolher, Salários a Pagar.
d) Custos de Transação a Apropriar, Duplicatas Descontadas, Receita de Serviços, Reservas de Lucros a Realizar.

2. **Exame de Suficiência CFC - Bacharel em Ciências Contábeis – 01/2017.** Conforme o CPC 26 – Apresentação das Demonstrações Contábeis, Resultado do Período é o total das receitas deduzido das despesas, exceto os itens reconhecidos como outros resultados abrangentes no Patrimônio Líquido.

   Assinale a alternativa que contém apenas contas de Resultado do Período.

a) Aluguel Pago Antecipadamente, Devoluções de Vendas e Patentes.
b) Patentes, Descontos Incondicionais e Duplicatas Descontadas.
c) Devoluções de vendas, Custo das Mercadorias Vendidas e Descontos Concedidos a Clientes.
d) Custo das Mercadorias Vendidas, Descontos Financeiros Obtidos e Duplicatas Descontadas.

3. **Exame de Suficiência CFC - Bacharel em Ciências Contábeis – 01/2017.** Em 31.1.2017, uma Sociedade Empresária recebeu do cliente o valor de R$ 10.000,00, a título de adiantamento de serviços a serem prestados durante o mês de fevereiro.

No dia 28.2.2017, a Sociedade Empresária concluiu os serviços e emitiu uma Nota Fiscal de Prestação de Serviços no valor de R$ 9.200,00. Na mesma data, devolveu ao cliente, em dinheiro, o valor de R$ 800,00.

Considerando-se apenas as informações apresentadas e desconsiderando-se a incidência de tributos, entre as opções apresentadas indique o lançamento contábil realizado pela Sociedade Empresária que reflete o registro da transação ocorrida em 28.2.2017.

a)	Débito: Caixa - Ativo Circulante	R$10.000,00
	Crédito: Adiantamento de Cliente - Passivo Circulante	R$800,00
	Crédito: Receita de Serviços - Resultado	R$9.200,00

b)	Débito: Adiantamento de Cliente - Passivo Circulante	R$10.000,00
	Crédito: Receita de Serviços - Resultado	R$9.200,00
	Crédito: Caixa - Ativo Circulante	R$800,00

c)	Débito: Receita de Serviços - Resultado	R$9.200,00
	Débito: Caixa - Ativo Circulante	R$800.00
	Crédito: Adiantamento de Cliente - Passivo Circulante	R$10.000,00

d)	Débito: Adiantamento de Cliente - Passivo Circulante	R$9.200.00
	Débito: Caixa - Ativo Circulante	R$800,00
	Crédito: Receita de Serviços - Resultado	R$10.000,00

4. **Exame de Suficiência CFC - Bacharel em Ciências Contábeis – 01/2017.** De acordo com o CPC 16 (R1) – Estoques, após o reconhecimento inicial, os Estoques devem ser mensurados pelo:

a) custo de reposição futura ou preço bruto de venda, dos dois, o maior.
b) custo de reposição futura ou preço bruto de venda, dos dois, o menor.
c) valor de custo ou pelo valor realizável líquido, dos dois, o maior.
d) valor de custo ou pelo valor realizável líquido, dos dois, o menor.

5. **Exame de Suficiência CFC - Bacharel em Ciências Contábeis – 02/2016.** Uma Sociedade Empresária apresentou as seguintes contas com seus respectivos saldos, em 31.12.2015.

Contas	Natureza do Saldo	Saldo
Ações de Emissão Própria em Tesouraria	Devedora	R$2.500,00
Caixa	Devedora	R$17.400,00
Capital Subscrito	Credora	R$114.775.00
Custo das Mercadorias Vendidas	Devedora	R$139.550,00
Depreciação Acumulada	Credora	R$5.625,00
Despesas com Material de Expediente	Devedora	R$2.375,00
Despesas com Propaganda e Publicidade	Devedora	R$28.525,00
Duplicatas a Receber	Devedora	R$32.550,00

Duplicatas Descontadas	Credora	R$7.000,00
Encargos Financeiros a Transcorrer - Financiamentos	Devedora	R$ 1.200.00
Financiamentos a Pagar	Credora	R$3.000,00
Fornecedores Nacionais	Credora	R$10.925,00
Máquinas e Equipamentos de Uso	Devedora	R$77.650,00
Mercadorias para Revenda	Devedora	R$32.325,00
Perdas Estimadas com Créditos de Liquidação Duvidosa	Credora	R$875,00
Receita de Vendas	Credora	R$191.875,00

Os saldos apresentados já foram ajustados e realizadas as respectivas apropriações. Considerando-se apenas as informações apresentadas e de acordo com o CPC 26 – Apresentação das Demonstrações Contábeis, o total do Ativo, em 31.12.2015, é de:

a) R$ 153.425,00. b) R$ 174.850,00. c) R$ 327.575,00. d) R$ 334.075,00.

6. **Exame de Suficiência CFC - Bacharel em Ciências Contábeis – 02/2016.** Uma Sociedade Empresária apresentava um saldo de R$ 350.000,00 em Duplicatas a Receber, em 31.12.2015, antes do encerramento do seu Balanço Patrimonial. Ao proceder a mensuração do valor recuperável dessas duplicatas a receber, a empresa estimou uma perda no valor recuperável de R$ 10.500,00.

   O lançamento contábil da constituição dessa perda estimada será:

a)	Débito	Perdas Estimadas com Contas a Receber - Despesas Comerciais	R$10.500,00
	Crédito	Perdas Estimadas com Perdas. Estimadas Créditos de Liquidação Duvidosa - Clientes	R$10.500,00

b)	Débito	Custo das Mercadorias Vendidas	R$10.500,00
	Crédito	Perdas Estimadas com Créditos de Liquidação Duvidosa - Clientes	R$10.500,00

c)	Débito	Perdas Estimadas com Contas a Receber - Despesas Comerciais	R$10.500,00
	Crédito	Duplicatas a Receber - Clientes	R$10.500,00

d)	Débito	Custo das Mercadorias Vendidas	R$10.500,00
	Crédito	Duplicatas a Receber - Clientes	R$10.500,00

7. **Exame de Suficiência CFC - Bacharel em Ciências Contábeis – 02/2016.** Uma Sociedade Empresária que atua na atividade comercial realizou quatro transações durante o período de 2015, referentes a serviços de manutenção predial, não consideradas como capitalizáveis ao imobilizado:

   - Consumo de serviços no valor de R$ 30.000,00, com pagamento no período corrente.
   - Pagamento de R$ 25.000,00, referente a serviços que serão consumidos em 2016.
   - Pagamento de R$12.000,00, referente a serviços consumidos em 2014.
   - Consumo de serviços no valor de R$ 13.000,00, para pagamento em 2016.

   Considerando-se apenas as informações apresentadas, e de acordo com o Princípio da Competência, é **COR-**

RETO afirmar que o valor da redução a ser reconhecida no resultado do período encerrado em 31.12.2015 é:

a) R$ 43.000,00. b) R$ 67.000,00. c) R$ 68.000,00. d) R$ 80.000,00.

8. **Exame de Suficiência CFC - Bacharel em Ciências Contábeis – 02/2016.** Uma Sociedade Empresária adquiriu um equipamento de uso por R$150.000,00 e pagou da seguinte forma: 30% à vista, em dinheiro, e o restante em três parcelas mensais e iguais sem juros. Nessa operação, houve incidência de 12% referentes ao ICMS não recuperável.

Para a contabilização da operação, não foi considerado o Ajuste a Valor Presente por não ser relevante.

Após a contabilização dessa operação, o patrimônio da Sociedade Empresária evidenciará um aumento líquido:

a) no Passivo, de R$ 45.000,00.
b) em Fornecedores Nacionais, de R$ 45.000,00.
c) em Máquinas e Equipamentos, de R$ 105.000,00.
d) no Ativo, de R$ 105.000,00.

9. **Exame de Suficiência CFC - Bacharel em Ciências Contábeis – 02/2016.** Uma Sociedade Empresária efetuou o recebimento por caixa de uma duplicata no valor de R$ 10.000,00, paga em atraso, com incidência de juros de mora no valor de R$ 500,00, o que totalizou um recebimento de R$ 10.500,00.

O registro contábil do recebimento dessa duplicata é:

a)	Débito:	Duplicatas a Receber	R$10.500,00
	Crédito:	Caixa	R$10.000.00
	Crédito:	Juros de Mora - Despesas Financeiras	R$500,00

b)	Débito:	Caixa	R$10.500,00
	Crédito:	Juros de Mora - Despesas Financeiras	R$500,00
	Crédito:	Duplicatas a Receber	R$10.000,00

c)	Débito:	Duplicatas a Receber	R$10.500,00
	Crédito:	Juros de Mora - Receita Financeira	R$500,00
	Crédito:	Caixa	R$10.000,00

d)	Débito:	Caixa	R$10.500,00
	Crédito:	Juros de Mora - Receita Financeira	R$500,00
	Crédito:	Duplicatas a Receber	R$10.000,00

10. **Exame de Suficiência CFC - Bacharel em Ciências Contábeis – 01/2016.** Uma transportadora fez contrato de seguro para um de seus caminhões, cuja vigência é de 12 meses, com início em 1º.12.2015. O caminhão está avaliado em R$ 360.000,00. O prêmio total, pago à vista e em parcela única, foi de R$ 18.000,00. O valor da franquia será de R$ 15.000,00.

Considerando-se o Regime de Competência e com base nos dados informados, o montante a ser apropriado como Despesa de Seguros, em dezembro de 2015, é de:

a) R$ 1.250,00. b) R$ 1.500,00. c) R$ 15.000,00. d) R$ 18.000,00.

11. **Exame de Suficiência CFC - Bacharel em Ciências Contábeis – 02/2015.** Em 15.12.2014, uma Sociedade Empresária, cuja moeda funcional é o Real, adquiriu mercadoria para revenda importada, a prazo, com pagamento previsto para 15.1.2015, com base na cotação de uma moeda estrangeira – nesse caso, hipotética e denominada Estrangeiro (ES$)*, no montante de ES$ 10.000,00. Sabe-se que a mercadoria não havia sido revendida nem o pagamento efetuado até 31.12.2014. As taxas de câmbio do Estrangeiro (ES$), em relação ao Real (R$), estão apresentadas na tabela a seguir:

Data	Estrangeiro (ES$)*	Real (R$)
15.12.2014	1,00	1,80
31.12.2014	1,00	2,00
15.1.2015	1,00	2,10

Em 31.12.2014, o preço de venda estimado para a mercadoria mencionada era de R$ 26.000,00, e a despesa para vender era de R$ 2.000,00.

Considerando-se que não havia saldos anteriores de estoque, com base apenas nas informações ora apresentadas e desconsiderando-se os aspectos tributários, o valor dessa mercadoria a ser apresentado no Balanço Patrimonial, encerrado em 31.12.2014, é de:

a) R$ 18.000,00. b) R$ 20.000,00. c) R$ 21.000,00. d) R$ 24.000,00.

12. **Exame de Suficiência CFC - Bacharel em Ciências Contábeis – 01/2014.** Uma sociedade empresária vendeu mercadorias em 2.1.2014, pelo valor de R$ 200.000,00, com entrega imediata das mercadorias e recebimento do valor da venda em 2.3.2014. O Custo da Mercadoria Vendida é de R$ 50.000,00. A empresa remunera seus vendedores, a título de comissão sobre vendas, no valor de R$ 6.000,00, a ser paga quando do recebimento da venda efetuada.

Em relação ao registro da transação, é **CORRETO** afirmar que em:

a) 2.1.2014, a empresa reconhece uma receita de R$ 200.000,00, o custo da mercadoria vendida no valor de R$ 50.000,00 e uma despesa comercial no valor de R$ 6.000,00.

b) 2.1.2014, a empresa reconhece uma receita de R$ 200.000,00, o custo da mercadoria vendida no valor de R$ 50.000,00 e, em 2.3.2014, uma despesa comercial no valor de R$ 6.000,00.

c) 2.1.2014, a empresa reconhece uma receita de R$ 200.000,00 e o custo da mercadoria vendida no valor de R$ 56.000,00.

d) 2.3.2014, a empresa reconhece uma receita de R$ 200.000,00 e o custo da mercadoria vendida no valor de R$ 56.000,00.

13. Exame de Suficiência CFC - Bacharel em Ciências Contábeis – 02/2013. Assinale a opção que apresenta apenas contas de natureza devedora passíveis de integrar o Ativo de uma empresa comercial.

a) Adiantamentos a Clientes; Provisão para Riscos Fiscais; Credores por Financiamentos; Imposto de Renda Incidente sobre salários.

b) Ágio na Emissão de Ações; Alienação de Bônus de Subscrição; Doações e Subvenções para Investimentos; Reservas de Incentivos Fiscais.

c) Depósitos Restituíveis e Valores Vinculados; Depósitos a Prazo Fixo; Prêmios de Seguros a Apropriar; Comissões e Prêmios Pagos Antecipadamente.

d) Perdas Estimadas na Realização de Créditos; Perdas por Redução ao Valor de Mercado; Ajuste a Valor Presente de Clientes e Depreciação Acumulada.

14. Exame de Suficiência CFC - Bacharel em Ciências Contábeis – 02/2013. Uma sociedade empresária contratou um seguro anual, em 1º de agosto de 2013, para cobertura de incêndio, avaliado no valor de R$ 180.000,00, com vigência a partir da assinatura do contrato.

O prêmio cobrado pela seguradora é equivalente a 10% do valor da cobertura e foi pago em 31 de agosto de 2013. O saldo da conta Prêmios de Seguros pagos Antecipadamente, em 31 de dezembro de 2013, de acordo com o princípio da competência será de:

a) R$ 7.500,00. b) R$ 10.500,00. c) R$ 75.000,00. d) R$ 105.000,00.

15. Exame de Suficiência CFC - Bacharel em Ciências Contábeis – 02/2013. Uma sociedade empresária apresentou o seguinte balancete de verificação levantado em 31.7.2013:

CONTAS	SALDOS	
	DEVEDORES	CREDORES
Bancos Conta Movimento	R$8.180,00	
Caixa	R$3.600,00	
Capital Social		R$10.340,00
Custo das Mercadorias Vendidas	R$5.200,00	
Custo Venda Imobilizado	R$3.000.00	
Depreciações Acumuladas		R$2.500,00
Despesas com Depreciação	R$ 1.600,00	
Despesas com Salários	R$3.380,00	
Despesas com Vendas	R$ 1.200,00	
Despesas com Aluguéis	R$500,00	
Despesas Financeiras	R$450,00	
Despesas Gerais	R$ 1.200,00	
Devolução de Vendas	R$250,00	
Duplicatas a Receber	R$11.000,00	
Duplicatas Descontadas		R$6.370,00

Empréstimos de Longo Prazo		R$15.000,00
Estoques de Mercadorias	R$7.200,00	
Fornecedores		R$8.250,00
ICMS Sobre Vendas	R$3.740,00	
Juros a Transcorrer de Longo Prazo	R$4.150,00	
Moveis e Utensílios	R$19.430,00	
Receita com Venda de Imobilizado		R$3.650,00
Receita Bruta com Vendas de Mercadorias		R$22.000,00
Receitas Financeiras		R$ 1.470,00
Reservas de Lucros		R$4.500,00
TOTAL	**R$74.080,00**	**R$74.080,00**

Com base nos dados apresentados no balancete acima e desconsiderando a incidência tributária, o valor do lucro líquido é:

a) R$ 5.950,00. b) R$ 6.200,00. c) R$ 6.600,00. d) R$ 6.850,00.

16. **Exame de Suficiência CFC - Bacharel em Ciências Contábeis – 02/2013.** Uma sociedade empresária recebeu por meio de cobrança bancária de clientes em 30.6.2013 duplicatas vencidas desde 31.5.2013, no valor de R$ 120.000,00 com juros de 10% de seu valor.

O registro **CORRETO** desta operação de recebimento é:

a)	Débito:	Duplicatas a Receber	R$ 120.000,00
	Débito:	Juros Ativos	R$ 12.000,00
	Crédito:	Banco conta Movimento	R$132.000.00

b)	Débito:	Banco conta Movimento	R$132.000,00
	Crédito:	Duplicatas a Receber	R$ 120.000.00
	Crédito:	Juros Ativos	R$12.000,00

c)	Débito:	Duplicatas a Receber	R$132.000,00
	Crédito:	Juros Ativos	R$ 12.000.00
	Crédito:	Banco conta Movimento	R$ 120.000,00

d)	Débito:	Banco conta Movimento	R$ 120.000,00
	Débito:	Juros Ativos	R$12.000,00
	Crédito:	Duplicatas a Receber	R$132.000,00

17. **Exame de Suficiência CFC - Bacharel em Ciências Contábeis – 01/2013.** Com os saldos das contas de resultado apresentados abaixo, elabore a Demonstração de Resultado.

- ✔ Custo das Mercadorias Vendidas R$78.530,00
- ✔ Despesa com Tributos Sobre o Lucro R$17.577,00

- Despesas Administrativas R$13.740,00
- Despesas com Vendas R$43.510,00
- Despesas Financeiras R$3.720,00
- Despesas Gerais R$21.820,00
- ICMS Incidente Sobre Vendas R$16.450,00
- Outras Despesas Operacionais R$2.120,00
- Receita Bruta de Vendas R$235.000,00
- Receita de Equivalência Patrimonial R$3.450,00
- Receitas Financeiras R$1.780.00
- Vendas Canceladas R$1.750,00

Com base na Demonstração de Resultados elaborada, assinale a opção **CORRETA**.

a) O Resultado Antes dos Tributos Sobre o Lucro é de R$ 58.590,00.
b) O Resultado Líquido do Período é de R$ 37.563,00.
c) O valor da Receita Líquida de Vendas é de R$ 220.250,00.
d) O valor do Lucro Bruto é de R$ 156.470,00.

18. Exame de Suficiência CFC - Bacharel em Ciências Contábeis – 01/2013. Relacione os grupos do Ativo descritos, na primeira coluna, com as suas respectivas propriedades, na segunda coluna, e, em seguida, assinale a opção CORRETA.

(1) Ativo Circulante	( ) Ativos mantidos para uso na produção ou fornecimento de mercadorias ou serviços, para aluguel a outros ou para fins administrativos, e que se espera utilizar por mais de um período.
(2) Investimentos	( ) Ativos que serão realizados, vendidos ou consumidos no decurso normal do ciclo operacional da entidade, mantidos essencialmente com o propósito de ser negociado.
(3) Imobilizado	( ) Ativos não monetários, sem substância física, identificáveis, controlados e geradores de benefícios econômicos futuros, tais como: projeto e implantação de novos processos ou sistemas.
(4) Intangivel	( ) Ativos mantidos para obtenção de rendas ou para valorização do capital ou para ambas, tais como: terrenos mantidos para valorização de capital a longo prazo e não para venda a curto prazo no curso ordinario dos negocios.

A sequência **CORRETA** é:

a) 1, 2, 3, 4. b) 1, 3, 2, 4. c) 3, 1, 4, 2. d) 3, 4, 1, 2.

5.7 – Exercícios Propostos

1. Realizar os lançamentos contábeis pertinentes, estruturando e evidenciando a DRE e o Balanço Patrimonial finais.

a) A sociedade empresarial Cia. Italiana, inicia as atividades em 04.01.2016 com subscrição de capital no valor de R$ 140.000,00 e integralização efetuada pelos acionistas no valor de R$ 125.000,00.

05.01.2016. Compra de mercadorias para revenda no valor de R$ 60.000,00, sendo 50% à vista e o restante para pagamento em 60 dias. Impostos recuperáveis sobre a compra = 18%.

07.01.2016. Compra de veículo no valor total de R$ 28.000,00, para entrega de produtos aos clientes, através de financiamento bancário para pagamento em 12 parcelas mensais, iguais e consecutivas.

09.01.2016. Aplicação financeira de curto prazo no valor de R$ 15.000,00 com prazo de resgate em 60 dias.

15.01.2016. Venda de 80% do estoque de mercadorias pelo valor de R$ 75.000,00, sendo 40% à vista e o restante a prazo de 30 dias. Impostos incidentes sobre a venda = 18%.

16.01.2016. Reconhecimento da comissão dos vendedores sobre a venda de mercadorias do dia 15.01.2016 no percentual de 2% sobre a receita bruta. Comissões serão pagas no 5º dia útil do próximo mês.

18.01.2016. Pagamento de honorários de advogado que prestou serviços no próprio mês para a empresa no valor de R$ 900,00.

25.01.2016. Pagamento de consumo de combustível do veículo da área comercial no valor de R$ 450,00.

31.01.2016. Reconhecimento da depreciação do veículo referente ao mês no valor de R$ 250,00. Reconhecimento de despesa de salários dos funcionários do setor administrativo referente ao mês no valor de R$ 1.400,00 que será pago no 5º dia útil do próximo mês. Reconhecimento de despesa de salários dos funcionários do setor comercial referente ao mês no valor de R$ 1.000,00 que será pago no 5º dia útil do próximo mês. Reconhecimento de juros incorridos no mês referente ao financiamento bancário no valor de R$ 300,00 e da receita de juros referente à aplicação financeira no valor de R$ 110,00. Reconhecimento e pagamento do aluguel do imóvel onde a empresa está instalada no valor de R$ 600,00.

Observação: Calcular Imposto de Renda e Contribuição Social sobre o Lucro Líquido utilizando alíquota de 34%. Considerar que não existem diferenças entre o lucro contábil e o lucro tributável (lucro real) e que o período de apuração é mensal.

b) A empresa Australiana S.A. apresentava, na data de 31.01.2015, os seguintes saldos no balanço patrimonial:

Contas	R$
Bancos conta movimento	30.000
Aplicações financeiras de liq. imediata	11.000
Crédito a receber de clientes	20.000
Mercadorias para revenda	38.000
Imóveis de uso	52.000
Depreciação acumulada imóveis de uso	21.000
Fornecedores	47.500
Empréstimos e financiamentos a pagar (LP)	32.500
Capital Subscrito	75.000
Capital a Integralizar	25.000

As transações ocorridas em fevereiro de 2015 são as seguintes:

01.02.2015. Assinatura de um contrato de seguro para cobrir os riscos sobre o imóvel da empresa. O prêmio anual foi pago integralmente nesta data no valor de R$ 1.500,00 através de cheque bancário.

05.02.2015. Compra de R$ 36.000,00 em mercadorias para o estoque sendo 50% à vista com a emissão de um cheque e o restante a prazo de 30 dias. Impostos recuperáveis sobre a compra = 18%.

10.02.2015. Integralização de capital efetuada pelos acionistas no valor de R$ 15.000,00 em dinheiro depositado na conta corrente da empresa.

16.02.2015. Contratação de consultor para serviço a ser prestado no mesmo dia nas dependências da empresa. Honorários no valor de R$ 980,00 pagos com a emissão de cheque.

22.02.2015. Venda de 60% das mercadorias em estoque pelo valor de R$ 58.000,00 com recebimento estipulado para 60 dias adiante. Impostos incidentes sobre a venda = 18%.

27.02.2015. Recebimento de R$ 20.000,00 dos créditos com clientes, depositado em conta corrente bancária e pagamento de 50% das obrigações com fornecedores através da emissão de cheque bancário.

28.02.2015. Reconhecimento da depreciação de imóveis no valor de R$ 500,00 referente ao período. Reconhecimento de receita financeira referente à remuneração das aplicações financeiras no valor de R$ 1.220,00. Reconhecimento de juros sobre os empréstimos de longo prazo no valor de R$ 1.750,00. Reconhecimento e pagamento das despesas com salários dos vendedores no valor de R$ 2.000,00 e comissões dos vendedores no valor de R$ 1.060,00 referentes ao mês de fevereiro. Reconhecimento da despesa com seguros referente ao mês de fevereiro no valor de R$ 125,00. Reconhecimento do gasto com telefonia no mês de fevereiro no valor de R$ 670,00 (conta com vencimento em 10.03.2015). Reconhecimento da despesa com energia elétrica no mês de fevereiro no valor de R$ 433,00 (conta com vencimento em 15.03.2015).

Observação: Calcular Imposto de Renda e Contribuição Social sobre o Lucro Líquido utilizando alíquota de 34%. Considerar que não existem diferenças entre o lucro contábil e o lucro tributável (lucro real) e que o período de apuração é mensal.

c) A sociedade Albanesa S.A. apresentava, na data de 28.02.2016, os seguintes saldos no balanço patrimonial:

Contas	R$
Bancos conta movimento	14.000
Aplicações financeiras de liquidez imediata	16.000
Créditos a receber de clientes	26.000
Mercadorias para revenda	18.300
Veículos	23.000
Depreciação acumulada veículos	2.300
Fornecedores	12.000
Salários e encargos sociais a pagar	3.000
Capital Subscrito	90.000
Capital a Integralizar	10.000

03.03.2016. Venda de 70% do estoque de mercadorias pelo valor de R$ 27.000,00 à vista, com depósito em conta corrente bancária. Impostos incidentes sobre a venda = 18%.

05.03.2016. Pagamento de salários do mês anterior registrados no passivo no valor de R$ 3.000,00, através de transferência bancária.

12.03.2016. Registro da estimativa de perdas com créditos de liquidação duvidosa no valor de R$ 1.300,00.

22.03.2016. Recebimento de rendimentos de aplicações financeiras no valor de R$ 2.400,00. Resgate das aplicações financeiras com transferência do saldo total para conta corrente bancária.

25.03.2016. Despesa com combustível dos veículos da empresa utilizados pela área administrativa no valor de R$ 1.750,00, pago com a emissão de cheque.

31.03.2016. Compra e consumo de materiais de escritório no valor de R$ 200,00 com pagamento a prazo de 30 dias. Reconhecimento da depreciação mensal de veículos da empresa no valor R$ 180,00. Reconhecimento da despesa com salários dos funcionários da área administrativa para pagamento no quinto dia útil do próximo mês no valor de R$ 3.000,00.

Observação: Calcular Imposto de Renda e Contribuição Social sobre o Lucro Líquido utilizando alíquota de 34%. Considerar que não existem diferenças entre o lucro contábil e o lucro tributável (lucro real) e que o período de apuração é mensal

Capítulo 6

Operações com Mercadorias: Visualizando a Formação do Lucro Através das Vendas

Os estoques representam um ativo principal para empresas comerciais e industriais. O estoque de mercadorias indica os produtos mantidos para venda por empresas comerciais. No mesmo sentido, o estoque de produtos acabados indica os produtos mantidos para venda por empresas industriais.

Os estoques compreendem bens adquiridos e destinados à venda, como exemplo, mercadorias compradas por comerciantes para revenda. Os estoques também compreendem produtos acabados, produtos em elaboração, matérias-primas, embalagens e outros materiais aguardando utilização no processo de produção de uma entidade industrial.

Os ativos são elementos que trazem benefícios futuros. Os estoques se encaixam na definição. A empresa espera vendê-los em troca de caixa ou equivalentes, no presente ou futuro. O estoque é consumido no momento da venda. A empresa recebe caixa ou créditos a receber e reconhece uma despesa, o custo da mercadoria vendida (CMV), para contrapor o valor da receita e encontrar o resultado bruto na venda.

Segundo o CPC 16 (R1) – Estoques, o valor do estoque baixado, reconhecido como despesa durante o período, o qual é denominado frequentemente como custo das mercadorias vendidas, custo dos produtos vendidos ou custo dos serviços prestados, consiste nos gastos que estavam incluídos na mensuração do estoque que agora é vendido.

Os estoques de mercadorias são classificados no ativo circulante e adquiridos tanto com pagamento à vista quanto a prazo. As empresas comerciais adquirem mercadorias com o intuito de venda. E essa venda deveria acontecer por um preço maior do que o preço de compra. O lucro bruto na venda de mercadorias é praticamente obrigatório. Uma empresa comercial que não tenha lucro bruto na venda de mercadorias, sua atividade principal, pode ser considerada inviável, um mau negócio. Portanto, o lucro bruto é de relevância substancial para a continuidade de suas operações.

Os estoques estão intimamente relacionados à atividade operacional das empresas. A mensuração adequada desses itens circulantes é primordial para evidenciação no Balanço Patrimonial e determinação do resultado do período na DRE.

No entendimento do CPC 16 (R1), os estoques são definidos como ativos: a) mantidos para venda no curso normal dos negócios; b) em processo de produção para venda; ou c) na forma de materiais ou suprimentos a serem consumidos ou transformados no processo de produção ou na prestação de serviços.

6.1 – Formação de Valor do Estoque

Segundo o CPC 16 (R1), os estoques devem ser mensurados pelo valor de custo ou pelo valor realizável líquido, dos dois, o menor. Sabendo-se que valor realizável líquido é o preço de venda estimado no curso normal dos negócios deduzido dos custos estimados para sua conclusão e dos gastos estimados necessários para se concretizar a venda.

No mesmo sentido, a Lei nº 6.404/76 estabelece, em seu artigo 183, que os direitos que tiverem por objeto mercadorias e produtos do comércio da companhia, assim como matérias-primas, produtos em fabricação e bens em almoxarifado, pelo custo de aquisição ou produção, deduzido de provisão para ajustá-lo ao valor de mercado, quando este for inferior.

Na realidade, significa a adoção do critério "custo ou mercado, dos dois, o menor" para os estoques. O objetivo estabelecido é eliminar dos estoques os valores de custos não recuperáveis com a venda.

Os valores dos estoques podem diminuir no mercado por diversas razões, por exemplo, um concorrente da empresa X introduz um produto tecnologicamente superior vendido por um preço de mercado menor do que o de custo de aquisição dos estoques da empresa X. Nesse momento, o valor realizável dos estoques da empresa X é menor do que o custo de aquisição.

No entendimento do CPC 16 (R1), o custo dos estoques pode não ser recuperável devido aos seguintes acontecimentos, que podem ocorrer de forma individualizada ou em conjunto: a) se esses estoques estiverem danificados; b) se esses estoques se tornarem total ou parcialmente obsoletos; c) se os seus preços de venda tiverem diminuído substancialmente; e d) se os custos estimados a serem incorridos para realizar a venda tiverem aumentado substancialmente. A prática de reduzir o valor de custo dos estoques para o valor realizável líquido é consistente com o entendimento de que os ativos não devem estar registrados por valores superiores aos que se espera serem realizados com a sua venda ou uso.

Os estoques geralmente devem ser reduzidos para o seu valor realizável líquido, item a item. Em algumas circunstâncias, porém, pode ser apropriado agrupar unidades semelhantes ou relacionadas. Pode ser o caso de itens do estoque relacionados com a mesma linha de produtos que tenham finalidades ou usos finais semelhantes, que sejam produzidos e comercializados na mesma área geográfica e não possam ser avaliados separadamente de outros itens dessa linha de produtos.

As estimativas do valor realizável líquido devem ser baseadas nas evidências mais confiáveis disponíveis no momento em que são feitas as estimativas do valor dos estoques que se espera realizar. Essas estimativas devem levar em consideração variações nos preços e nos custos diretamente relacionados com eventos que ocorram após o fim do período, à medida que tais eventos confirmem as condições existentes no fim do período.

Em cada período subsequente deve ser feita uma nova avaliação do valor realizável líquido. Quando as circunstâncias, que anteriormente provocaram a redução dos estoques abaixo do custo, deixarem de existir ou quando houver uma clara evidência de um aumento no valor realizável líquido devido à alteração nas circunstâncias econômicas, a quantia da redução deve ser revertida (a reversão é limitada à quantia da redução original) de modo a que o novo montante registrado do estoque seja o menor valor entre o custo e o valor realizável líquido revisto. Isso ocorre, por exemplo, com um item de estoque registrado pelo valor realizável líquido quando o seu preço de venda tiver sido reduzido e, enquanto ainda mantido em período posterior, tiver o seu preço de venda aumentado.

Quando os estoques são vendidos, o valor registrado no ativo referente a esses itens deve ser reconhecido como despesa do período em que a respectiva receita é reconhecida. Na mesma perspectiva, a quantia de qualquer redução dos estoques para o valor realizável líquido e todas as perdas de estoques devem ser reconhecidas como despesa do período em que a redução ou a perda ocorrerem. A quantia de toda reversão de redução de estoques, proveniente de aumento no valor realizável líquido, deve ser registrada como redução do item em que for reconhecida a despesa ou a perda, no período em que a reversão ocorrer.

Assinala o CPC 16 (R1), que o custo de aquisição dos estoques compreende o preço de compra, os impostos de importação e outros tributos não recuperáveis, bem como os custos de transporte, seguro, manuseio e outros diretamente atribuíveis à aquisição dos produtos. Itens como descontos incondicionais, abatimentos e outros itens semelhantes devem ser deduzidos na determinação do custo de aquisição.

MAGAZINE LUIZA S.A. **Demonstrações contábeis em 31 de dezembro de 2017 e 2016**
Notas explicativas às demonstrações contábeis
9. Estoques **Política contábil** Os estoques são apresentados pelo menor valor entre o custo médio de aquisição e o valor líquido de realização. O custo médio de aquisição compreende o preço de compra, os impostos e tributos não recuperáveis, como por exemplo, o ICMS substituição tributária, bem como outros custos diretamente atribuíveis à aquisição e a descontos comerciais. As provisões para perdas nos estoques são compostas pela provisão para realização de estoques que corresponde ao preço de venda estimado dos estoques, deduzido de todos os custos necessários para realizar a venda e provisão para obsolescência que considera mercadorias encaminhadas à assistência técnica e a provisão para perdas em inventários físicos de lojas e centros de distribuição.

Devemos atentar para o fato de que não fazem parte do custo dos estoques, os impostos recuperáveis incidentes sobre o preço de compra. O valor de custo do estoque deve incluir todos os custos de aquisição e outros gastos incorridos para trazer os estoques à sua condição e localização atuais. Assim sendo, valor dos estoques registrados no Balanço Patrimonial deve conter todos os custos incorridos para adquirir os produtos e colocá-los em condições de venda, esse é o princípio orientador.

São exemplos de itens não incluídos no custo dos estoques de mercadorias e reconhecidos como despesa do período em que são incorridos: a) despesas administrativas que não contribuem para trazer o estoque ao seu local e condição atuais; e b) despesas de comercialização, incluindo a venda e a entrega dos bens e serviços aos clientes.

Em relação a compras de estoques a prazo, o CPC 16 (R1) salienta que a negociação pode efetivamente conter um elemento de financiamento, ou seja, uma diferença entre o preço de aquisição em condição normal de pagamento à vista e o valor a ser pago; essa diferença deve ser reconhecida como despesa de juros durante o período do financiamento.

A Lei das Sociedades por Ações, em seu artigo 183, especifica que os elementos do ativo decorrentes de operações de longo prazo serão ajustados a valor presente, sendo os demais ajustados quando houver efeito relevante; já no artigo 184, nos traz a assertiva de que as obrigações, os encargos e os riscos classificados no passivo não circulante serão ajustados ao seu valor presente, sendo os demais ajustados quando houver efeito relevante.

Pelo que estabelece a lei societária, em termos gerais, devemos ajustar a valor presente os créditos a receber de clientes e as obrigações com fornecedores quando fizerem parte do não circulante. Por outro lado, caso façam parte do circulante, o ajuste a valor presente será aplicado quando houver efeito relevante.

O CPC 12 – Ajuste a Valor Presente, item 09, assinala que ativos e passivos monetários (por exemplo, obrigações com fornecedores) com juros implícitos ou explícitos embutidos devem ser mensurados pelo seu valor presente quando do seu reconhecimento inicial, por ser este o valor de custo original dentro da filosofia de valor justo (*fair value*). Por isso, quando aplicável, o custo de ativos não monetários (por exemplo, estoques) deve ser ajustado em contrapartida.

E continua, no item 21, mostrando congruência com a lei societária, afirmando que os elementos integrantes do ativo e do passivo decorrentes de operações de longo prazo, ou de curto prazo quando houver efeito relevante, devem ser ajustados a valor presente com base em taxas de desconto que reflitam as melhores avaliações do mercado quanto ao valor do dinheiro no tempo e os riscos específicos do ativo e do passivo em suas datas originais.

MAGAZINE LUIZA S.A. **Demonstrações contábeis em 31 de dezembro de 2017 e 2016**
Notas explicativas às demonstrações contábeis
3. Principais políticas e práticas contábeis **3.3. Ajustes a valor presente** As principais transações que resultam em ajustes a valor presente são relacionadas a operações de compra de mercadorias para revenda, efetuadas a prazo, bem como operações de revenda de mercadorias, cujos saldos são parcelados aos clientes, as quais são efetuadas com taxas de juros prefixadas. Vendas e compras são descontadas para determinar o valor presente na data das transações e considerando os prazos de parcelamento. A taxa de desconto utilizada considera os efeitos das taxas de financiamento levadas ao consumidor final, ponderada ao percentual de risco de inadimplência avaliado e já considerado na provisão para créditos de liquidação duvidosa.

Na realidade, a análise dos dois parágrafos anteriores evidencia o princípio geral perseguido: o ativo, por exemplo, estoque, deve ser reconhecido pelo seu valor justo na data da transação, ou seja, em relação ao mesmo bem a forma de financiá-lo não pode influir em seu valor de registro inicial. Assim, não importa se o estoque foi comprado à vista ou a prazo, o reconhecimento inicial será pelo valor que se pagaria à vista, ou ainda, quando da transação a prazo, o valor futuro trazido a valor presente. Nesse primeiro momento, o valor presente equipara-se a seu valor de mercado ou valor justo, ou seja, é uma representação do valor justo. Assim sendo, o preço da transação coincide com o valor justo. Por outro lado, o valor presente tem relação com a taxa de juros da transação, considerando a data do fato gerador e o valor justo pode sofrer alterações futuras devido a condições do mercado. Em alguns momentos o valor justo e o valor presente podem coincidir, porém, não são sinônimos.

Nos termos do CPC 46 – Mensuração do Valor Justo, a mensuração do valor justo presume que o ativo ou o passivo é trocado em uma transação não forçada entre participantes do mercado para a venda do ativo ou a transferência do passivo na data de mensuração nas condições atuais de mercado.

6.2 – Compras de Mercadorias

As empresas comerciais adquirem mercadorias para revenda. Essas operações que envolvem a compra e a venda de mercadorias constituem a atividade principal de empresas comerciais. As compras podem ocorrer com pagamento à vista aos fornecedores ou podem ocorrer a prazo.

Nas aquisições de mercadorias para revenda, as empresas comerciais têm o direito de recuperar o valor dos tributos não cumulativos incidentes sobre o valor da compra, esses tributos também são chamados de recuperáveis. Assim, a empresa se credita dos tributos em suas compras, descontando esse valor dos tributos gerados nas vendas. Na realidade, quem arca efetivamente com o valor do tributo é o consumidor final. O cliente paga os tributos para a empresa no momento da venda, a empresa recupera os tributos na operação de compra e recolhe aos cofres públicos a diferença.

Exemplo 01: Empresa comercial adquire em 02.03.2015, mercadorias para revenda no valor total de R$ 15.000,00 efetuando o pagamento à vista com emissão de cheque bancário. Impostos recuperáveis sobre o valor de compra = 25%.

Data		Código	Débito	Crédito
Contabilização da compra das mercadorias e tributos recuperáveis.				
02.03.2015	D – Mercadorias para revenda	1.1.5.1.1	R$ 15.000,00	
	C – Bancos conta movimento	1.1.1.2		R$ 15.000,00
	D – Impostos sobre compras a recuperar	1.1.7.1	R$ 3.750,00	
	C – Mercadorias para revenda	1.1.5.1.1		R$ 3.750,00

Exemplo 02: Empresa comercial adquire em 05.04.2015, mercadorias para revenda no valor total de R$ 20.000,00 com pagamento estabelecido a prazo de 30 dias (efeito do ajuste a valor presente da obrigação considerado irrelevante). Impostos recuperáveis sobre o valor de compra = 25%.

Data		Código	Débito	Crédito
Contabilização da compra das mercadorias e tributos recuperáveis.				
05.04.2015	D – Mercadorias para revenda	1.1.5.1.1	R$ 20.000,00	
	C – Fornecedores	2.1.4.1		R$ 20.000,00
	D – Impostos sobre compras a recuperar	1.1.7.1	R$ 5.000,00	
	C – Mercadorias para revenda	1.1.5.1.1		R$ 5.000,00

6.2.1 – Fretes sobre Compras

Quando a empresa adquire mercadorias e suporta o pagamento do frete, esse valor deve fazer parte do valor de entrada dessas mercadorias em estoque. Como sabemos, o custo da aquisição não é somente o que consta na nota fiscal de compra, mas sim, a soma de todos os gastos necessários para colocar a mercadoria em condições de venda.

Exemplo: Empresa comercial adquire em 10.11.2015, mercadorias para revenda no valor total de R$ 5.000,00 com pagamento estabelecido a prazo de 30 dias (efeito do ajuste a valor presente da obrigação considerado irrelevante). A empresa compradora paga o frete da transação no valor de R$ 240,00 com a emissão de cheque bancário. Impostos recuperáveis sobre o valor de compra das mercadorias e sobre o frete = 25%.

Data	Lançamento	Código	Débito	Crédito
Contabilização da compra das mercadorias e tributos recuperáveis.				
10.11.2015	D – Mercadorias para revenda	1.1.5.1.1	R$ 5.000,00	
	C – Fornecedores	2.1.4.1		R$ 5.000,00
	D – Impostos sobre compras a recuperar	1.1.7.1	R$ 1.250,00	
	C – Mercadorias para revenda	1.1.5.1.1		R$ 1.250,00
Contabilização do frete pago na operação de compra e registro dos impostos a recuperar sobre o valor do frete.				
10.11.2015	D – Mercadorias para revenda	1.1.5.1.1	R$ 240,00	
	C – Bancos conta movimento	1.1.1.2		R$ 240,00
	D – Impostos sobre compras a recuperar	1.1.7.1	R$ 60,00	
	C – Mercadorias para revenda	1.1.5.1.1		R$ 60,00

6.2.2 – Abatimentos sobre Compras

Abatimentos sobre compras podem ocorrer, por exemplo, quando o comprador recebe os produtos e chega à conclusão de que o preço acertado não foi racional. Sendo assim, pede um abatimento sobre o preço da transação. Isto posto, para não ter o risco de devolução das mercadorias, o vendedor oferece um abatimento ao comprador. O abatimento sobre compras que foi concedido depois que a nota fiscal foi emitida, portanto, concluída a transação, não influi sobre o valor dos impostos anteriormente calculados quando da ocorrência do fato gerador. Em termos gerais, a legislação fiscal nacional referente aos tributos incidentes sobre vendas e recuperáveis na compra não aceitam esse tipo de abatimento como modificador do valor da transação, ou seja, como redutor da base de cálculo do tributo.

Exemplo: Empresa comercial adquire em 13.09.2016, mercadorias para revenda no valor total de R$ 8.000,00 com pagamento estabelecido a prazo de 30 dias (efeito do ajuste a valor presente da obrigação considerado irrelevante). A empresa compradora consegue junto ao vendedor um abatimento sobre o valor da transação no valor de R$ 300,00 em 15.09.2016. Impostos recuperáveis sobre o valor de compra das mercadorias = 25%.

Data	Lançamento	Código	Débito	Crédito
Contabilização da compra das mercadorias e tributos recuperáveis.				
13.09.2016	D – Mercadorias para revenda	1.1.5.1.1	R$ 8.000,00	
	C – Fornecedores	2.1.4.1		R$ 8.000,00
	D – Impostos sobre compras a recuperar	1.1.7.1	R$ 2.000,00	
	C – Mercadorias para revenda	1.1.5.1.1		R$ 2.000,00
Contabilização do abatimento sobre compras.				
15.09.2016	D – Fornecedores	2.1.4.1	R$ 300,00	
	C – Mercadorias para revenda	1.1.5.1.1		R$ 300,00

6.2.3 – Devoluções de Compras

As devoluções de compras podem ocorrer por diversos motivos: envio de produto incorreto ao comprador, produto chega com defeito ao comprador, comprador não concorda com a qualidade do produto e outros. Contabilmente, o registro da devolução de compras nada mais é que um estorno dos lançamentos efetuados quando do registro da compra.

Exemplo: Empresa comercial adquire em 12.01.2016, mercadorias para revenda no valor total de R$ 16.000,00 com pagamento estabelecido a prazo de 30 dias (efeito do ajuste a valor presente da obrigação considerado irrelevante). A empresa compradora devolve 10% das compras no dia 14.01.2016 devido estarem fora das especificações técnicas estabelecidas. Impostos recuperáveis sobre o valor de compra das mercadorias = 25%.

Data	Lançamento	Código	Débito	Crédito
Contabilização da compra das mercadorias e tributos recuperáveis.				
12.01.2016	D – Mercadorias para revenda	1.1.5.1.1	R$ 16.000,00	
	C – Fornecedores	2.1.4.1		R$ 16.000,00
	D – Impostos sobre compras a recuperar	1.1.7.1	R$ 4.000,00	
	C – Mercadorias para revenda	1.1.5.1.1		R$ 4.000,00
Lançamentos referentes à devolução de compras.				
14.01.2016	D – Fornecedores	2.1.4.1	R$ 1.600,00	
	C – Mercadorias para revenda	1.1.5.1.1		R$ 1.200,00
	C – Impostos sobre compras a recuperar	1.1.7.1		R$ 400,00

6.2.4 – Descontos Incondicionais sobre Compras

Descontos incondicionais são concedidos ao comprador no ato da compra e são destacados na nota fiscal. Na realidade, o registro do desconto incondicional na contabilização da compra é desnecessário, no comprador. A transação deve ser registrada pelo seu valor líquido do desconto incondicional.

Exemplo: Empresa comercial adquire em 14.02.2016, mercadorias para revenda no valor total de R$ 9.000,00 com pagamento estabelecido a prazo de 30 dias (efeito do ajuste a valor presente da obrigação considerado irrelevante), sendo que no ato da compra recebe um desconto de 10% sobre o valor total. Impostos recuperáveis sobre o valor de compra das mercadorias = 25%.

Data	Lançamento	Código	Débito	Crédito
Contabilização da compra das mercadorias e tributos recuperáveis.				
14.02.2016	D – Mercadorias para revenda	1.1.5.1.1	R$ 8.100,00	
	C – Fornecedores	2.1.4.1		R$ 8.100,00
	D – Impostos sobre compras a recuperar	1.1.7.1	R$ 2.025,00	
	C – Mercadorias para revenda	1.1.5.1.1		R$ 2.025,00

6.2.5 – Adiantamento a Fornecedores

Os adiantamentos a fornecedores, efetuados com o intuito de aquisição de mercadorias para revenda, cuja entrega do produto espera-se que ocorra a curto prazo, devem ser classificados no grupo ativo circulante, subgrupo estoques.

Exemplo: Empresa comercial realiza adiantamento de R$ 3.000,00 em 27.02.2016, a um dos seus fornecedores para entrega de mercadorias no futuro próximo. Em 15.04.2016 as mercadorias são entregues e a nota fiscal de compra assinala R$ 11.000,00 como valor total. A diferença de R$ 8.000,00 será paga em 30 dias (efeito do ajuste a valor presente da obrigação considerado irrelevante). Impostos recuperáveis sobre o valor de compra das mercadorias = 25%.

Data	Lançamento	Código	Débito	Crédito
Contabilização do adiantamento a fornecedores.				
27.02.2016	D – Adiantamento a fornecedores	1.1.5.2	R$ 3.000,00	
	C – Bancos conta movimento	1.1.1.2		R$ 3.000,00
Contabilização do recebimento das mercadorias e tributos recuperáveis.				
15.04.2016	D – Mercadorias para revenda	1.1.5.1.1	R$ 11.000,00	
	C – Adiantamento a fornecedores	1.1.5.2		R$ 3.000,00
	C – Fornecedores	2.1.4.1		R$ 8.000,00
	D – Impostos sobre compras a recuperar	1.1.7.1	R$ 2.750,00	
	C - Mercadorias para Revenda	1.1.5.1.1		R$ 2.750,00

6.3 – Vendas de Mercadorias

Segundo o CPC 48 – Instrumentos Financeiros, a entidade deve mensurar contas a receber de clientes, no reconhecimento inicial, ao seu preço de transação, caso as contas a receber de clientes não contiverem componente de financiamento significativo.

O CPC 47 – Receita de Contrato com o Cliente é a norma atual que descreve os princípios a serem aplicados pela entidade na mensuração e reconhecimento das receitas e seus respectivos fluxos de caixa. O princípio fundamental é que a entidade reconhecerá a receita por um valor que reflita a contraprestação que ela espera receber pela transferência de bens ou serviços para um cliente. O pronunciamento deve ser aplicado ao contrato somente se a contraparte do contrato for um cliente. O cliente é a parte que contratou com a entidade para obter bens ou serviços que constituem um produto das atividades normais da entidade em troca de contraprestação.

Os princípios do CPC 47 devem ser aplicados em cinco passos básicos, para determinar quando reconhecer a receita e por qual valor: a) identificar o contrato com o cliente; b) identificar as obrigações de desempenho previstas no contrato; c) determinar o preço da transação; d) alocar o preço da transação às obrigações de desempenho previstas no contrato; e) reconhecer a receita quando (ou conforme) a entidade atende a cada obrigação de desempenho.

O termo "obrigação de desempenho" diz respeito à obrigação da entidade vendedora desempenhar a sua obrigação de repassar o controle do bem ou serviço à entidade compradora; já o termo "contrato" representa um acordo entre duas ou mais partes que cria direitos e obrigações exigíveis.

De acordo com CPC 47, a entidade deve contabilizar os efeitos de um contrato com um cliente somente quando todos os critérios a seguir forem atendidos: a) quando as partes do contrato aprovarem o contrato e estiverem comprometidas em cumprir suas respectivas obrigações; b) quando a entidade puder identificar os direitos de cada parte em relação aos bens ou serviços a serem transferidos; c) quando a entidade puder identificar os termos de pagamento para os bens ou serviços a serem transferidos; d) quando o contrato possuir substância comercial; e) quando for provável que a entidade receberá a contraprestação a qual terá direito em troca dos bens ou serviços que serão transferidos ao cliente.

Assinala ainda, o normativo, que a entidade deve reconhecer receitas quando a entidade satisfazer a obrigação de desempenho ao transferir o bem ou o serviço prometido ao cliente. O ativo é considerado transferido quando o cliente obtiver o controle desse ativo. Assim sendo, a receita pode ser reconhecida com o passar do tempo, da forma que melhor reflita o cumprimento da obrigação de desempenho da empresa, ou em determinado momento, quando o controle do bem ou serviço for transferido para o cliente.

Indicadores de que o controle do bem ou serviço foi transferido incluem um cliente tendo; a) uma obrigação presente de pagar; b) a posse física; c) a titularidade; d) os riscos e benefícios da propriedade assumidos; e) aceito o ativo.

MAGAZINE LUIZA S.A. Demonstrações contábeis em 31 de dezembro de 2017 e 2016
Notas explicativas às demonstrações contábeis
22. Receita líquida de vendas **Política contábil** A receita é mensurada pelo valor justo da contraprestação recebida ou a receber, deduzida de devoluções, abatimentos e impostos sobre vendas, como segue: Revenda de mercadorias - a receita é reconhecida quando os produtos são entregues e a sua titularidade legal é transferida, considerando ainda o fato de que as seguintes condições tenham sido satisfeitas: a) Transferência ao comprador dos riscos e dos benefícios significativos relacionados à propriedade dos produtos; b) Inexistência de envolvimento continuado na gestão dos produtos revendidos em grau normalmente associado à propriedade, nem controle efetivo sobre tais produtos; c) O valor da receita pode ser mensurado com confiabilidade; d) É provável que os benefícios econômicos associados à transação fluam para a Companhia; e) Os custos incorridos ou a serem incorridos relacionados à transação podem ser mensurados com confiabilidade.

A entidade deve reconhecer a receita ao longo do tempo, utilizando um método que melhor reflita seu desempenho, se um ou mais dos critérios a seguir forem satisfeitos: a) o cliente recebe e consome simultaneamente os benefícios fornecidos pelo desempenho da entidade conforme ela atua (serviços de rotina ou recorrentes); b) o desempenho da entidade cria ou aprimora um ativo que o cliente controla conforme o ativo é criado ou aprimorado (construir um ativo no terreno do cliente); e c) o desempenho da entidade não cria um ativo com um uso alternativo para a entidade e a entidade tem o direito executável de exigir o pagamento pela execução concluída até o momento (construir um ativo especializado). Para o caso de nenhum dos três critérios ser atendido, a entidade reconhece a receita no momento em que transfere o controle do bem ou serviço para o cliente.

As entidades identificam cada promessa de entregar o bem ou prestar o serviço em um contrato com o cliente. Um bem ou serviço prometido é uma obrigação de desempenho distinta, se puder ser enquadrado nos dois critérios a seguir; a) o cliente pode se beneficiar do bem ou serviço por conta própria ou juntamente com outros recursos que estão prontamente disponíveis para ele; e b) a promessa da entidade de transferir o bem ou serviço para o cliente é identificável separadamente de outras promessas no contrato.

A entidade deve considerar os termos do contrato e suas práticas de negócios usuais para determinar o preço da transação. O preço da transação é o valor da contraprestação a qual a entidade espera ter direito em troca da transferência dos bens ou serviços prometidos ao cliente, excluindo quantias cobradas em nome de terceiros (por exemplo, alguns impostos sobre vendas).

Ao determinar o preço da transação, a entidade deve ajustar o valor prometido da contraprestação para refletir os efeitos do valor do dinheiro no tempo, se a época dos pagamentos pactuada pelas partes do contrato (seja expressa ou implicitamente) fornecer ao cliente ou à entidade um benefício significativo de financiamento da transferência de bens ou serviços ao cliente. Nessas circunstâncias, o contrato contém componente de financiamento significativo. Componente de financiamento significativo pode existir, independentemente, se a promessa de financiamento é expressamente declarada no contrato ou implícita pelos termos de pagamento pactuados pelas partes do contrato.

O objetivo, ao ajustar o valor prometido da contraprestação para um componente de financiamento significativo, é que a entidade reconheça receitas pelo valor que reflita o preço que o cliente teria pagado pelos bens ou serviços prometidos, se o cliente tivesse pagado à vista por esses bens ou serviços quando (ou à medida que) foram transferidos ao cliente (ou seja, o preço de venda à vista). A entidade deve considerar todos os fatos e circunstâncias relevantes ao avaliar se o contrato contém componente de financiamento e se esse componente de financiamento é significativo para o contrato, incluindo ambas as seguintes: a) a diferença, se houver, entre o valor da contraprestação prometida e o preço de venda à vista dos bens ou serviços prometidos; e b) o efeito combinado da duração de tempo esperada entre o momento em que a entidade transfere os bens ou serviços prometidos ao cliente e o momento em que o cliente liquida a obrigação por esses bens ou serviços e das taxas de juros vigentes no mercado pertinente.

Ao ajustar o valor prometido da contraprestação para refletir o componente de financiamento significativo, a entidade deve utilizar a taxa de desconto que seria refletida em transação de financiamento separada entre a entidade e seu cliente no início do contrato. Essa taxa refletiria as características de crédito da parte que recebesse financiamento no contrato, bem como qualquer garantia prestada pelo cliente ou pela entidade, incluindo ativos transferidos no contrato. A entidade pode ser capaz de determinar essa taxa identificando a taxa que desconta o valor nominal da contraprestação prometida ao preço à vista que o cliente teria pagado pelos bens ou serviços quando (ou à medida que) os transferisse ao cliente. Após o início do contrato, a entidade não deve atualizar a taxa de desconto para refletir alterações nas taxas de juros ou outras circunstâncias (tais como alteração na avaliação do risco de crédito do cliente).

LOJAS AMERICANAS S.A.
Demonstrações contábeis em 31 de dezembro de 2017 e 2016

Notas explicativas às demonstrações contábeis

2. Resumo das principais políticas contábeis

2.15 Ajuste a valor presente

As operações de compras e vendas a prazo foram trazidas ao seu valor presente considerando os prazos das referidas transações utilizando-se as taxas abaixo:

	Controladora					
	2017			2016		
	Mínima	Média	Máxima	Mínima	Média	Máxima
Fornecedores (*)	8,58%	12,02%	15,38%	15,76%	15,96%	16,15%
Contas a receber de clientes (**)	7,56%	11,38%	14,63%	15,03%	15,55%	15,65%

(*) – Contrapartida em fornecedores (nota 16) e estoques (nota 9) e reversão em despesas financeiras (nota 25).
(**) – Contrapartida em contas a receber de clientes (nota 8) e reversão em receitas financeiras (nota 25). Sobre os valores identificados aplicaram-se as taxas de impostos sobre vendas nas respectivas datas bases.

Para contratos com um componente de financiamento significativo, a entidade ajusta o valor da promessa de pagamento pela contraprestação da obrigação de desempenho para refletir o valor do dinheiro no tempo. Esse princípio se alinha ao que emana da Lei nº 6.404/76 atualizada e o CPC 12 – Ajuste a Valor Presente. A entidade deve apresentar os efeitos do financiamento (receita de juros ou despesa de juros) separadamente da receita de contratos com clientes na DRE. A receita de juros ou a despesa de juros deve ser reconhecida somente na medida em que ativo (ou recebível) de contrato ou passivo de contrato for reconhecido na contabilização do contrato com o cliente.

Exemplo 01: Em 02.12.2016 determinada empresa comercial adquire mercadorias no valor de R$ 12.000,00 (100 unidades) para pagamento em 30 dias (efeito do ajuste a valor presente da obrigação considerado irrelevante). No dia 19.12.2016 realiza uma venda de 70% do estoque adquirido no início do mês pelo valor total de R$ 15.000,00, com recebimento à vista depositado em conta corrente bancária. Considerar que foram as únicas transações comerciais no mês, não existiam saldos anteriores de estoque de mercadorias nem saldos de impostos sobre vendas a recolher e impostos sobre compras a recuperar. Impostos recuperáveis sobre o valor de compra das mercadorias e impostos sobre vendas = 25%.

Data	Lançamento	Código	Débito	Crédito
Contabilização da compra das mercadorias e tributos recuperáveis.				
02.12.2016	D – Mercadorias para revenda	1.1.5.1.1	R$ 12.000,00	
	C – Fornecedores	2.1.4.1		R$ 12.000,00
	D – Impostos sobre compras a recuperar	1.1.7.1	R$ 3.000,00	
	C – Mercadorias para revenda	1.1.5.1.1		R$ 3.000,00
Contabilização da venda e impostos sobre vendas.				
19.12.2016	D – Bancos conta movimento	1.1.1.2	R$ 15.000,00	
	C – Venda de mercadorias	4.1.1		R$ 15.000,00
	D – CMV	4.3.1	R$ 6.300,00	
	C – Mercadorias para revenda	1.1.5.1.1		R$ 6.300,00
	D – Impostos sobre vendas	4.2.3	R$ 3.750,00	
	C – Impostos sobre vendas a recolher	2.1.15		R$ 3.750,00
Contabilização da compensação dos tributos recuperáveis sobre compras e tributos incidentes sobre vendas.				
31.12.2016	D – Impostos sobre vendas a recolher	2.1.15	R$ 3.000,00	
	C – Impostos sobre compras a recuperar[1]	1.1.7.1		R$ 3.000,00

Exemplo 02: Em 02.12.2016 determinada empresa comercial adquire mercadorias no valor de R$ 12.000,00 (100 unidades) para pagamento em 30 dias (efeito do ajuste a valor presente da obrigação considerado irrelevante). No dia 19.12.2016 realiza uma venda de 30% do estoque adquirido no início do mês pelo valor total de R$ 6.000,00, com recebimento à vista depositado em conta corrente bancária. Considerar que foram as únicas transações comerciais no mês, não existiam saldos anteriores de estoque de mercadorias nem saldos de impostos sobre vendas a recolher e impostos sobre compras a recuperar. Impostos recuperáveis sobre o valor de compra das mercadorias e impostos sobre vendas = 25%.

[1] No caso, a conta Impostos sobre compras a recuperar apresenta saldo menor no final do período do que a conta Impostos sobre vendas a recolher. Portanto, Impostos sobre compras a recuperar deve ser encerrada contra Impostos sobre vendas a recolher.

Data	Lançamento	Código	Débito	Crédito
Contabilização da compra das mercadorias e tributos recuperáveis.				
02.12.2016	D – Mercadorias para revenda	1.1.5.1.1	R$ 12.000,00	
	C – Fornecedores	2.1.4.1		R$ 12.000,00
	D – Impostos sobre compras a recuperar	1.1.7.1	R$ 3.000,00	
	C – Mercadorias para revenda	1.1.5.1.1		R$ 3.000,00
Contabilização da venda e impostos sobre vendas.				
19.12.2016	D – Bancos conta movimento	1.1.1.2	R$ 6.000,00	
	C – Venda de mercadorias	4.1.1		R$ 6.000,00
	D – CMV	4.3.1	R$ 2.700,00	
	C – Mercadorias para revenda	1.1.5.1.1		R$ 2.700,00
	D – Impostos sobre vendas	4.2.3	R$ 1.500,00	
	C – Impostos sobre vendas a recolher	2.1.15		R$ 1.500,00
Contabilização da compensação dos tributos recuperáveis sobre compras e tributos incidentes sobre vendas.				
31.12.2016	D – Impostos sobre vendas a recolher[2]	2.1.15	R$ 1.500,00	
	C – Impostos sobre compras a recuperar	1.1.7.1		R$ 1.500,00

6.3.1 – Abatimentos sobre Vendas

Abatimentos sobre vendas causam redução no valor da receita de vendas através do registro em conta retificadora na DRE, possibilitando manter um histórico dos registros desse tipo de acontecimento. Abatimentos sobre vendas normalmente ocorrem por um pedido do cliente. O abatimento sobre vendas que foi concedido depois que a nota fiscal foi emitida, portanto, concluída a transação, não influi sobre o valor dos impostos anteriormente calculados quando da ocorrência do fato gerador. Em termos gerais, a legislação fiscal nacional referente aos tributos incidentes sobre vendas e recuperáveis na compra, não aceitam esse tipo de abatimento como modificador do valor da transação, ou seja, como redutor da base de cálculo do tributo.

Exemplo: Em 05.04.2016 determinada empresa comercial tem em estoque 200 unidades de mercadorias no valor total de R$ 8.600,00. No dia 08.04.2016 efetua a venda de 120 unidades de mercadorias pelo valor de R$ 11.000,00 para recebimento em 30 dias (efeito do ajuste a valor presente do crédito a receber considerado irrelevante). No dia 11.04.2016, devido a um pedido formal do cliente, a empresa vendedora aceita conceder um abatimento de 5% sobre o valor total da venda. Impostos sobre vendas = 25%.

[2] No caso, Impostos sobre vendas a recolher apresenta saldo menor no final do período do que a conta Impostos sobre compras a recuperar. Portanto, Impostos sobre vendas a recolher deve ser encerrada contra Impostos sobre compras a recuperar.

Data	Lançamento	Código	Débito	Crédito
Contabilização da venda de mercadorias e impostos sobre vendas.				
08.04.2016	D – Créditos a receber de clientes	1.1.3.1	R$ 11.000,00	
	C – Venda de mercadorias	4.1.1		R$ 11.000,00
	D – CMV	4.3.1	R$ 5.160,00	
	C – Mercadorias para revenda	1.1.5.1.1		R$ 5.160,00
	D – Impostos sobre vendas	4.2.3	R$ 2.750,00	
	C – Impostos sobre vendas a recolher	2.1.15		R$ 2.750,00
Contabilização do abatimento sobre vendas.				
11.04.2016	D – Abatimentos sobre vendas	4.2.4	R$ 550,00	
	C – Créditos a receber de clientes	1.1.3.1		R$ 550,00

6.3.2 – Devoluções de Vendas

Quando ocorre a devolução de vendas a empresa deve registrar a reversão do CMV, ou seja, a entrada das mercadorias no vendedor. Além disso, reverter os registros dos impostos sobre vendas e receita. No caso da reversão da receita, devemos utilizar uma conta específica para as devoluções na DRE, possibilitando manter um histórico dos registros desse tipo de acontecimento.

Exemplo: Em 06.06.2017 determinada empresa comercial tem em estoque 100 unidades de mercadorias no valor total de R$ 9.200,00. No dia 09.06.2017 efetua a venda de 80 unidades de mercadorias pelo valor de R$ 13.000,00 para recebimento em 30 dias (efeito do ajuste a valor presente do crédito a receber considerado irrelevante). No dia 13.06.2017, devido a um pedido formal do cliente, a empresa vendedora aceita receber em devolução 40 unidades vendidas no dia 09.06.2017. Impostos sobre vendas = 25%.

Data	Lançamento	Código	Débito	Crédito
Contabilização da venda de mercadorias e impostos sobre vendas.				
09.06.2017	D – Créditos a receber de clientes	1.1.3.1	R$ 13.000,00	
	C – Venda de mercadorias	4.1.1		R$ 13.000,00
	D – CMV	4.3.1	R$ 7.360,00	
	C – Mercadorias para revenda	1.1.5.1.1		R$ 7.360,00
	D – Impostos sobre vendas	4.2.3	R$ 3.250,00	
	C – Impostos sobre vendas a recolher	2.1.15		R$ 3.250,00
Contabilização da devolução de vendas.				
13.06.2017	D – Devoluções das vendas	4.2.1	R$ 6.500,00	
	C – Créditos a receber de clientes	1.1.3.1		R$ 6.500,00
	D – Mercadorias para revenda	1.1.5.1.1	R$ 3.680,00	
	C – CMV	4.3.1		R$ 3.680,00
	D – Impostos sobre vendas a recolher	2.1.15	R$ 1.625,00	
	C – Impostos sobre vendas	4.2.3		R$ 1.625,00

6.3.3 – Descontos Incondicionais sobre Vendas

Descontos incondicionais são concedidos ao comprador no ato da compra e são destacados na nota fiscal. Na realidade, no caso da empresa vendedora, o registro do desconto deve ocorrer como conta retificadora da receita na DRE, possibilitando manter um histórico dos registros desse tipo de acontecimento. Os tributos sobre a operação de venda são calculados sobre o valor líquido do desconto incondicional.

Exemplo: Em 13.01.2017 determinada empresa comercial tem em estoque 100 unidades de mercadorias no valor total de R$ 18.000,00. No dia 15.01.2017 efetua a venda de 60 unidades de mercadorias pelo valor de R$ 20.000,00 para recebimento em 30 dias (efeito do ajuste a valor presente do crédito a receber considerado irrelevante), concedendo um desconto destacado na nota fiscal de 5% sobre o valor total. Impostos sobre vendas = 25%.

Data	Lançamento	Código	Débito	Crédito
Contabilização da venda de mercadorias e impostos sobre vendas.				
15.01.2017	D – Descontos incondicionais sobre vendas	4.2.2	R$ 1.000,00	
	D – Créditos a receber de clientes	1.1.3.1	R$ 19.000,00	
	C – Venda de mercadorias	4.1.1		R$ 20.000,00
	D – CMV	4.3.1	R$ 10.800,00	
	C – Mercadorias para revenda	1.1.5.1.1		R$ 10.800,00
	D – Impostos sobre vendas	4.2.3	R$ 4.750,00	
	C – Impostos sobre vendas a recolher	2.1.15		R$ 4.750,00

6.3.4 – Adiantamento de Clientes

Os adiantamentos provenientes de clientes, efetuados normalmente como uma antecipação de valores referente a uma encomenda de mercadorias, cuja entrega espera-se que ocorra a curto prazo, devem ser classificados no grupo passivo circulante.

Exemplo: Empresa comercial recebe adiantamento de R$ 4.500,00 em 21.03.2017, de um dos seus clientes para entrega de mercadorias no futuro próximo. Em 17.04.2017 as mercadorias são entregues e a nota fiscal assinala R$ 14.000,00 como valor total da venda. A diferença de R$ 9.500,00 foi recebida em dinheiro, que foi depositado em conta corrente bancária. Considere o CMV no valor de R$ 7.900,00. Impostos sobre vendas = 25%.

Data	Lançamento	Código	Débito	Crédito
Contabilização do adiantamento de clientes.				
21.03.2017	D – Bancos conta movimento	1.1.1.2	R$ 4.500,00	
	C – Adiantamento de clientes	2.1.5		R$ 4.500,00

Contabilização da entrega das mercadorias e impostos sobre vendas.				
17.04.2017	D – Adiantamento de clientes	2.1.5	R$ 4.500,00	
	D – Bancos conta movimento	1.1.1.2	R$ 9.500,00	
	C – Venda de mercadorias	4.1.1		R$ 14.000,00
	D – CMV	4.3.1	R$ 7.900,00	
	C – Mercadorias para revenda	1.1.5.1.1		R$ 7.900,00
	D – Impostos sobre vendas	4.2.3	R$ 3.500,00	
	C – Impostos sobre vendas a recolher	2.1.15		R$ 3.500,00

6.4 – Ajuste a valor presente de Créditos a Receber de Clientes e Obrigações com Fornecedores

De acordo com o CPC 12 – Ajuste a Valor Presente, ativos e passivos monetários com juros implícitos ou explícitos embutidos devem ser mensurados pelo seu valor presente quando do seu reconhecimento inicial, por ser este o valor de custo original dentro da filosofia de valor justo (*fair value*). Por isso, quando aplicável, o custo de ativos não monetários deve ser ajustado em contrapartida; ou então a conta de receita, despesa ou outra conforme a situação. A esse respeito, uma vez ajustado o item não monetário, não deve mais ser submetido a ajustes subsequentes no que respeita à figura de juros embutidos. Ressalte-se que nem todo ativo ou passivo não monetário está sujeito ao efeito do ajuste a valor presente; por exemplo, um item não monetário que, pela sua natureza, não está sujeito ao ajuste a valor presente é o adiantamento em dinheiro para recebimento ou pagamento em bens e serviços.

MAGAZINE LUIZA S.A.
Demonstrações contábeis em 31 de dezembro de 2017 e 2016

Notas explicativas às demonstrações contábeis

8. Contas a receber

Política contábil

Contas a receber são registradas e mantidas no balanço patrimonial pelo valor dos títulos, ajustado a valor presente, quando aplicável, representadas, principalmente, por créditos de revendas parceladas no crediário e com cartão de crédito e pela provisão para créditos de liquidação duvidosa, que é constituída em montante considerado suficiente pela Administração para cobrir eventuais riscos sobre a carteira de financiamentos e demais valores a receber existentes na data do balanço. O critério de constituição da provisão leva em consideração, para as atividades de varejo, os índices de perdas históricos por faixa de vencimento da carteira.

A Lei das Sociedades por ações, em consonância com as normas internacionais de contabilidade, determina que os elementos do ativo decorrentes de operações de longo prazo serão ajustados a valor presente, sendo os demais ajustados quando houver efeito relevante e as obrigações, os encargos e os riscos classificados no passivo não circulante serão ajustados ao seu valor presente, sendo os demais ajustados quando houver efeito relevante.

Na realidade, existe uma congruência no que emana dos Pronunciamentos Técnicos nºs 12, 16 (R1), 47 e 48, bem como da lei societária, em relação à mensuração de estoques e o tratamento a ser dado aos créditos a receber de clientes e obrigações com fornecedores provenientes de transações comerciais (compra e venda de mercadorias) com liquidação financeira a prazo.

MAGAZINE LUIZA S.A.
Demonstrações contábeis em 31 de dezembro de 2017 e 2016

Notas explicativas às demonstrações contábeis

28. Instrumentos financeiros

Política Contábil

Passivos financeiros

Os passivos financeiros da Companhia foram classificados no reconhecimento inicial como: Outros passivos financeiros - inicialmente mensurados ao valor justo, líquido dos custos da transação e, subsequentemente, são mensurados pelo custo amortizado usando-se o método dos juros efetivos para cálculo das despesas com juros. O método dos juros efetivos calcula o custo amortizado de um passivo e aloca as despesas com juros durante o período relevante. Estão aqui classificados os saldos de fornecedores, empréstimos e financiamentos, debêntures, contas a pagar a partes relacionadas e tributos parcelados.

Desreconhecimento (baixa) de passivos financeiros

Um passivo financeiro é baixado quando a obrigação for revogada, cancelada ou paga. Quando um passivo financeiro existente for substituído por outro do mesmo mutuante com termos substancialmente diferentes, ou os termos de um passivo existente forem significativamente alterados, essa substituição ou alteração é tratada como baixa do passivo original e reconhecimento de um novo passivo, sendo a diferença nos correspondentes valores contábeis reconhecida na demonstração do resultado.

Exemplo 01: Empresa comercial adquire em 31.05.2016, mercadorias para revenda no valor total de R$ 10.000,00 (valor para transação à vista), com pagamento estabelecido a prazo, em 2 parcelas iguais e consecutivas, sendo a primeira em 30.06.2016 e a segunda em 30.07.2016. As duas parcelas são de R$ 5.150,00 cada, equivalentes a uma taxa de juros compostos de 1,99344% ao mês, que é considerada uma taxa de juros adequada e que representa adequadamente transações de mesma natureza no mercado com prazo e risco semelhantes. Impostos recuperáveis sobre o valor de compra = 25%.

Data		Código	Débito	Crédito
Contabilização da compra de mercadorias, registro do ajuste a valor presente da obrigação e impostos recuperáveis sobre a compra.				
31.05.2016	D – Mercadorias para revenda	1.1.5.1.1	R$ 10.000,00	
	D – Ajuste a valor presente[3]	2.1.4.2	R$ 300,00	
	C – Fornecedores	2.1.4.1		R$ 10.300,00
	D – Impostos sobre compras a recuperar[4]	1.1.7.1	R$ 2.575,00	
	C – Mercadorias para revenda	1.1.5.1.1		R$ 2.575,00
Contabilização reconhecendo os juros *pro rata die*[5] do período e o pagamento da primeira parcela da dívida.				

[3] Conta redutora de Fornecedores.
[4] Cálculo sobre o valor nominal da transação, ou seja, o valor futuro.
[5] Cálculo efetuado em relação proporcional aos dias de juros incorridos no período.

30.06.2016	D – Juros sobre obrigações	4.4.4.1.1	R$ 199,34	
	C – Ajuste a valor presente	2.1.4.2		R$ 199,34
	D – Fornecedores	2.1.4.1	R$ 5.150,00	
	C – Bancos conta movimento	1.1.1.2		R$ 5.150,00
Contabilização reconhecendo os juros *pro rata die* do período e o pagamento da segunda parcela da dívida.				
30.07.2016	D – Juros sobre obrigações	4.4.4.1.1	R$ 100,66	
	C – Ajuste a valor presente	2.1.4.2		R$ 100,66
	D – Fornecedores	2.1.4.1		
	C – Bancos conta movimento	1.1.1.2	R$ 5.150,00	R$ 5.150,00

Explicação do Cálculo Financeiro com HP-12C

TECLAS	VISOR	SIGNIFICADO
f CLEAR REG	0,00	Limpa registradores.
10.000 PV	10.000,00	Armazena o valor presente.
5.150 CHS PMT	- 5.150,00	Armazena o valor das prestações.
2 n	2,00	Armazena os períodos.
i	1,99344	Evidencia a taxa de juros.
1 f AMORT	- 199,34	Juros do primeiro mês.
1 f AMORT	- 100,66	Juros do segundo mês.

Exemplo 02: Em 28.02.2016 determinada empresa comercial adquire mercadorias no valor de R$ 7.400,00 (100 unidades) com pagamento à vista através da emissão de cheque bancário. No dia 01.03.2016 realiza uma venda de 70% do estoque adquirido em fevereiro pelo valor total de R$ 8.818,00 com recebimento a prazo de 60 dias, em 30.04.2016. A taxa contratual da transação é de 1,853412% ao mês, que é considerada uma taxa de juros adequada e que representa adequadamente transações de mesma natureza no mercado com prazo e risco semelhantes. Considerar que foram as únicas transações comerciais nos meses de fevereiro e março, não existiam saldos anteriores de estoque de mercadorias nem saldos de impostos sobre vendas a recolher e impostos sobre compras a recuperar. Impostos recuperáveis sobre o valor de compra das mercadorias e impostos sobre vendas = 25%.

Data	Lançamento	Código	Débito	Crédito
Contabilização da compra das mercadorias e tributos recuperáveis.				
28.02.2016	D – Mercadorias para revenda	1.1.5.1.1	R$ 7.400,00	
	C – Bancos conta movimento	1.1.1.2		R$ 7.400,00
	D – Impostos sobre compras a recuperar	1.1.7.1	R$ 1.850,00	
	C – Mercadorias para revenda	1.1.5.1.1		R$ 1.850,00
Contabilização da venda, ajuste a valor presente dos créditos a receber de clientes e impostos sobre vendas.				
01.03.2016	D – Créditos a receber de clientes	1.1.3.1	R$ 8.818,00	
	C – Ajuste a valor presente[6]	1.1.3.2		R$ 318,00
	C – Venda de mercadorias	4.1.1		R$ 8.500,00
	D – CMV	4.3.1	R$ 3.885,00	
	C – Mercadorias para revenda	1.1.5.1.1		R$ 3.885,00
	D – Impostos sobre vendas[7]	4.2.3	R$ 2.204,50	
	C – Impostos sobre vendas a recolher	2.1.15		R$ 2.204,50
Contabilização da compensação dos tributos recuperáveis sobre compras e tributos incidentes sobre vendas, bem como o reconhecimento dos juros *pro rata die* do período.				
31.03.2016	D – Impostos sobre vendas a recolher	2.1.15	R$ 1.850,00	
	C – Impostos sobre compras a recuperar	1.1.7.1		R$ 1.850,00
	D – Ajuste a valor presente	1.1.3.2	R$ 157,54	
	C – Juros sobre créditos	4.4.4.2.1		R$ 157,54
Contabilização dos juros *pro rata die* do período e recebimento do crédito com clientes.				
30.04.2016	D – Ajuste a valor presente	1.1.3.2	R$ 160,46	
	C – Juros sobre créditos	4.4.4.2.1		R$ 160,46
	D – Bancos conta movimento	1.1.1.2	R$ 8.818,00	
	C – Créditos a receber de clientes	1.1.3.1		R$ 8.818,00

6 Conta redutora de Créditos a receber de clientes

7 Cálculo sobre o valor nominal da transação, ou seja, o valor futuro.

Explicação do Cálculo Financeiro com HP-12C

TECLAS	VISOR	SIGNIFICADO
[f] CLEAR [REG]	0,00	Limpa registradores.
8.818 [FV]	8.818,00	Armazena o valor futuro.
2 [n]	2,00	Armazena os períodos.
1.853412 [i]	1,853412	Armazena a taxa de juros.
[PV]	- 8.500,00	Evidencia o valor presente.
1.853412 [%]	- 157,54	Juros do primeiro mês.
[+]	- 8.657,54	Montante no final do primeiro mês.
1.853412 [%]	- 160,46	Juros do segundo mês.
[+]	- 8.818,00	Montante no final do segundo mês.

6.5 – Compras e Vendas de Mercadorias em Moeda Estrangeira

Primeiramente vamos conhecer alguns conceitos evidenciados no normativo CPC 02 (R2) – Efeitos das Mudanças nas Taxas de Câmbio e Conversão de Demonstrações Contábeis, que são importantes para a compreensão de seus dispositivos, quais sejam: a) variação cambial é a diferença resultante da conversão de um número específico de unidades em uma moeda para outra moeda, a diferentes taxas cambiais; b) taxa de câmbio é a relação de troca entre duas moedas; c) moeda estrangeira é qualquer moeda diferente da moeda funcional da entidade; d) moeda funcional é a moeda do ambiente econômico principal no qual a entidade opera; e) itens monetários são unidades de moeda mantidas em caixa e ativos e passivos a serem recebidos ou pagos em um número fixo ou determinado de unidades de moeda; f) moeda de apresentação é a moeda na qual as demonstrações contábeis são apresentadas.

De acordo com o CPC 02 (R2), a entidade deve considerar os seguintes fatores na determinação de sua moeda funcional: a) a moeda que mais influencia os preços de venda de bens e serviços; b) a moeda do país cujas forças competitivas e regulações mais influenciam na determinação dos preços de venda para seus bens e serviços; c) a moeda que tem mais influência em fatores como mão de obra, matéria-prima e outros custos para o fornecimento de bens ou serviços; d) a moeda por meio da qual são originados recursos das atividades de financiamento; e) a moeda por meio da qual os recursos gerados pelas atividades operacionais são usualmente acumulados.

A moeda funcional da entidade reflete as transações, os eventos e as condições subjacentes que são relevantes para ela. Assim, uma vez determinada, a moeda funcional não deve ser alterada a menos que tenha ocorrido mudança nas transações, nos eventos e nas condições subjacentes.

A característica essencial de item monetário é o direito a receber (ou a obrigação de entregar) um número fixo ou determinável de unidades de moeda. Alguns exemplos incluem: passivos de planos de pensão ou outros benefícios a empregados a serem pagos com caixa; provisões que devem ser liquidadas em caixa; e dividendos a serem distribuídos com caixa, que são reconhecidos como passivos. Da mesma forma, um contrato que preveja o direito a receber (ou a obrigação de entregar) um número variável de instrumentos patrimoniais da própria entidade ou uma quantidade variável de ativos, cujo valor justo a ser recebido (ou a ser entregue) iguala-se a um número fixo ou determinável de unidades de moeda, é considerado item monetário. Por outro lado, a característica essencial de item não monetário é a ausência do direito a receber (ou da obrigação de entregar) um número fixo ou determinável de unidades de moeda. Alguns exemplos incluem: adiantamento a fornecedores de mercadorias, adiantamento a prestadores de serviços, aluguéis antecipados, ativos intangíveis, estoques, imobilizado e provisões a serem liquidadas mediante a entrega de ativo não monetário.

A entidade deve converter os itens expressos em moeda estrangeira para sua moeda funcional e deve reportar os efeitos de tal conversão. Uma transação em moeda estrangeira é a transação que é fixada ou requer sua liquidação em moeda estrangeira, incluindo transações que são originadas quando a entidade: (a) compra ou vende bens ou serviços cujo preço é fixado em moeda estrangeira; (b) obtém ou concede empréstimos, quando os valores a pagar ou a receber são fixados em moeda estrangeira; ou (c) de alguma outra forma, adquire ou desfaz-se de ativos, ou assume ou liquida passivos fixados em moeda estrangeira.

Uma transação em moeda estrangeira deve ser reconhecida contabilmente, no momento inicial, pela moeda funcional, mediante a aplicação da taxa de câmbio à vista entre a moeda funcional e a moeda estrangeira, na data da transação, sobre o montante em moeda estrangeira. Sabendo-se que, a data da transação é a data a partir da qual a transação se qualifica para fins de reconhecimento, de acordo com as práticas contábeis adotadas no Brasil.

LOJAS RENNER S.A. Demonstrações contábeis em 31 de dezembro de 2017 e 2016
Notas explicativas às demonstrações contábeis
4 MOEDA FUNCIONAL E MOEDA DE APRESENTAÇÃO As demonstrações financeiras individuais e consolidadas estão apresentadas em Reais, que é a moeda funcional da Companhia. Todos os saldos foram arredondados para o milhar mais próximo, exceto quando indicado de outra forma. **4.1 TRANSAÇÕES E SALDOS EM MOEDA ESTRANGEIRA E CONVERSÃO DAS DEMONSTRAÇÕES** Transações em moeda estrangeira são convertidas para a moeda funcional da Companhia (R$ - reais) utilizando as taxas de câmbio vigentes nas datas das transações. Saldos patrimoniais são convertidos para a moeda funcional à taxa de câmbio no final de cada exercício. Ativos e passivos não monetários que são mensurados pelo valor justo em moeda estrangeira são convertidos para a moeda funcional à taxa de câmbio na data da transação. A diferença de moeda estrangeira gerada na conversão das demonstrações financeiras das Controladas cuja moeda funcional seja diferente da moeda de apresentação real ("R$") são reconhecidas em outros resultados abrangentes e acumuladas em ajustes de avaliação patrimonial no patrimônio líquido.

Ao término da cada período de reporte: a) os itens monetários em moeda estrangeira devem ser convertidos, usando-se a taxa de câmbio de fechamento; b) os itens não monetários que são mensurados pelo custo histórico em moeda estrangeira devem ser convertidos, usando-se a taxa de câmbio vigente na data da transação; e c) as variações cambiais advindas da liquidação de itens monetários ou da conversão de itens monetários por taxas diferentes daquelas pelas quais foram convertidos quando da mensuração inicial, durante o período ou em demonstrações contábeis anteriores, devem ser reconhecidas na demonstração do resultado no período em que surgirem.

Quando itens monetários são originados de transações em moeda estrangeira e há mudança na taxa de câmbio entre a data da transação e a data da liquidação, surge uma variação cambial. Quando a transação é liquidada dentro do mesmo período contábil em que foi originada, toda a variação cambial deve ser reconhecida nesse mesmo período. Entretanto, quando a transação é liquidada em período contábil subsequente, a variação cambial reconhecida em cada período, até a data de liquidação, deve ser determinada pela mudança nas taxas de câmbio ocorrida durante cada período.

MAGAZINE LUIZA S.A.
Demonstrações contábeis em 31 de dezembro de 2017 e 2016

Notas explicativas às demonstrações contábeis

3. Principais políticas e práticas contábeis

3.1. Transações e atualizações monetárias de direitos e obrigações

Os ativos e passivos monetários sujeitos a reajustes contratuais ou variações cambiais e monetárias são atualizados até a data do balanço patrimonial, sendo essas variações reconhecidas como receitas ou despesas financeiras no resultado.

Quando existentes, os ativos e passivos monetários indexados em moeda estrangeira são convertidos para Reais usando-se a taxa de câmbio vigente na data de fechamento dos respectivos balanços patrimoniais. As diferenças decorrentes da conversão de moeda são reconhecidas como receitas ou despesas financeiras no resultado.

No caso da moeda nacional se desvalorizar em relação à moeda na qual foi realizado o negócio, as atualizações com base nas taxas cambiais geram despesas financeiras com a variação cambial nas obrigações e receitas financeiras com a variação cambial nos créditos a receber. Por outro lado, se a moeda nacional se valorizar diante da moeda estrangeira, no período a que se referir à atualização monetária, o comportamento da variação cambial será o inverso, ou seja, os direitos geram despesas e as obrigações geram receitas.

Exemplo 01: Em 13.03.2017 determinada empresa comercial adquire mercadorias no valor de US$ 4.000,00 para pagamento a prazo, com vencimento em 20.05.2017. As mercadorias são adquiridas para revenda no mercado interno. A moeda funcional da empresa é o real (R$), bem como sua moeda de apresentação. A empresa incorre também em gastos com tributos sobre importação não recuperáveis, honorários do despachante aduaneiro, frete e seguro no montante de R$ 3.500,00 referente à compra das mercadorias e efetua o pagamento à vista desses gastos. Em 13.03.2017 US$ 1,00 equivale a R$ 3,1541, em 31.03.2017 US$ 1,00 equivale a R$ 3,1684, em 30.04.2017 US$ 1,00 equivale a R$ 3,1984 e em 20.05.2017 US$ 1,00 equivale a R$ 3,2878. Tributos recuperáveis sobre a compra no valor de R$ 2.145,00.

Data	Lançamento	Código	Débito	Crédito
Contabilização da compra das mercadorias.				
13.03.2017	D – Mercadorias para revenda[8]	1.1.5.1.1	R$ 12.616,40	
	C – Fornecedores	2.1.4.1		R$ 12.616,40
	D – Mercadorias para revenda	1.1.5.1.1	R$ 3.500,00	
	C – Bancos conta movimento	1.1.1.2		R$ 3.500,00
	D – Impostos sobre compras a recuperar	1.1.7.1	R$ 2.145,00	
	C – Mercadorias para revenda	1.1.5.1.1		R$ 2.145,00
Contabilização da variação cambial referente à dívida no mês de março.				
31.03.2017	D – Despesa com variação cambial	4.4.4.1.5	R$ 57,20	
	C - Fornecedores[9]	2.1.4.1		R$ 57,20
Contabilização da variação cambial referente à dívida no mês de abril.				
30.04.2017	D – Despesa com variação cambial	4.4.4.1.5	R$ 120,00	
	C - Fornecedores[10]	2.1.4.1		R$ 120,00
Contabilização da variação cambial referente à dívida no mês de maio e liquidação da mesma.				
20.05.2017	D – Despesa com variação cambial	4.4.4.1.5	R$ 357,60	
	C – Fornecedores[11]	2.1.4.1		R$ 357,60
	D – Fornecedores	2.1.4.1	R$ 13.151,20	
	C – Bancos conta movimento	1.1.1.2		R$ 13.151,20

Exemplo 02: Em 01.11.2017 determinada empresa comercial adquire mercadorias no valor de US$ 3.000,00 para pagamento a prazo, com vencimento em 29.12.2017. As mercadorias são adquiridas para revenda no mercado interno. A moeda funcional da empresa é o real (R$), bem como sua moeda de apresentação. A empresa incorre também em gastos com tributos sobre importação não recuperáveis, honorários do despachante aduaneiro, frete e seguro no montante de R$ 2.700,00 referente à compra das mercadorias e efetua o pagamento à vista desses gastos. Em 01.11.2017 US$ 1,00 equivale a R$ 3,2730, em 30.11.2017 US$ 1,00 equivale a R$ 3,2610 e em 29.12.2017 US$ 1,00 equivale a R$ 3,3074. Tributos recuperáveis sobre a compra no valor de R$ 1.669,00.

13

Data	Lançamento	Código	Débito	Crédito
Contabilização da compra das mercadorias.				
01.11.2017	D – Mercadorias para revenda[12]	1.1.5.1.1	R$ 9.819,00	
	C – Fornecedores	2.1.4.1		R$ 9.819,00
	D – Mercadorias para revenda	1.1.5.1.1	R$ 2.700,00	
	C – Bancos conta movimento	1.1.1.2		R$ 2.700,00
	D – Impostos sobre compras a recuperar	1.1.7.1	R$ 1.669,00	
	C – Mercadorias para revenda	1.1.5.1.1		R$ 1.669,00
Contabilização da variação cambial referente à dívida no mês de novembro.				
30.11.2017	D – Fornecedores[13]	2.1.4.1	R$ 36,00	
	C - Receita com variação cambial	4.4.4.2.5		R$ 36,00
Contabilização da variação cambial referente a dívida no mês de dezembro e liquidação da mesma.				

[8] 4.000 x R$ 3,1541 = R$ 12.616,40

[9] (4.000 x R$ 3,1684 = R$ 12.673,60) – R$ 12.616,40 = R$ 57,20

[10] (4.000 x R$ 3,1984 = R$ 12.793,60) – R$ 12.673,60) = R$ 120,00

[11] (4.000 x R$ 3,2878 = R$ 13.151,20) – R$ 12.793,60 = R$ 357,60

[12] 3.000 x R$ 3,2730 = R$ 9.819,00

[13] 3.000 x R$ 3,2610 = R$ 9.783,00) – R$ 9.819,00 = - R$ 36,00

29.12.2017	D – Despesa com variação cambial	4.4.4.1.5	R$ 139,20	
	C – Fornecedores[14]	2.1.4.1		R$ 139,20
	D – Fornecedores	2.1.4.1	R$ 9.922,20	
	C – Bancos conta movimento	1.1.1.2		R$ 9.922,20

Exemplo 03: Em 01.11.2017 determinada empresa comercial vende mercadorias ao exterior no valor de US$ 2.000,00 para recebimento a prazo, com vencimento em 29.12.2017. A moeda funcional da empresa é o real (R$), bem como sua moeda de apresentação. A empresa incorre também em gastos com comissão do representante comercial no exterior no valor de US$ 150,00 pagos à vista. Suponhamos que a operação de exportação seja totalmente isenta de tributos. O CMV é de R$ 3.200,00. Em 01.11.2017 US$ 1,00 equivale a R$ 3,2730, em 30.11.2017 US$ 1,00 equivale a R$ 3,2610 e em 29.12.2017 US$ 1,00 equivale a R$ 3,3074.

Data	Lançamento	Código	Débito	Crédito
Contabilização da venda das mercadorias.				
01.11.2017	D – Créditos a receber de clientes	1.1.3.1	R$ 6.546,00	
	C – Venda de mercadorias[15]	4.1.1		R$ 6.546,00
	D – CMV	4.3.1	R$ 3.200,00	
	C – Mercadorias para revenda	1.1.5.1.1		R$ 3.200,00
	D – Comissões sobre vendas[16]	4.4.1.2	R$ 490,95	
	C – Bancos conta movimento	1.1.1.2		R$ 490,95
Contabilização da variação cambial referente ao crédito no mês de novembro.				
30.11.2017	D – Despesa com variação cambial	4.4.4.1.5	R$ 24,00	
	C – Créditos a receber de clientes[17]	1.1.3.1		R$ 24,00
Contabilização da variação cambial referente ao crédito no mês de dezembro e o recebimento do mesmo.				
29.12.2017	D – Créditos a receber de clientes[18]	1.1.3.1	R$ 92,80	
	C – Receita com variação cambial	4.4.4.2.5		R$ 92,80
	D – Bancos conta movimento	1.1.1.2	R$ 6.614,80	
	C – Créditos a receber de clientes	1.1.3.1		R$ 6.614,80

6.6 – Perdas Estimadas com Créditos de Liquidação Duvidosa

De acordo com o CPC 48 – Instrumentos Financeiros, a entidade deve mensurar as perdas de crédito esperadas de instrumento financeiro de modo que reflita: a) o valor imparcial e ponderado pela probabilidade que seja determinado ao avaliar um intervalo de resultados possíveis; b) o valor do dinheiro no tempo; e c) informações razoáveis e sustentáveis disponíveis, sem custo ou esforço excessivo, na data do balanço sobre eventos passados, condições atuais e previsões de condições econômicas futuras.

O pronunciamento assinala em seguida que ao mensurar as perdas de crédito esperadas, a entidade não precisa, necessariamente, identificar cada cenário possível. Entretanto, ela deve considerar o risco ou a probabilidade de que ocorra uma perda de crédito ao refletir sobre a possibilidade de que essa perda ocorra e sobre a possibilidade de que não ocorra, mesmo se a possibilidade de ocorrência de perda de crédito for muito baixa.

[14] 3.000 x R$ 3,3074 = R$ 9.922,20) – R$ 9.783,00 = R$ 139,20
[15] 2.000 x R$ 3,2730 = R$ 6.546,00
[16] 150 x R$ 3,2730 = R$ 490,95
[17] 2.000 x R$ 3,2610 = R$ 6.522,00) – R$ 6.546,00 = - R$ 24,00
[18] (US$ 2.000 x R$ 3,3074 = R$ 6.614,80) – R$ 6.522,00 = R$ 92,80

LOJAS RENNER S.A. Demonstrações contábeis em 31 de dezembro de 2017 e 2016
Notas explicativas às demonstrações contábeis
10.3 PROVISÃO PARA PERDAS EM CRÉDITO A provisão para perdas em créditos é constituída com base na análise da carteira de clientes, em montante considerado suficiente pela Administração para fazer frente a eventuais perdas na realização dos créditos. As contas a receber vencidas há mais de 180 dias são baixadas do saldo do contas a receber de clientes em contrapartida da provisão para perdas em crédito, exceto os recebíveis do cartão bandeira (Meu Cartão), que passaram a ser mantidos na carteira a partir de julho de 2017 até completarem 360 dias do vencimento, em razão da prática de instituições financeiras. Nessa carteira, os recebíveis entre 180 e 360 dias após o vencimento são 100% provisionados.

O CPC 48 especifica enfaticamente que a entidade deve sempre mensurar a provisão para perdas por valor equivalente às perdas de crédito esperadas para contas a receber de clientes ou ativos contratuais que resultam de transações dentro do alcance do CPC 47 – Receita de Contrato com Cliente.

A conta Créditos a Receber de Clientes, que normalmente é encontrada no Ativo Circulante, representa recebíveis no futuro oriundos de vendas a prazo de mercadorias, produtos fabricados pela indústria ou prestação de serviços. Na realidade operacional, de toda atividade empresarial, alguns desses valores a receber não serão liquidados pelos devedores. Dessa forma, a contabilidade deve refletir a possibilidade (previsão) desse acontecimento. Assim, utilizamos a conta "Perda Estimada com Créditos de Liquidação Duvidosa - PECLD", que é uma conta redutora do Ativo e, portanto, uma conta credora do Ativo, para evidenciar as previsões de não recebimento de créditos a receber de clientes.

O montante da perda estimada é estabelecido, normalmente, com fundamento na experiência acumulada pela empresa em suas vendas a prazo (estatísticas de não recebimento) e análise de tendências no mercado (inadimplência no setor econômico). O ideal seria analisar crédito a crédito, ou seja, cliente a cliente, realizando uma previsão individualizada de não recebimento. Porém, nem sempre isso é possível, assim sendo, a sistemática mais utilizada é o estabelecimento de uma média estatística de inadimplência dos últimos cinco ou mais anos anteriores.

O percentual referente à expectativa de perdas em relação ao montante de créditos a receber varia de empresa para empresa, dependendo do setor econômico onde atua, o controle de risco de crédito que utiliza, a qualidade de sua carteira de clientes e a até mesmo das condições conjunturais da economia na atualidade.

De acordo com o CPC 48, o ativo financeiro deve ser subsequentemente mensurado ao custo amortizado[19] se as duas seguintes condições forem atendidas: a) o ativo financeiro for mantido dentro de modelo de negócios cujo objetivo seja manter ativos financeiros com o fim de receber fluxos de caixa contratuais; e b) os termos contratuais do ativo financeiro derem origem, em datas especificadas, a fluxos de caixa que constituam, exclusivamente, pagamentos de principal (valor justo do ativo financeiro no reconhecimento inicial) e juros[20] sobre o valor do prin-

[19] Custo amortizado é o montante pelo qual o ativo financeiro é mensurado em seu reconhecimento inicial, menos os pagamentos de principal, mais ou menos a amortização acumulada, utilizando o método da taxa de juros efetiva, menos qualquer redução por ajuste ao valor recuperável.

[20] Juros consistem de contraprestação pelo valor do dinheiro no tempo, pelo risco de crédito associado ao valor do principal em aberto durante período de tempo específico e por outros riscos e custos básicos de empréstimo, bem como a margem de lucro.

cipal em aberto. Porém, no reconhecimento inicial, a entidade deve mensurar contas a receber de clientes ao seu preço de transação, se as contas a receber de clientes não contiverem componente de financiamento significativo de acordo com o CPC 47.

A entidade deve aplicar os requisitos de redução ao valor recuperável a ativos financeiros mensurados ao custo amortizado. O objetivo é reconhecer perdas de crédito esperadas para todos os instrumentos financeiros para os quais houve aumentos significativos no risco de crédito desde o reconhecimento inicial, avaliados de forma individual ou coletiva, considerando todas as informações razoáveis e sustentáveis, incluindo informações prospectivas.

Em cada data do balanço, a entidade deve avaliar se o risco de crédito do instrumento financeiro aumentou significativamente desde o reconhecimento inicial. Ao fazer essa avaliação, a entidade deve utilizar a alteração no risco de inadimplência que ocorre ao longo da vida esperada do instrumento financeiro. Para realizar essa avaliação, a entidade deve comparar o risco de inadimplência que ocorre no instrumento financeiro na data do balanço com o risco de inadimplência existente quando do reconhecimento inicial e considerar informações indicativas de aumentos significativos no risco de crédito nesse intervalo de tempo.

Para o caso em que, na data do balanço, o risco de inadimplência dos créditos a receber de clientes não tiver aumentado de forma significativa, desde o reconhecimento inicial, a entidade deve mensurar a provisão para perdas para esse instrumento financeiro ao valor equivalente às perdas de crédito esperadas para 12 meses.

VALE S.A. **Demonstrações contábeis em 31 de dezembro de 2017 e 2016**
Notas explicativas às demonstrações contábeis
10. Contas a receber **Política contábil** São instrumentos financeiros classificados na categoria empréstimos e recebíveis e representam os valores a receber pela venda de produtos e prestação de serviços efetuados pela Companhia. Os valores a receber são registrados inicialmente a valor justo e subsequentemente mensurados pelo custo amortizado, deduzidos de estimativas de perdas para cobrir eventuais prejuízos na sua realização, quando aplicável.

A entidade deve reconhecer no resultado o ganho ou a perda por redução ao valor recuperável (*impairment*) de créditos a receber de clientes. Assim, registrar o valor requerido da perda de crédito esperada (ou reversão) ajustando a provisão na data de balanço ao valor que deve ser reconhecido. Por outro lado, deve reduzir diretamente o valor contábil bruto de ativo financeiro quando não houver expectativas razoáveis de recuperação na totalidade ou parte dos créditos a receber.

Exemplo: Em 31.12.2017 determinada empresa comercial apresenta o saldo de créditos a receber de clientes no montante de R$ 26.500,00. A empresa efetua a análise individualizada dos créditos a receber e chega à conclusão de que a perda estimada nesses créditos é de 5%. Em 30.04.2018 a empresa reconhece que metade da estimativa de perdas se concretizou e a outra metade não se concretizou, tendo em vista que os créditos foram recebidos.

Data	Lançamento	Código	Débito	Crédito
Contabilização da perda estimada em créditos a receber de clientes.				
31.12.2017	D – Créditos de liquidação duvidosa[21]	4.4.1.6.1	R$ 1.325,00	
	C – Perda estimada com créd. de liquid. duv[22]	1.1.3.3		R$ 1.325,00
Contabilização da baixa de créditos incobráveis e reversão de perdas estimadas no passado.				
30.04.2018	D – Perda estimada com créd. de liquid. duv.	1.1.3.3	R$ 662,50	
	C – Créditos a receber de clientes	1.1.3.1		R$ 662,50
	D – Perda estimada com créd. de liquid. duv.	1.1.3.3	R$ 662,50	
	C – Reversão de créditos de liquid. duv.[23]	4.4.1.6.2		R$ 662,50

6.7 – Ajuste em Estoques ao Valor Realizável Líquido

Em relação à mensuração de estoques, a Lei das Sociedades por Ações assinala que os direitos que tiverem por objeto mercadorias e produtos do comércio da companhia, assim como matérias-primas, produtos em fabricação e bens em almoxarifado, pelo custo de aquisição ou produção, deduzido de provisão para ajustá-lo ao valor de mercado, quando este for inferior. Esta é a regra geral seguida com mesmo tratamento pelo CPC 16 (R1) – Estoques.

> **LOJAS RENNER S.A.**
> **Demonstrações contábeis em 31 de dezembro de 2017 e 2016**
>
> **Notas explicativas às demonstrações contábeis**
>
> **12 ESTOQUES**
>
> **12.1 POLÍTICA CONTÁBIL**
>
> São mensurados pelo custo de aquisição, incluindo os impostos não recuperáveis, custos de transportes e demais custos necessários para trazer os estoques às suas condições atuais. O custo dos estoques de mercadorias importadas também consideram quaisquer ganhos ou perdas de hedge de fluxo de caixa liquidados que são transferidos do patrimônio líquido.
> Os estoques são valorizados ao custo médio ponderado e deduzidos da estimativa de perdas para ajustá-los aos valores realizáveis líquidos, quando aplicável.

Lembrando que o conceito de valor realizável líquido significa o preço de venda estimado no curso normal dos negócios deduzido dos custos estimados para sua conclusão e dos gastos estimados necessários para se concretizar a venda.

Exemplo: Empresa comercial adquire em 02.03.2015, mercadorias para revenda no valor total de R$ 15.000,00 efetuando o pagamento à vista com emissão de cheque bancário. Em 15.04.2015, a empresa estima que esses estoques estão registrados acima do valor recuperável. Uma determinada concorrente internacional lançou no mercado nacional um produto similar por um preço bem menor. A estimativa da empresa comercial é de que o valor de venda, diminuído dos gastos necessários para realizar todo o estoque, seja de R$ 9.450,00. Impostos recuperáveis sobre o valor de compra = 25%.

---

21 Conta de despesa (perda por redução ao valor recuperável).
22 Conta retificadora do ativo (redução ao valor recuperável).
23 Conta de receita (reversão de perda estimada ou ganho por redução ao valor recuperável).

Data		Código	Débito	Crédito
Contabilização da compra das mercadorias e tributos recuperáveis.				
02.03.2015	D – Mercadorias para revenda	1.1.5.1.1	R$ 15.000,00	
	C – Bancos conta movimento	1.1.1.2		R$ 15.000,00
	D – Impostos sobre compras a recuperar	1.1.7.1	R$ 3.750,00	
	C – Mercadorias para revenda	1.1.5.1.1		R$ 3.750,00
Contabilização da perda estimada nos estoques.				
15.04.2015	D – Ajuste ao valor realizável Líquido[24]	4.4.3.5.1	R$ 1.800,00	
	C – Perda estimada em estoques	1.1.5.1.2		R$ 1.800,00

6.8 – Descontos Obtidos no Pagamento Antecipado de Obrigações e Descontos Concedidos na Antecipação de Recebimento de Créditos

Descontos financeiros ocorrem na liquidação antecipada de obrigações. Assim sendo, quando determinada entidade toma a decisão de liquidar antecipadamente uma obrigação que vence no futuro é normal negociar com o credor um desconto devido à liquidação antecipada da dívida. Nesse caso, para o devedor que está antecipando o pagamento surge uma receita pelo desconto obtido. Por outro lado, para o credor surge uma despesa em função do desconto concedido.

Exemplo 01: Empresa comercial tem uma dívida com determinado fornecedor que vence em 02.03.2015, no valor de R$ 2.500,00. A empresa decide pagar a obrigação em 15.01.2015 e pede um desconto ao fornecedor pelo pagamento antecipado. O fornecedor concorda com a transação e oferece um abatimento de 5% sobre o valor da dívida. Pagamento via depósito bancário.

Data	Lançamento	Código	Débito	Crédito
Contabilização do pagamento antecipado da dívida.				
15.01.2015	D – Fornecedores	2.1.4.1	R$ 2.500,00	
	C – Descontos obtidos	4.4.4.2.2		R$ 125,00
	C – Bancos conta movimento	1.1.1.2		R$ 2.375,00

Exemplo 02: Empresa comercial tem um crédito com determinado cliente que vence em 18.03.2015, no valor de R$ 3.700,00. A empresa cliente decide pagar a obrigação em 20.01.2015 e pede um desconto pelo pagamento antecipado. Fica acordado um desconto de 6% sobre o valor nominal da dívida. Recebimento através de depósito bancário.

Data	Lançamento	Código	Débito	Crédito
Contabilização do recebimento antecipado do crédito.				
20.01.2015	D – Bancos conta movimento	1.1.1.2	R$ 3.478,00	
	D – Descontos concedidos	4.4.4.1.2	R$ 222,00	
	C – Créditos a receber de clientes	1.1.3.1		R$ 3.700,00

[24] R$ 15.000 – R$ 3.750 – R$ 9.450 = R$ 1.800

6.9 – Juros no Atraso do Pagamento de Obrigações e Juros no Recebimento de Créditos com Atraso

Na ocorrência de pagamento de obrigações com atraso, normalmente existe a cobrança de juros em relação ao tempo que transcorreu entre a data de vencimento e a data de pagamento. Para o credor os juros cobrados se configuram como uma receita. Por outro lado, para o devedor os juros pagos são concretamente uma despesa.

Exemplo 01: Empresa comercial tem uma dívida com um determinado fornecedor com vencimento em 15.03.2016, com valor nominal de R$ 3.500,00. No entanto, a empresa consegue efetuar o pagamento apenas no dia 20.03.2016, incorrendo em juros moratórios no valor de R$ 70,00. Pagamento através de transferência bancária.

Data	Lançamento	Código	Débito	Crédito
Reconhecimento dos juros por atraso e pagamento da dívida.				
20.03.2016	D – Juros sobre obrigações	4.4.4.1.1	R$ 70,00	
	C – Fornecedores	2.1.4.1		R$ 70,00
	D – Fornecedores	2.1.4.1	R$ 3.570,00	
	C – Bancos conta movimento	1.1.1.2		R$ 3.570,00

Exemplo 02: Empresa comercial tem uma dívida com um determinado fornecedor com vencimento em 01.03.2016, com valor nominal de R$ 2.800,00. No entanto, a empresa consegue efetuar o pagamento apenas no dia 30.04.2016, incorrendo em juros moratórios no valor de 2% ao mês. Pagamento através de transferência bancária.

Data	Lançamento	Código	Débito	Crédito
Reconhecimento dos juros por atraso referente ao mês de março.				
01.03.2016	D – Juros sobre obrigações	4.4.4.1.1	R$ 56,00	
	C - Fornecedores	2.1.4.1		R$ 56,00
Reconhecimento dos juros por atraso referente ao mês de abril e pagamento da dívida.				
30.04.2016	D – Juros sobre obrigações	4.4.4.1.1	R$ 57,12	
	C – Fornecedores	2.1.4.1		R$ 57,12
	D – Fornecedores	2.1.4.1	R$ 2.913,12	
	C – Bancos conta movimento	1.1.1.2		R$ 2.913,12

Exemplo 03: Empresa comercial tem um crédito a receber de um determinado cliente com vencimento em 20.04.2016, com valor nominal de R$ 2.400,00. No entanto, a empresa recebe o pagamento apenas no dia 30.04.2016, devido ao atraso no pagamento o cliente incorre em juros moratórios no valor de R$ 50,00. Pagamento através de transferência bancária.

Data	Lançamento	Código	Débito	Crédito
Reconhecimento dos juros por atraso e recebimento do crédito.				
30.04.2016	D – Créditos a receber de clientes	1.1.3.1	R$ 50,00	
	C – Juros sobre créditos	4.4.4.2.1		R$ 50,00
	D – Bancos conta movimento	1.1.1.2	R$ 2.450,00	
	C – Créditos a receber de clientes	1.1.3.1		R$ 2.450,00

Exemplo 04: Empresa comercial tem um crédito a receber de um determinado cliente com vencimento em 01.03.2016, com valor nominal de R$ 1.500,00. No entanto, a empresa recebe o pagamento apenas no dia 30.04.2016, devido ao atraso no pagamento o cliente incorre em juros moratórios de 2% ao mês. Pagamento através de transferência bancária.

Data	Lançamento	Código	Débito	Crédito
Reconhecimento dos juros por atraso no mês de março.				
31.03.2016	D – Créditos a receber de clientes	1.1.3.1	R$ 30,00	
	C – Juros sobre créditos	4.4.4.2.1		R$ 30,00
Reconhecimento dos juros incorridos no mês de abril e recebimento do crédito.				
30.04.2016	D – Créditos a receber de clientes	1.1.3.1	R$ 30,60	
	C – Juros sobre créditos	4.4.4.2.1		R$ 30,60
	D – Bancos conta movimento	1.1.1.2	R$ 1.560,60	
	C – Créditos a receber de clientes	1.1.3.1		R$ 1.560,60

6.10 – Sistemas de Controle de Estoque

6.10.1 – Inventário Periódico

Quando a empresa utiliza o inventário periódico não existe o controle dos seus estoques de forma constante ao longo dos dias do mês. Efetuam-se as vendas sem um controle concomitante do estoque. O Custo das Mercadorias Vendidas (CMV) é apurado apenas no final de cada período, através do levantamento físico dos estoques de mercadorias naquela data (estoque final) e, pela diferença encontrada com as mercadorias disponíveis para venda durante o período (estoque inicial mais compras de mercadorias). É um sistema utilizado principalmente por empresas de pequeno porte. A fórmula a seguir representa a maneira de se encontrar o CMV:

$$CMV = EI + C - EF$$

Onde:
CMV = Custo das Mercadorias Vendidas
EI = Estoque Inicial
C = Compras no Período, Líquidas de Impostos Recuperáveis (ajustadas por devoluções, fretes, seguros e outros)
EF = Estoque Final

6.10.2 – Inventário Permanente

Quando a empresa utiliza o inventário permanente existe um controle contínuo dos seus estoques de mercadorias. Assim sendo, a utilização do inventário permanente possibilita que após cada operação de venda a empresa tenha uma posição atualizada em termos monetários e físicos do seu estoque, além de ter disponível o valor do CMV. As entradas de itens no estoque ocorrem por aquisições de mercadorias ou por devoluções de vendas efetuadas. Por outro lado, as saídas de estoque poderão ocorrer devido às vendas ou devoluções de compras.

O controle de estoque pelo sistema permanente será feito através de fichas, onde cada tipo diferente de item do estoque terá uma ficha correspondente. Na ficha de controle de estoque trabalhamos com os valores de compra (entrada), ou seja, o custo histórico, para o caso do seu custo histórico ser inferior ao valor líquido de realização (valor de venda líquido de impostos e despesas necessárias para se concretizar a venda).

Quando utilizamos o inventário permanente, temos três critérios básicos de controle do estoque, quais sejam:

a. **PEPS:** Primeiro a Entrar, Primeiro a Sair (PEPS) da expressão em inglês FIFO (*first-in-first-out*). Com base nesse critério, as saídas do estoque (baixa) pela venda são efetuadas utilizando-se o valor das primeiras compras, ou seja, o valor dos estoques mais antigos;

b. **UEPS[25]:** Último a Entrar, Primeiro a Sair (UEPS) da expressão em inglês LIFO (*last-in-first-out*). Através da utilização desse critério, as saídas do estoque (baixa) pela venda são efetuadas utilizando-se o valor das últimas compras, ou seja, o valor dos estoques mais novos;

c. **MPM:** Significa Média Ponderada Móvel. O critério é intitulado de Custo Médio Ponderado segundo o CPC 16 (R1) e na sua aplicação teremos um único valor médio para todos os itens do estoque, assim, as saídas do estoque pela venda são efetuadas utilizando-se o preço médio de compra dos estoques. O valor médio de cada unidade em estoque será alterado por cada compra de outras unidades de mercadorias por preços diferentes. O cálculo é feito simplesmente através da divisão do custo total das mercadorias existentes pelas unidades totais em estoque.

De acordo com o CPC 16 (R1) - Estoques, o custo dos estoques de itens que não são normalmente intercambiáveis e de bens ou serviços produzidos e segregados para projetos específicos deve ser atribuído pelo uso da identificação específica dos seus custos individuais. A identificação específica do custo significa que são atribuídos custos específicos a itens identificados do estoque. Este é o tratamento apropriado para itens que sejam segregados para um projeto específico, independentemente de eles terem sido comprados ou produzidos. Porém, quando há grandes quantidades de itens de estoque que sejam geralmente intercambiáveis, a identificação específica de custos não é apropriada. Em tais circunstâncias, um critério de valoração dos itens que permanecem nos estoques deve ser usado. Assim, o custo dos estoques deve ser atribuído pelo uso do critério Primeiro a Entrar, Primeiro a Sair (PEPS) ou pelo critério do Custo Médio Ponderado.

Exemplo: Evidenciar as fichas de controle de estoque pelos métodos PEPS, MPM e UEPS. As informações necessárias são as seguintes: **31.12.2015:** Estoque de mercadorias no valor de R$ 7.200,00, representando 200 unidades; **08.01.2016:** Compra de 100 unidades de mercadorias pelo valor unitário de R$ 50,00 (Impostos recuperáveis sobre vendas = 20%); **10.01.2016:** Devolução de 10 unidades da última compra; **13.01.2016:** Venda de 220 unidades de mercadorias pelo valor total de R$ 15.400,00 (Impostos incidentes sobre vendas = 20%); **25.01.2016:**

[25] As normas internacionais de contabilidade e as normas fiscais brasileiras não aceitam esse critério.

Devolução de 5 unidades da última venda; **27.01.2016:** Venda de 50 unidades de mercadorias pelo valor total de R$ 3.500,00 (Impostos incidentes sobre vendas = 20%).

Ficha de Estoque (PEPS)

PEPS	entrada			saída			saldo		
Datas	unidade	valor unitário	valor total	unidade	valor unitário	valor total	unidade	valor unitário	valor total
31.12.2015							200	R$ 36,00	R$ 7.200,00
08.01.2016	100	R$ 40,00	R$ 4.000,00				200 100	R$ 36,00 R$ 40,00	R$ 7.200,00 R$ 4.000,00
10.01.2016	(10)	R$ 40,00	R$ (400,00)				200 90	R$ 36,00 R$ 40,00	R$ 7.200,00 R$ 3.600,00
13.01.2016				200 20	R$ 36,00 R$ 40,00	R$ 7.200,00 R$ 800,00	70	R$ 40,00	R$ 2.800,00
25.01.2016				(5)	R$ 40,00	R$ (200,00)	75	R$ 40,00	R$ 3.000,00
27.01.2016				50	R$ 40,00	R$ 2.000,00	25	R$ 40,00	R$ 1.000,00
					CMV =	R$ 9.800,00		Estoque Final =	R$ 1.000,00

Estoque Incial	R$ 7.200,00	(-) Estoque Final	R$ (1.000,00)
(+) Compras	R$ 3.600,00	(=) CMV	R$ 9.800,00

Ficha de Estoque (MPM)

MPM	entrada			saída			saldo		
Datas	unidade	valor unitário	valor total	unidade	valor unitário	valor total	unidade	valor unitário	valor total
31.12.2015							200	R$ 36,00	R$ 7.200,00
08.01.2016	100	R$ 40,00	R$ 4.000,00				300	R$ 37,33	R$ 11.200,00
10.01.2016	(10)	R$ 40,00	R$ (400,00)				290	R$ 37,24	R$ 10.800,00
13.01.2016				220	R$ 37,24	R$ 8.192,80	70	R$ 37,25	R$ 2.607,20
25.01.2016				(5)	R$ 37,24	R$ (186,20)	75	R$ 37,25	R$ 2.793,40
27.01.2016				50	R$ 37,25	R$ 1.862,50	25	R$ 37,24	R$ 930,90
					CMV =	R$ 9.869,10		Estoque Final =	R$ 930,90

Estoque Incial	R$ 7.200,00	(-) Estoque Final	R$ (930,90)
(+) Compras	R$ 3.600,00	(=) CMV	R$ 9.869,10

Ficha de Estoque (UEPS)

UEPS	entrada			saída			saldo		
Datas	unidade	valor unitário	valor total	unidade	valor unitário	valor total	unidade	valor unitário	valor total
31.12.2015							200	R$ 36,00	R$ 7.200,00
08.01.2016	100	R$ 40,00	R$ 4.000,00				200 100	R$ 36,00 R$ 40,00	R$ 7.200,00 R$ 4.000,00
10.01.2016	(10)	R$ 40,00	R$ (400,00)				200 90	R$ 36,00 R$ 40,00	R$ 7.200,00 R$ 3.600,00
13.01.2016				90 130	R$ 40,00 R$ 36,00	R$ 3.600,00 R$ 4.680,00	70	R$ 36,00	R$ 2.520,00
25.01.2016				(5)	R$ 36,00	R$ (180,00)	75	R$ 36,00	R$ 2.700,00
27.01.2016				50	R$ 36,00	R$ 1.800,00	25	R$ 36,00	R$ 900,00
					CMV =	R$ 9.900,00		Estoque Final =	R$ 900,00

Estoque Incial	R$ 7.200,00	(-) Estoque Final	R$ (900,00)
(+) Compras	R$ 3.600,00	(=) CMV	R$ 9.900,00

Resultados por Critérios Diferentes

		PEPS		MPM		UEPS
Receita Bruta	R$	18.900,00	R$	18.900,00	R$	18.900,00
(-) Devoluções das Vendas	R$	(350,00)	R$	(350,00)	R$	(350,00)
(-) Impostos sobre Vendas	R$	(3.710,00)	R$	(3.710,00)	R$	(3.710,00)
(=) Receita Líquida	R$	14.840,00	R$	14.840,00	R$	14.840,00
(-) CMV	R$	(9.800,00)	R$	(9.869,10)	R$	(9.900,00)
(=) Lucro Bruto	R$	5.040,00	R$	4.970,90	R$	4.940,00

Analisando o exemplo, podemos verificar que o preço de compra das mercadorias aumenta ao longo do tempo. Assim sendo, a empresa desenvolve suas atividades em uma economia onde ocorre um aumento no nível de preços (inflação). Em uma economia inflacionária a utilização do método UEPS gera um menor lucro contábil em relação ao método PEPS. Por outro lado, no caso de uma economia deflacionária, os resultados se inverteriam. Além desse aspecto, devemos atentar para o fato de que o valor final de estoque encontrado na ficha de controle deve ser o mesmo encontrado no Razão da conta Mercadorias (ou outra conta que represente determinado estoque).

Na realidade, os critérios de controle de estoque representam pressuposições sobre do fluxo de custo, não pressuposições sobre o fluxo físico. Em uma empresa que gira rapidamente seu estoque, as diferenças encontradas em relação à utilização de um ou outro critério de controle seriam menores.

Impacto dos Diferentes Critérios de Controle no CMV e no Estoque

Critério	Demonstração do Resultado do Exercício	Balanço Patrimonial
PEPS	Preços Antigos de Compra	Preços Próximos ao Corrente de Compra
MPM	Preços Médios de Compra	Preços Médios de Compra
UEPS	Preços Próximos ao Corrente de Compra	Preços Antigos de Compra

6.11 – Exemplo Prático

31.12.2016. A sociedade empresarial Cia. Islândia, apresenta os seguintes saldos no balanço patrimonial: Bancos conta movimento = R$ 25.000,00; Mercadorias = R$ 35.000,00 (700 unidades); Veículos = R$ 60.000,00; Depreciação acumulada veículos = R$ 10.000,00; Fornecedores = R$ 40.000,00; Capital subscrito = R$ 120.000,00; Capital a integralizar = R$ 50.000,00.

01.01.2017. Compra de 800 unidades de mercadorias para revenda no valor de R$ 55.000,00, sendo 20% à vista (com a emissão de cheque bancário) e o restante para pagamento em 60 dias mediante cobrança de juros de 3% ao mês sobre a parcela a prazo. Impostos recuperáveis sobre a compra = 20%.

Explicação do Cálculo Financeiro com HP-12C

TECLAS	VISOR	SIGNIFICADO
f CLEAR REG	0,00	Limpa registradores.
44.000 PV	44.000,00	Armazena o valor presente.
2 n	2,00	Armazena os períodos.
3 i	3,00	Armazena a taxa de juros.
FV	- 46.679,60	Evidencia o valor futuro.
1 f AMORT	1.320,00	Juros do primeiro mês.
1 f AMORT	1.359,60	Juros do segundo mês.

03.01.2017. Compra de terreno para utilização como estacionamento para os funcionários e clientes no valor total de R$ 20.000,00, através de financiamento bancário para pagamento em 31.01.2017, incidindo a cobrança de juros de R$ 400,00 no período.

10.01.2017. Aplicação financeira de curto prazo no valor de R$ 9.000,00 com prazo de resgate em 60 dias e remuneração de 0,04965% ao dia.

Explicação do Cálculo Financeiro com HP-12C

TECLAS	VISOR	SIGNIFICADO
f CLEAR REG	0,00	Limpa registradores.
9.000 PV	9.000,00	Armazena o valor presente.
60 n	60,00	Armazena os períodos.
0.04965 i	0,04965	Armazena a taxa de juros.
FV	- 9.272,07	Evidencia o valor futuro.
21 f AMORT	94,31	Juros de 21 dias (dia 10 ao dia 31).

13.01.2017. Venda de 1.000 unidades de mercadorias pelo valor de R$ 90.000,00, sendo 60% à vista com depósito em banco e o restante a prazo de 30 dias mediante a cobrança de juros de 0,098578% ao dia sobre a parcela a prazo. Impostos incidentes sobre a venda = 20%.

Explicação do Cálculo Financeiro com HP-12C

TECLAS	VISOR	SIGNIFICADO
f CLEAR REG	0,00	Limpa registradores.
36.000 PV	36.000,00	Armazena o valor presente.
30 n	30,00	Armazena os períodos.
0.098578 i	0,098578	Armazena a taxa de juros.
FV	- 37.080,00	Evidencia o valor futuro.
18 f AMORT	644,17	Juros de 18 dias (dia 13 ao dia 31).

16.01.2017. Reconhecimento da comissão dos vendedores sobre a venda de mercadorias do dia 13.01.2016 no percentual de 2,5% sobre a receita bruta. Comissões serão pagas no 5º dia útil do próximo mês.

18.01.2017. Compra de 300 unidades de mercadorias para revenda no valor de R$ 22.500,00, a prazo de 15 dias (efeito do ajuste a valor presente da obrigação considerado irrelevante). Impostos recuperáveis sobre a compra = 20%.

19.01.2017. Devolução de 30 unidades de mercadorias da última compra.

20.01.2017. Pagamento de honorários de advogado que prestou serviços no próprio mês para a empresa no valor de R$ 2.500,00, através da emissão de cheque bancário.

21.01.2017. Venda de 600 unidades de mercadorias pelo valor de R$ 60.000,00, sendo 60% à vista com depósito em banco e o restante a prazo de 15 dias (efeito do ajuste a valor presente do crédito a receber considerado irrelevante). Impostos incidentes sobre a venda = 20%.

22.01.2017. Recebimento em devolução de 40 unidades da última venda.

23.01.2017. Reconhecimento da comissão dos vendedores sobre a venda de mercadorias do dia 21.01.2016 no percentual de 2,5% sobre a receita bruta. Comissões serão pagas no 5º dia útil do próximo mês (levar em consideração a devolução de mercadorias do dia 22.01.2017).

25.01.2017. Pagamento de consumo de combustível dos veículos da área comercial no valor de R$ 1.200,00, através da emissão de cheque bancário.

31.01.2017. Reconhecimento da depreciação do veículo referente ao mês no valor de R$ 1.000,00. Reconhecimento da despesa de salários dos funcionários do setor administrativo referente ao mês de janeiro no valor de R$ 5.500,00 e despesa de salários dos funcionários do setor comercial no valor de R$ 4.700,00 que serão pagos no 5º dia útil do próximo mês. Reconhecimento de juros incorridos no mês referente às compras e vendas a prazo, bem como da receita de juros referente à aplicação financeira. Reconhecimento e pagamento (através da emissão de cheque bancário) do aluguel referente ao mês de janeiro, do imóvel onde a empresa está instalada, no valor de R$ 3.000,00.

Observação: Calcular Imposto de Renda e Contribuição Social sobre o Lucro Líquido utilizando alíquota de 34%. Considerar que não existem diferenças entre o lucro contábil e o lucro tributável (lucro real) e que o período de apuração é mensal. Controle de estoque pelo método PEPS.

Ficha de Estoque (PEPS)

PEPS	entrada			saída			saldo		
Datas	unidade	valor unitário	valor total	unidade	valor unitário	valor total	unidade	valor unitário	valor total
31.12.2016							700	R$ 50,00	R$ 35.000,00
01.01.2017	800	R$ 54,33	R$ 43.464,08				700	R$ 50,00	R$ 35.000,00
							800	R$ 54,33	R$ 43.464,08
13.01.2017				700	R$ 50,00	R$ 35.000,00	500	R$ 54,33	R$ 27.165,08
				300	R$ 54,33	R$ 16.299,00			
18.01.2017	300	R$ 60,00	R$ 18.000,00				500	R$ 54,33	R$ 27.165,08
							300	R$ 60,00	R$ 18.000,00
19.01.2017	(30)	R$ 60,00	R$ (1.800,00)				500	R$ 54,33	R$ 27.165,08
							270	R$ 60,00	R$ 16.200,00
21.01.2017				500	R$ 54,33	R$ 27.165,08	170	R$ 60,00	10.200,00
				100	R$ 60,00	R$ 6.000,00			
22.01.2017				(40)	R$ 60,00	R$ (2.400,00)	210	R$ 60,00	12.600,00
					CMV =	**R$ 82.064,08**		Estoque Final =	**12.600,00**

Estoque Incial	R$	35.000,00
(+) Compras	R$	59.664,08
(-) Estoque Final	R$	(12.600,00)
(=) CMV	R$	82.064,08

Lançamentos no Diário				
Data	**Lançamento**	**Código**	**Débito**	**Crédito**
01.01.17	D – Mercadorias para revenda	1.1.5.1.1	R$ 55.000,00	
	D – Ajuste a valor presente	2.1.4.2	R$ 2.679,60	
	C – Bancos conta movimento	1.1.1.2		R$ 11.000,00
	C – Fornecedores	2.1.4.1		R$ 46.679,60
	D – Impostos sobre compras a recuperar	1.1.7.1	R$ 11.535,92	
	C – Mercadorias para revenda	1.1.5.1.1		R$ 11.535,92
03.01.17	D – Imóveis de uso	1.2.3.1.1	R$ 20.000,00	
	D – Ajuste a valor presente	2.1.1.2	R$ 400,00	
	C – Empréstimos e financ. a pagar	2.1.1.1		R$ 20.400,00
10.01.17	D – Aplicações financ. de liq. imediata	1.1.1.3.1	R$ 9.000,00	
	C – Bancos conta movimento	1.1.1.2		R$ 9.000,00
13.01.17	D – Bancos conta movimento	1.1.1.2	R$ 54.000,00	
	D – Créditos a receber de clientes	1.1.3.1	R$ 37.080,00	
	C – Ajuste a valor presente	1.1.3.2		R$ 1.080,00
	C – Venda de mercadorias	4.1.1		R$ 90.000,00
	D – CMV	4.3.1	R$ 51.299,00	
	C – Mercadorias para revenda	1.1.5.1.1		R$ 51.299,00
	D – Impostos sobre vendas	4.2.3	R$ 18.216,00	

	C – Impostos sobre vendas a recolher	2.1.15		R$ 18.216,00
16.01.17	D – Comissões sobre vendas	4.4.1.2	R$ 2.250,00	
	C – Comissões sobre vendas a pagar	2.1.18		R$ 2.250,00
18.01.17	D – Mercadorias para revenda	1.1.5.1.1	R$ 22.500,00	
	C – Fornecedores	2.1.4.1		R$ 22.500,00
	D – Impostos sobre compras a recuperar	1.1.7.1	R$ 4.500,00	
	C – Mercadorias para revenda	1.1.5.1.1		R$ 4.500,00
19.01.17	D – Fornecedores	2.1.4.1	R$ 2.250,00	
	C – Mercadorias para revenda	1.1.5.1.1		R$ 1.800,00
	C – Impostos sobre compras a recuperar	1.1.7.1		R$ 450,00
20.01.17	D – Honorários	4.4.2.7	R$ 2.500,00	
	C – Bancos conta movimento	1.1.1.2		R$ 2.500,00
21.01.17	D – Bancos conta movimento	1.1.1.2	R$ 36.000,00	
	D – Créditos a receber de clientes	1.1.3.1	R$ 24.000,00	
	C – Venda de mercadorias	4.1.1		R$ 60.000,00
	D – CMV	4.3.1	R$ 33.165,08	
	C – Mercadorias para revenda	1.1.5.1.1		R$ 33.165,08
	D – Impostos sobre vendas	4.2.3	R$ 12.000,00	
	C – Impostos sobre vendas a recolher	2.1.15		R$ 12.000,00
22.01.17	D – Devoluções das vendas	4.2.1	R$ 4.000,00	
	C – Créditos a receber de clientes	1.1.3.1		R$ 4.000,00
	D – Mercadorias para revenda	1.1.5.1.1	R$ 2.400,00	
	C – CMV	4.3.1		R$ 2.400,00
	D – Impostos sobre vendas a recolher	2.1.15	R$ 800,00	
	C – Impostos sobre vendas	4.2.3		R$ 800,00
23.01.17	D – Comissões sobre vendas	4.4.1.2	R$ 1.400,00	
	C – Comissões sobre vendas a pagar	2.1.18		R$ 1.400,00
25.01.17	D – Combustível e lubrificantes	4.4.1.5	R$ 1.200,00	
	C – Bancos conta movimento	1.1.1.2		R$ 1.200,00
31.01.17	D – Depreciação e amortização	4.4.3.1	R$ 1.000,00	
	C – Depreciação acumulada veículos	1.2.3.3.2		R$ 1.000,00
	D – Salários e encargos sociais	4.4.1.1	R$ 4.700,00	
	D – Salários e encargos sociais	4.4.2.1	R$ 5.500,00	
	C – Salários e encargos sociais a pagar	2.1.6		R$ 10.200,00
	D – Juros sobre obrigações	4.4.4.1.1	R$ 1.320,00	
	C – Ajuste a valor presente	2.1.4.2		R$ 1.320,00
	D – Ajuste a valor presente	1.1.3.2	R$ 644,17	
	C – Juros sobre créditos	4.4.4.2.1		R$ 644,17
	D - Aplicações financ. de liq. imediata	1.1.1.3.1	R$ 94,31	
	C – Receita sobre aplicações financeiras	4.4.4.2.3		R$ 94,31
	D – Aluguel	4.4.2.8	R$ 3.000,00	
	C – Bancos conta movimento	1.1.1.2		R$ 3.000,00
	D – Juros sobre obrigações	4.4.4.1.1	R$ 400,00	
	C – Ajuste a valor presente	2.1.1.2		R$ 400,00
	D - Empréstimos e financ. a pagar	2.1.1.1	R$ 20.400,00	
	C – Bancos conta movimento	1.1.1.2		R$ 20.400,00

Encerramento das contas de resultado e cálculo do imposto de renda e contribuição social sobre o lucro				
31.01.17	D - Venda de mercadorias	4.1.1	R$ 150.000,00	
	D – Juros sobre créditos	4.4.4.2.1	R$ 644,17	
	D - Receita sobre aplicações financeiras	4.4.4.2.3	R$ 94,31	
	C – Resultado líquido do exercício	4.4.7.1		R$ 150.738,48
	D – Resultado líquido do exercício	4.4.7.1	R$ 138.750,08	
	C – CMV	4.3.1		R$ 82.064,08
	C – Devoluções das vendas	4.2.1		R$ 4.000,00
	C – Impostos sobre vendas	4.2.3		R$ 29.416,00
	C – Comissões sobre vendas	4.4.1.2		R$ 3.650,00
	C – Honorários	4.4.2.7		R$ 2.500,00
	C – Combustível e lubrificantes	4.4.1.5		R$ 1.200,00
	C – Depreciação e amortização	4.4.3.1		R$ 1.000,00
	C – Salários e encargos sociais	4.4.1.1		R$ 4.700,00
	C – Salários e encargos sociais	4.4.2.1		R$ 5.500,00
	C – Juros sobre obrigações	4.4.4.1.1		R$ 1.720,00
	C – Aluguel	4.4.2.8		R$ 3.000,00
	D – Imposto de renda e contrib. social	4.4.5.1	R$ 4.076,06	
	C – Imp. de renda e contrib. soc. a pagar	2.1.10		R$ 4.076,06
	D – Resultado líquido do exercício	4.4.7.1	R$ 4.076,06	
	C - Imposto de renda e contrib. social	4.4.5.1		R$ 4.076,06
Compensação entre impostos sobre compras a recuperar e impostos sobre vendas a recolher				
31.01.17	D – Impostos sobre vendas a recolher	2.1.15	R$ 15.585,92	
	C - Impostos sobre compras a recuperar	1.1.7.1		R$ 15.585,92
Transferência do resultado do período para a conta de lucros ou prejuízos acumulados no patrimônio líquido				
31.01.17	D – Resultado líquido do exercício	4.4.7.1	R$ 7.912,34	
	C – Lucros ou prejuízos acumulados	3.6.1		R$ 7.912,34

CONTAS PATRIMONIAIS

Bancos conta movimento	
(si) R$ 25.000,00	R$ 11.000,00 (1)
(5) R$ 54.000,00	R$ 9.000,00 (4)
(13) R$ 36.000,00	R$ 2.500,00 (12)
	R$ 1.200,00 (20)
	R$ 3.000,00 (26)
	R$ 20.400,00 (28)
R$ 67.900,00	

Aplicações financeiras de liq. imediata	
(4) R$ 9.000,00	
(25) R$ 94,31	
R$ 9.094,31	

Créditos a receber de clientes	
(5) R$ 37.080,00	R$ 4.000,00 (16)
(13) R$ 24.000,00	
R$ 57.080,00	

Ajuste a valor presente	
(24) R$ 644,17	R$ 1.080,00 (5)
	R$ 435,83

Mercadorias para revenda	
(si) R$ 35.000,00	R$ 11.535,92 (2)
(1) R$ 55.000,00	R$ 51.299,00 (6)
(9) R$ 22.500,00	R$ 4.500,00 (10)
(17) R$ 2.400,00	R$ 1.800,00 (11)
	R$ 33.165,08 (14)
R$ 12.600,00	

Impostos sobre compras a recuperar	
(2) R$ 11.535,92	R$ 450,00 (11)
(10) R$ 4.500,00	R$ 15.585,92 (33)
R$ 0,00	

Veículos	
(SI) R$ 60.000,00	
R$ 60.000,00	

Depreciação acumulada veículos	
	R$ 10.000,00 (si)
	R$ 1.000,00 (21)
	R$ 11.000,00

Empréstimos e financ. a pagar	
(28) R$ 20.400,00	R$ 20.400,00 (3)
	R$ 0,00

Ajuste a valor presente	
(3) R$ 400,00	R$ 400,00 (27)
R$ 0,00	

Fornecedores	
(11) R$ 2.250,00	R$ 40.000,00 (si)
	R$ 46.679,60 (1)
	R$ 22.500,00 (9)
	R$ 106.929,60

Ajuste a valor presente	
(1) R$ 2.679,60	R$ 1.320,00 (23)
R$ 1.359,60	

Comissões sobre vendas a pagar	
	R$ 2.250,00 (8)
	R$ 1.400,00 (19)
	R$ 3.650,00

Salários e encargos sociais a pagar	
	R$ 10.200,00 (22)
	R$ 10.200,00

Impostos sobre vendas a recolhei	
(18) R$ 800,00	R$ 18.216,00 (7)
(33) R$ 15.585,92	R$ 12.000,00 (15)
	R$ 13.830,08

ıposto de renda e contr. soc. a pag	
	R$ 4.076,06 (31)
	R$ 4.076,06

Capital subscrito	
	R$ 120.000,00 (si)
	R$ 120.000,00

Capital a integralizar	
(si) R$ 50.000,00	
R$ 50.000,00	

Lucros ou prejuízos acumulados	
	R$ 7.912,34 (34)
	R$ 7.912,34

Imóveis de uso	
(3) R$ 20.000,00	
R$ 20.000,00	

CONTAS DE RESULTADO

Venda de mercadorias	
(29) R$ 150.000,00	R$ 90.000,00 (5)
	R$ 60.000,00 (13)
	R$ 0,00

CMV	
(6) R$ 51.299,00	R$ 2.400,00 (17)
(14) R$ 33.165,08	R$ 82.064,08 (30)
R$ 0,00	

Impostos sobre vendas	
(7) R$ 18.216,00	R$ 800,00 (18)
(15) R$ 12.000,00	R$ 29.416,00 (30)
R$ 0,00	

Honorários	
(12) R$ 2.500,00	R$ 2.500,00 (30)
R$ 0,00	

Combustível e lubrificantes	
(20) R$ 1.200,00	R$ 1.200,00 (30)
R$ 0,00	

Depreciação e amortização	
(21) R$ 1.000,00	R$ 1.000,00 (30)
R$ 0,00	

Salários e encargos sociais	
(22) R$ 4.700,00	R$ 4.700,00 (30)
R$ 0,00	

Salários e encargos sociais	
(22) R$ 5.500,00	R$ 5.500,00 (30)
R$ 0,00	

Juros sobre obrigações	
(23) R$ 1.320,00	R$ 1.720,00 (30)
(27) R$ 400,00	
R$ 0,00	

Juros sobre créditos	
(29) R$ 644,17	R$ 644,17 (24)
	R$ 0,00

Aluguel	
(26) R$ 3.000,00	R$ 3.000,00 (30)
R$ 0,00	

Receita sobre aplic. financeiras	
(29) R$ 94,31	R$ 94,31 (25)
	R$ 0,00

Devoluções das vendas	
(16) R$ 4.000,00	R$ 4.000,00 (3)
R$ 0,00	

Comissões sobre vendas	
(8) R$ 2.250,00	R$ 3.650,00 (30)
(19) R$ 1.400,00	
R$ 0,00	

Imposto de renda e contrib. socia	
(31) R$ 4.076,06	R$ 4.076,06 (32)
R$ 0,00	

Resultado líquido do exercício	
(30) R$ 138.750,08	R$ 150.738,48 (29)
(32) R$ 4.076,06	
	R$ 7.912,34
(34) R$ 7.912,34	
	R$ 0

CIA. ISLÂNCIA Balancete de Verificação - janeiro de 2017						
	SALDO INICIAL		LANÇAMENTOS		SALDO FINAL	
CONTA	DEVEDOR	CREDOR	DEVEDOR	CREDOR	DEVEDOR	CREDOR
Bancos conta movimento	R$ 25.000,00		R$ 90.000,00	R$ 47.100,00	R$ 67.900,00	
Aplicações financeiras de liq. imediata			R$ 9.094,31		R$ 9.094,31	
Créditos a receber de clientes			R$ 61.080,00	R$ 4.000,00	R$ 57.080,00	
Ajuste a valor presente			R$ 644,17	R$ 1.080,00		R$ 435,83
Mercadorias para revenda	R$ 35.000,00		R$ 79.900,00	R$ 102.300,00	R$ 12.600,00	
Impostos sobre compras a recuperar			R$ 16.035,92	R$ 16.035,92	R$ -	
Imóveis de uso			R$ 20.000,00		R$ 20.000,00	
Veículos	R$ 60.000,00				R$ 60.000,00	
Depreciação acumulada veículos		R$ 10.000,00		R$ 1.000,00		R$ 11.000,00
Empréstimos e financ. a pagar			R$ 20.400,00	R$ 20.400,00		R$ -
Ajuste a valor presente			R$ 400,00	R$ 400,00	R$ -	
Fornecedores		R$ 40.000,00	R$ 2.250,00	R$ 69.179,60		R$ 106.929,60
Ajuste a valor presente			R$ 2.679,60	R$ 1.320,00	R$ 1.359,60	
Salários e encargos sociais a pagar				R$ 10.200,00		R$ 10.200,00
Imposto de renda e contr. soc. a pagar				R$ 4.076,06		R$ 4.076,06
Impostos sobre vendas a recolher			R$ 16.385,92	R$ 30.216,00		R$ 13.830,08
Comissões sobre vendas a pagar				R$ 3.650,00		R$ 3.650,00
Capital subscrito		R$ 120.000,00				R$ 120.000,00
Capital a integralizar	R$ 50.000,00				R$ 50.000,00	
Venda de mercadorias				R$ 150.000,00		R$ 150.000,00
Receita sobre aplic. financeiras				R$ 94,31		R$ 94,31
Juros sobre créditos				R$ 644,17		R$ 644,17
CMV			R$ 84.464,08	R$ 2.400,00	R$ 82.064,08	
Devoluções das vendas			R$ 4.000,00		R$ 4.000,00	
Impostos sobre vendas			R$ 30.216,00	R$ 800,00	R$ 29.416,00	
Honorários			R$ 2.500,00		R$ 2.500,00	
Combustível e lubrificantes			R$ 1.200,00		R$ 1.200,00	
Salários e encargos sociais			R$ 4.700,00		R$ 4.700,00	
Salários e encargos sociais			R$ 5.500,00		R$ 5.500,00	
Juros sobre obrigações			R$ 1.720,00		R$ 1.720,00	
Aluguel			R$ 3.000,00		R$ 3.000,00	
Comissões sobre vendas			R$ 3.650,00		R$ 3.650,00	
Imposto de renda e contrib. social			R$ 4.076,06		R$ 4.076,06	
Depreciação e amortização			R$ 1.000,00		R$ 1.000,00	
TOTAL	R$ 170.000,00	R$ 170.000,00	R$ 464.896,06	R$ 464.896,06	R$ 420.860,05	R$ 420.860,05

CIA. ISLÂNDIA Demonstração do Resultado para o período de janeiro de 2017 (em R$)	
Receita Operacional Líquida	**R$ 116.584,00**
Custo das Mercadorias Vendidas	(82.064,08)
Lucro Bruto	**34.519,92**
Receitas (Despesas) Operacionais	**(21.550,00)**
Vendas	(9.550,00)
Gerais e Administrativas	(11.000,00)
Depreciação e amortização	(1.000,00)
Lucro Operacional Antes do Resultado Financeiro	**12.969,92**
Receitas Financeiras	738,48
Despesas Financeiras	(1.720,00)
Resultado antes do Imposto de Renda e Contribuição	**11.988,40**
Imposto de renda e contribuição social sobre o lucro	(4.076,06)
Lucro Líquido do Exercício	**7.912,34**

CIA. ISLÂNDIA			
Balanço Patrimonial em 31 de janeiro de 2017 (em R$)			
ATIVO	215.238,48	PASSIVO	137.326,14
CIRCULANTE	146.238,48	CIRCULANTE	137.326,14
Caixa e equivalentes de caixa	**76.994,31**	Fornecedores**	105.570,00
Bancos conta movimento	67.900,00	Salários e encargos sociais a pagar	10.200,00
Aplicações financeiras	9.094,31	Imposto de renda e contrib. soc. a pagar	4.076,06
Créditos a receber de clientes	**56.644,17**	Impostos sobre vendas a recolher	13.830,08
Créditos a receber de clientes*	56.644,17	Comissões sobre vendas a pagar	3.650,00
Estoques	**12.600,00**		
Mercadorias para revenda	12.600,00		
		PATRIMÔNIO LÍQUIDO	77.912,34
NÃO CIRCULANTE	69.000,00	Capital social	70.000,00
Imobilizado	**69.000,00**	Capital Subscrito	120.000,00
Imóveis de uso	20.000,00	Capital a integralizar	(50.000,00)
Veículos	60.000,00	Lucros ou prejuízos acumulados	7.912,34
Depreciação acumulada veículos	(11.000,00)		
TOTAL DO ATIVO =	215.238,48	TOTAL DO PASSIVO + PL =	215.238,48
* Conta Créditos a receber de clientes reduzida da conta Ajuste a valor presente			
** Conta Fornecedores reduzida da conta Ajuste a valor presente			

6.12 – Análise da Atividade: Prazos Médios de Estocagem, Pagamento e Recebimento

A análise de indicadores da atividade visa clarificar o comportamento da empresa em relação aos prazos de estocagem, recebimento de vendas e pagamento de compras. Por consequência, podemos extrair dados sobre o ciclo operacional e financeiro da empresa.

Os principais indicadores são: PMRE – Prazo Médio de Renovação de Estoques, PMRV – Prazo médio de Recebimento de Vendas e o PMPC – Prazo Médio de Pagamento de Compras. O prazo do ciclo operacional é encontrado através da soma do PMRE com o PMRV. O prazo do ciclo financeiro é encontrado subtraindo-se o PMPC do prazo do ciclo operacional.

Em termos gerais, quanto maior o giro dos estoques (CMV do período em relação ao estoque médio no balanço patrimonial), menor o PMRE. Na mesma lógica, quanto maior o giro de créditos a receber (vendas no período em relação à média de créditos a receber no balanço patrimonial), menor será o PMRV.

As demonstrações contábeis para análise são as seguintes:

EXEMPLO S.A.		
Demonstrações dos Resultados para os exercícios findos em 31 de dezembro de 2017 e 2016 (valores em reais)		
	2017	**2016**
Receita Operacional Líquida	**417.052**	**441.603**
Custo das Mercadorias Vendidas	(186.098)	(243.950)
Lucro Bruto	**230.954**	**197.653**
Receitas (Despesas) Operacionais	**(124.426)**	**(161.803)**
Vendas	(81.020)	(104.977)
Gerais e Administrativas	(45.843)	(63.114)
Depreciação e amortização	(5.998)	(4.814)
Resultado da equivalência patrimonial	6.250	8.950
Outras receitas (despesas) operacionais líquidas	2.185	2.152
Lucro Operacional Antes do Resultado Financeiro	**106.528**	**35.850**
Receitas Financeiras	6.166	4.742
Despesas Financeiras	(4.195)	(4.930)
Resultado antes do Imposto de Renda e Contribuição Soci	**108.499**	**35.662**
Imposto de renda e contribuição social sobre o lucro	(35.497)	(9.826)
Lucro Líquido do Exercício	**73.002**	**25.836**
Lucro por ação (em R$) =	3,65	1,29

As fórmulas a serem utilizadas são:

ATIVIDADE	**PRAZO MÉDIO DE RENOVAÇÃO DE ESTOQUES (PMRE) =**	$\frac{\text{Estoque de Mercadorias (Média) x 360}}{\text{Custo das Mercadorias Vendidas}}$
	PRAZO MÉDIO DE RECEBIMENTO DE VENDAS (PMRV) =	$\frac{\text{Créditos a Receber de Clientes (Média) x 360}}{\text{Receita Líquida de Vendas + Impostos sobre Vendas}}$
	PRAZO MÉDIO DE PAGAMENTO DE COMPRAS (PMPC) =	$\frac{\text{Fornecedores (Média) x 360}}{\text{Compras Líquidas + Impostos a Recuperar}}$
	CICLO OPERACIONAL =	PMRE + PMRV
	CICLO FINANCEIRO =	CICLO OPERACIONAL - PMPC

Os resultados são os seguintes:

ÍNDICES	**2016**	**2017**
Prazo Médio de Renovação de Estoques (PMRE) =	262,7	285,3
Prazo Médio de Recebimento de Vendas (PMRV) =	128,8	129,3
Prazo Médio de Pagamento de Compras (PMPC) =	332,9	341,7
Ciclo Operacional =	391,5	414,6
Ciclo Financeiro =	58,6	72,9

As informações apresentadas no quadro abaixo referentes a impostos sobre vendas e impostos a recuperar no período são encontradas, normalmente, em notas explicativas e são necessárias para o cálculo dos prazos médios PMRV e PMPC.

COMPRAS LÍQUIDAS + IMPOSTOS RECUPERÁVEIS	2016	2017
CMV	243.950	186.098
(+) Estoque Final	158.550	136.452
(-) Estoque Inicial	(197.500)	(158.550)
(=) Compras Líquidas	205.000	164.000
(+) Impostos Recuperáveis	45.000	36.000
(=) Compras Líquidas + Impostos Recuperáveis	250.000	200.000
RECEITA LÍQUIDA + IMPOSTOS SOBRE VENDAS	**2016**	**2017**
Receita Líquida	441.603	417.052
(+) Impostos sobre Vendas	96.937	91.548
(=) Receita Líquida + Impostos sobre Vendas	538.540	508.600

Análise dos resultados apresentados pelos índices:

PMRE: Esse indicador revela o tempo médio de estocagem desde a compra da mercadoria até a sua venda, ou seja, o prazo médio que as mercadorias permanecem no estoque em uma empresa comercial, antes de serem vendidos. Em termos gerais, quanto menor o prazo melhor. Podemos verificar que a Exemplo S.A. apresenta em 2016 um prazo médio de estocagem de 262,7 dias e no ano de 2017 o número apresentado é de 285,3 dias. Na realidade, o número piorou de um ano para o outro. A empresa deve criar alternativas para que o índice não continue crescendo no futuro e, melhor ainda, criar esforços para a diminuição do prazo de estocagem. O ideal é que a empresa tenha um giro de estoques rápido, ou seja, um prazo curto de estocagem como reflexo da aceitação dos seus produtos pelo mercado (um alto grau de comercialização). A empresa apresenta uma redução do CMV como porcentagem de Vendas Líquidas (55,2% em 2016 e 44,6% em 2017) aumentando a margem de lucro e uma diminuição da rotação de estoque entre os anos de 2016 e 2017 (reduzindo a rotação de ativos totais). A combinação desses dois acontecimentos acabou por aumentar o ROI entre os dois anos como reflexo do efeito predominante do aumento da margem de lucro.

> Um segundo ativo importante para a empresa varejista é o estoque. Se um varejista pode reduzir seu nível de estoque sem afetar adversamente as vendas, isso aumentará o RCI[26]. Em parte, isso pode ser resultante de uma melhora na margem de lucro, porque níveis mais baixos de estoques podem reduzir os custos operacionais incorridos para manter o estoque (...). Independentemente de as margens melhorarem ou não, no entanto, o capital empregado será certamente menor e, portanto, o RCI será mais alto. (Barker, 2012, p. 112)

PMRV: O indicador evidencia quantos dias, em média, a empresa leva para receber suas vendas. Em termos gerais, quanto menor o prazo, melhor. Na realidade, o volume de créditos a receber de clientes decorre do volume de vendas e dos prazos concedidos para pagamento. Em relação à empresa Exemplo S.A. podemos assinalar que no ano de 2016 o prazo médio de recebimento das vendas era de 128,8 dias e no ano de 2017 passa a ser de 129,3 dias. Portanto, praticamente permanecendo no mesmo patamar de um ano para outro. O ideal é diminuir esse prazo. Quanto menor for a diferença de tempo entre o reconhecimento de uma venda e o seu recebimento efetivo, menor será o saldo de créditos a receber. Se a empresa conseguir reduzir o saldo de contas a receber, a necessidade de capital será menor, aumentando o ROI.

PMPC: Esse indicador mostra quantos dias, em média, a empresa leva para liquidar suas obrigações com os seus fornecedores. Em temos gerais, quanto maior o prazo melhor. A racionalidade administrativa indica que a empresa deveria comprar para pagar com o maior prazo possível e vender para receber no menor prazo possível, isso em tese. Assim sendo, o prazo médio de pagamento de compras deveria ser superior ao prazo médio de recebimento de vendas. No caso da Exemplo S.A., isso é o que exatamente acontece. No ano de 2016 o indicador era de 332,9 dias e em 2017 assinalou 414,6 dias.

[26] RCI significa Retorno sobre capital investido, que é o mesmo que ROI.

Ciclo Operacional: O ciclo operacional refere-se ao prazo que inicia com a compra da mercadoria e termina com o recebimento das vendas. Portanto, o ciclo operacional é a soma do PMRE e do PMRV. Em termos gerais, quanto menor o prazo, melhor. O ciclo operacional da Exemplo S.A. foi de 391,5 dias em 2016 e de 414,6 dias no ano de 2017, ou seja, piorou de um período para outro. Isso ocorreu devido ao alagamento do prazo médio de renovação de estoques.

Ciclo Financeiro: O ciclo financeiro refere-se à diferença de tempo entre o momento em que a empresa paga o fornecedor e o prazo do ciclo operacional. Dessa forma, o ciclo financeiro, também conhecido como ciclo de caixa, é a diferença entre o ciclo operacional e o PMPC. Na realidade, representa o prazo em que a empresa precisa arrumar financiamento. No caso da Exemplo S.A., o indicador assinalou 58,6 dias no ano 2016 e 72,9 dias em 2017. Portanto, tanto em 2016 como no ano de 2017, os fornecedores financiaram automaticamente os estoques e uma parte das vendas da empresa, pois, o PMPC é maior que o PMRE nos dois anos. A empresa deve buscar a diminuição dos prazos do PMRE e do PMRV como forma de diminuir também o ciclo financeiro.

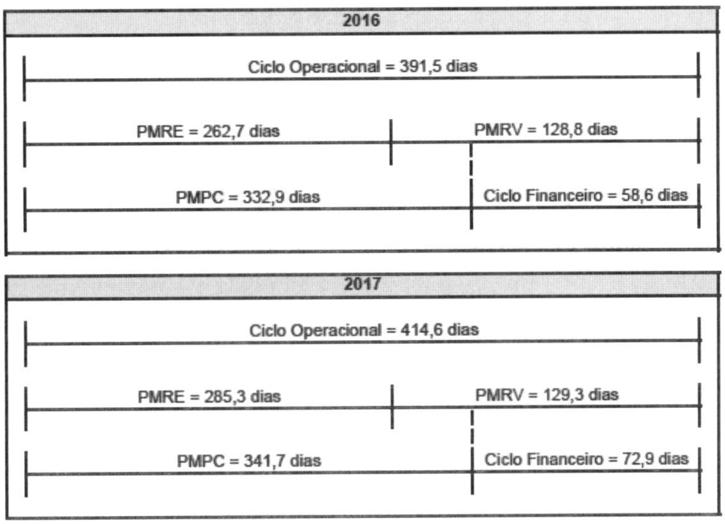

6.13 – Testes de Exames de Suficiência – CFC

1. **Exame de Suficiência CFC - Bacharel em Ciências Contábeis – 01/2018.** Os seguintes saldos em Duplicatas a Receber e Perdas Estimadas com Créditos de Liquidação Duvidosa (PECLD) constavam no Ativo Circulante do Balanço Patrimonial de uma Sociedade Anônima.

	Duplicatas a Receber R$	PECLD R$
Cliente A	10.000,00	(200,00)
Cliente B	30.000,00	(1.500,00)

Sabe-se que após esgotadas diversas tentativas de cobrança sem sucesso, inclusive utilizando-se de meios judiciais, o departamento jurídico informou ao departamento contábil que havia evidências significativas e objetivas de que o Cliente B não pagaria a dívida de R$ 30.000,00. Considerando-se somente as informações apresentadas, e que os relatórios contábil-financeiros devem representar fidedignamente a realidade econômica da entidade, assinale o valor da perda incorrida com o Cliente B que a Sociedade Anônima deveria reconhecer no resultado do exercício.

a) R$ 1.500,00. b) R$ 1.700,00. c) R$ 28.500,00. d) R$ 30.000,00.

2. **Exame de Suficiência CFC - Bacharel em Ciências Contábeis – 01/2018.** A definição de moeda funcional é detalhada no Pronunciamento Técnico CPC (02). A entidade deve considerar os seguintes fatores na determinação de sua moeda funcional, **EXCETO**:

   a) O ambiente econômico principal no qual a entidade opera.
   b) Se é a que mais influencia os custos para o fornecimento de produtos ou serviços.
   c) Que esta determinação pode ser livremente alterada pela Administração da Sociedade.
   d) Se é aquela por meio da qual são originados recursos das atividades de financiamento da Sociedade.

3. **Exame de Suficiência CFC - Bacharel em Ciências Contábeis – 01/2018.** A empresa Exemplo Ltda. adquiriu para revenda mercadorias no valor de R$ 10.000,00 em maio de 2017. Os impostos recuperáveis sobre a compra perfazem o total de R$ 1.200,00. Todas as mercadorias foram vendidas no mesmo período, ou seja, em maio de 2017, pelo valor de R$ 22.000,00. Os impostos sobre as vendas de maio foram de R$ 2.600,00. As comissões e fretes sobre as vendas de maio de 2017 foram no valor de R$ 1.000,00. Ao elaborar a Demonstração do Resultado do Período, o Lucro Bruto apresentado é de:

   a) R$ 8.400,00. b) R$ 9.600,00. c) R$ 10.600,00. d) R$ 12.000,00.

4. **Exame de Suficiência CFC - Bacharel em Ciências Contábeis – 01/2018.** Uma empresa agroindustrial que tem o real como moeda funcional importou uma colheitadeira no valor de US$ 10.000,00 (dez mil dólares). Por ocasião do desembaraço aduaneiro, efetuado no dia 30 de abril, foram pagos tributos não recuperáveis no montante de R$ 2.000,00 (dois mil reais). A colheitadeira foi usada ao longo do mês de maio. O pagamento foi acordado para ser efetuado em 30 de junho, ao final da colheita da safra.

   As cotações hipotéticas do dólar no período são:

Data	Cotação do dólar
30 de abril	USS 1 = RS 3,30
30 de maio	USS 1 = RS 3,60
30 de junho	USS 1 = RS 4,00

Tendo em vista as informações apresentadas anteriormente bem como o disposto nas Normas Brasileiras de Contabilidade sobre conversão de demonstrações contábeis e ativo imobilizado é correto afirmar que deverá ser registrado o valor desta colheitadeira em 30 de abril:

   a) R$ 33.000,00 (trinta e três mil reais). b) R$ 35.000,00 (trinta e cinco mil reais).

   c) R$ 36.000,00 (trinta e seis mil reais). d) R$ 40.000,00 (quarenta mil reais).

5. **Exame de Suficiência CFC - Bacharel em Ciências Contábeis – 01/2018.** O departamento contábil da Companhia Alfa apresentou as seguintes transações com mercadorias ao longo do mês de abril de 2018:

Dia 10: Compra de mercadorias para revenda à vista ao valor de R$ 10.000,00. Além desse valor, foi pago R$ 500,00, em dinheiro, referente ao frete cobrado para que a transportadora entregasse as mercadorias na Companhia Alfa.

Dia 16: Venda de mercadorias para revenda à vista ao valor de R$ 7.000,00.

Dia 23: Devolução de 30% da venda realizada em 16/04. O cliente foi reembolsado em dinheiro no momento da devolução.

Dia 30: Devolução de 50% da compra realizada em 10/04. A Companhia Alfa foi reembolsada em dinheiro no momento da devolução.

Nesse mesmo mês: o saldo inicial em caixa: R$ 11.000,00; o estoque inicial de mercadorias para revenda: R$ 12.000,00; as despesas administrativas: R$ 160,00; o estoque final de mercadorias para revenda: R$ 14.560,00.

Com base somente nas informações apresentadas e desconsiderando-se qualquer incidência de tributos, assinale o lucro líquido registrado em abril 2018.

a) R$ 460,00. b) R$ 1.800,00. c) R$ 2.560,00. d) R$ 2.940,00.

6. **Exame de Suficiência CFC - Bacharel em Ciências Contábeis – 01/2017.** Uma Sociedade Empresária utiliza o Inventário Permanente para controlar seus estoques e apresentou o seguinte movimento, no mês de fevereiro de 2017, de Estoques de Mercadorias para Revenda:

Dia	**Operação**
6	Compra de 80 unidades a R$ 400,00 cada uma
13	Compra de 120 unidades a R$ 440,00 cada uma
20	Venda de 180 unidades por R$ 800,00 cada uma
27	Compra de 100 unidades a R$ 480,00 cada uma

A Sociedade Empresária adota como base para mensuração do estoque o critério Primeiro a Entrar Primeiro a Sair – PEPS.

Considerando-se apenas as informações apresentadas e de acordo com o CPC 16 (R1) – Estoques, e desconsiderando-se os tributos incidentes sobre compras e vendas, o valor do Estoque de Mercadorias para Revenda, no final do mês de fevereiro de 2017, é de:

a) R$ 48.000,00. b) R$ 56.800,00. c) R$ 76.000,00. d) R$ 132.800,00.

7. **Exame de Suficiência CFC - Bacharel em Ciências Contábeis – 01/2017.** Uma Sociedade Empresária iniciou suas atividades em janeiro de 2017. Nesse mês, realizou as seguintes transações:

- Aquisição de mercadorias por R$ 20.000,00. Neste valor está incluído Imposto sobre Circulação de Mercadorias e Serviços – ICMS recuperável, no valor de R$ 3.400,00.

- Venda, por R$ 25.000,00, de 50% das mercadorias adquiridas. Sobre a receita obtida na operação, há incidência apenas do ICMS na alíquota de 12%.

Considerando-se que essas foram as únicas transações efetuadas no mês, após o registro contábil de apuração do ICMS, a Sociedade Empresária apresentará:

a) um saldo de ICMS a Recuperar no valor de R$ 400,00.
b) um saldo de ICMS a Recolher no valor de R$ 1.300,00.
c) um saldo de ICMS a Recolher no valor de R$ 3.000,00.
d) um saldo de ICMS a Recuperar no valor de R$ 3.400,00.

8. **Exame de Suficiência CFC - Bacharel em Ciências Contábeis – 01/2017.** Uma Sociedade Empresária comercial apresenta os seguintes dados, referentes ao período de janeiro a dezembro de 2016, extraídos do seu Balancete de Verificação:

- Custo das Mercadorias Vendidas R$ 560.000,00
- Faturamento Bruto de Vendas R$ 800.000,00
- ICMS sobre Vendas R$ 93.000,00
- Receita de Dividendos R$ 70.000,00
- Receita Financeira R$ 30.000,00
- Vendas Canceladas R$ 25.000,00

Considerando-se apenas as informações apresentadas e de acordo com a Lei nº 6.404/1976, o valor do Lucro Bruto a ser evidenciado na Demonstração do Resultado do período é de:

a) R$ 122.000,00. b) R$ 152.000,00. c) R$ 240.000,00. d) R$ 270.000,00.

9. **Exame de Suficiência CFC - Bacharel em Ciências Contábeis – 01/2017.** Uma Sociedade Empresária que possui um único estabelecimento apresentava, em 31.1.2017, após a apuração do Imposto sobre Circulação de Mercadorias – ICMS, um saldo de ICMS a Recuperar de R$ 2.500,00.

Durante o mês de fevereiro, a Sociedade Empresária efetuou registros que totalizaram R$ 27.000,00, a crédito de ICMS a Recolher pelas vendas de mercadorias, e de R$ 21.600,00, a débito de ICMS a Recuperar pela compra de mercadorias.

Considerando-se apenas as informações apresentadas, o registro contábil relativo à apuração do ICMS no mês de fevereiro de 2017 será:

a) R$ 21.600,00, a débito da conta de ICMS a Recuperar e a crédito de ICMS a Recolher.
b) R$ 24.100,00, a débito da conta de ICMS a Recolher e a crédito de ICMS a Recuperar.
c) R$ 24.100,00, a débito da conta de ICMS a Recuperar e a crédito de ICMS a Recolher.
d) R$ 27.000,00, a débito da conta de ICMS a Recolher e a crédito de ICMS a Recuperar.

10. **Exame de Suficiência CFC - Bacharel em Ciências Contábeis – 01/2017.** Uma Sociedade Empresária apresentava, em 31.12.2016, as seguintes informações a respeito de seu estoque de mercadorias:

Tipo de Mercadoria	Estoque Mensurado a Custo de Aquisição	Preço de Venda Estimado	Despesas Necessárias para Concretizar a Venda
Tipo 1	R$10.000,00	R$16.000.00	R$4.000.00
Tipo 2	R$22.000.00	R$20.000.00	R$5.000.00
Tipo 3	R$16.000.00	R$24.000.00	R$6.000.00
TOTAL	**R$48.000,00**	**R$60.000,00**	**R$ 15.000,00**

Até 31.12.2016, não haviam sido registrados ajustes para redução ao valor realizável líquido ou ajustes a valor presente nos Estoques.

Os tipos de mercadorias apresentados são avaliados separadamente.

Considerando-se apenas os dados informados e de acordo com o CPC 16 (R1) – Estoques, o saldo da conta de Estoques, em 31.12.2016, foi de:

a) R$ 41.000,00. b) R$ 45.000,00. c) R$ 46.000,00. d) R$ 48.000,00.

11. Exame de Suficiência CFC - Bacharel em Ciências Contábeis – 01/2017. Uma Sociedade Empresária efetuou, em 31.12.2015, uma venda no valor de R$ 40.000,00, para receber o valor em parcela única, com vencimento em cinco anos.

Caso a venda fosse efetuada à vista, de acordo com opção disponível, o valor da venda teria sido de R$ 24.836,85, o que corresponde a uma taxa de juros imputada de 10% ao ano, equivalente à taxa de juros de mercado.

Considerando-se apenas as informações apresentadas e de acordo com o CPC 12 – Ajuste a Valor Presente, o valor contábil atualizado de Contas a Receber decorrente dessa transação de venda, em 31.12.2016, é de:

a) R$ 40.000,00. b) R$ 36.000,00. c) R$ 27.320,54. d) R$ 24.836,85.

12. Exame de Suficiência CFC - Bacharel em Ciências Contábeis – 01/2017. De acordo com o CPC 16 (R1) – Estoques, estoques compreendem ativos mantidos para venda no curso normal dos negócios; em processo de produção para venda; ou na forma de materiais ou suprimentos a serem consumidos ou transformados no processo de produção ou na prestação de serviços.

Assinale a opção em que **NÃO** constam exemplos de Estoque.

a) produtos acabados e produtos em processo de produção pela entidade.
b) custos de mercadorias vendidas, veículos de uso e software de uso.
c) matérias-primas e materiais que aguardam utilização no processo de produção, tais como embalagens e material de consumo.
d) mercadorias compradas por um varejista para revenda ou terrenos e outros imóveis para revenda.

13. Exame de Suficiência CFC - Bacharel em Ciências Contábeis – 02/2016. Uma Sociedade Empresária apresentou os seguintes dados, em 31.12.2015:

Cofins sobre Faturamento	R$112.500.00
Compra de Mercadorias para Revenda	R$1.250.000,00
CSLL Corrente	R$9.912,00
Despesas com Comissões Sobre Vendas	R$81.250.00
Despesas com Depreciação	R$62.500,00
Despesas com Pró-Labore	R$25.000.00
Despesas com Salários e Ordenados	R$614.300,00

Despesas com Seguros	R$26.800.00
Despesas com Treinamentos e Cursos	R$50.000.00
Despesas Financeiras	R$49.000.00
Devoluções de Compras de Mercadorias	R$121.000,00
Estoque Final de Mercadorias para Revenda	R$612.500,00
Estoque Inicial de Mercadorias para Revenda	R$185.000.00
ICMS sobre Vendas	R$675.000,00
IRPJ Corrente	R$ 16.521,00
PIS sobre Faturamento	R$24.375.00
Receita Bruta de Vendas	R$3.750.000,00
Receitas Financeiras	R$64.000,00

- A Sociedade Empresária utiliza o Inventário Periódico para apuração do Custo da Mercadoria Vendida.
- Os valores informados de compras e devolução de compras de mercadorias estão líquidos dos tributos recuperáveis.

Considerando-se os dados apresentados e o CPC 26 – Apresentação das Demonstrações Contábeis, a Sociedade Empresária apresentará Lucro Bruto no valor de:

a) R$ 1.365.342,00. b) R$ 1.391.775,00. c) R$ 2.236.625,00. d) R$ 2.938.125,00.

14. Exame de Suficiência CFC - Bacharel em Ciências Contábeis – 02/2016. Uma Sociedade Empresária realizou uma venda de mercadoria à vista, no valor de R$ 320.000,00, com incidência de ICMS à alíquota de 18%.

O Custo da Mercadoria Vendida foi de R$ 192.000,00. O Lucro Bruto dessa única transação de venda realizada pela Sociedade Empresária é de:

a) R$ 70.400,00. b) R$ 104.960,00. c) R$ 128.000,00. d) R$ 185.600,00.

15. Exame de Suficiência CFC - Bacharel em Ciências Contábeis – 02/2016. Uma Sociedade Empresária adquiriu, a prazo, mercadorias para revenda pelo valor total de R$ 25.000,00. Nesse valor, estão incluídos R$ 4.250,00 relativos a ICMS Recuperável.

O transporte das mercadorias, no valor de R$ 2.000,00, foi pago pela empresa vendedora, sem reembolso pela adquirente.

A Sociedade Empresária apura PIS e Cofins pelo Regime de Incidência Não Cumulativo.

Considerando-se o disposto no CPC 16 (R1) – Estoques, e que as alíquotas a serem utilizadas para cálculo do valor recuperável de PIS e Cofins no Regime de Incidência Não Cumulativo são, respectivamente, 1,65% e 7,6%, o Custo de Aquisição das mercadorias é de:

a) R$ 18.437,50. b) R$ 18.830,62. c) R$ 20.437,50. d) R$ 20.830,62.

16. Exame de Suficiência CFC - Bacharel em Ciências Contábeis – 02/2016. Uma Sociedade Empresária foi constituída em 01.12.2015, com um capital subscrito no valor de R$ 150.000,00.

Durante o mês de dezembro de 2015 ocorreram os seguintes eventos:

Data	Evento
10.12.2015	Integralização de capital social de R$40.000,00, em dinheiro.
11.12.2015	Aquisição de mercadorias para revenda por R$20.000,00, a prazo, com vencimento para 31.3.2016. Nesse valor está incluído ICMS recuperável, no montante de R$3.600.00
31.12.2015	Obtenção de empréstimo bancário no valor de R$90.000,00 a ser pago em 36 parcelas mensais iguais e sucessivas, a primeira vencível em 31.7.2016 e a última, em 30.6.2019. Os juros incidentes sobre a operação são pós-fixados e serão capitalizados mensalmente.
31.12.2015	Integralização de capital com a entrega de um imóvel, que será utilizado para instalação da sede. O imóvel recebido foi mensurado e reconhecido em R$70.000,00. Desses, R$30.000,00 são relativos ao terreno e R$40.000,00, à edificação

O ciclo operacional da Sociedade Empresária é de doze meses, encerrando-se em 31 de dezembro de cada ano.

Considerando-se os dados apresentados, é **CORRETO** afirmar que, na elaboração do Balanço Patrimonial levantado em 31.12.2015, o total do:

a) Ativo Circulante é de R$ 60.000,00.
b) Passivo Circulante é de R$ 35.000,00.
c) Passivo Não Circulante é de R$ 90.000,00.
d) Patrimônio Líquido é de R$ 150.000,00.

17. Exame de Suficiência CFC - Bacharel em Ciências Contábeis – 02/2016. De acordo com o CPC 16 (R1) – Estoques, na determinação do Valor Realizável Líquido, o valor estimado das comissões da equipe de vendas necessárias para se concretizar a venda dos itens estocados deve ser tratado como:

a) adição ao Custo.
b) não relacionada ao Valor Realizável Líquido.
c) redução do Custo.
d) redução do Valor Realizável Líquido.

18. Exame de Suficiência CFC - Bacharel em Ciências Contábeis – 02/2016. Em 31.1.2016, uma Sociedade Empresária efetuou uma venda a longo prazo com as seguintes condições:

Valor da venda a prazo	R$20.000.00
Prazo para recebimento	14 meses
Quantidade de parcelas	1 parcela

Taxa de juros imputada	2% ao mês
Sistema de capitalização	Juros compostos

Para atendimento às Normas Brasileiras de Contabilidade, a Sociedade Empresária registra a receita financeira a apropriar, a crédito de Juros a Apropriar (conta redutora das Contas a Receber, classificada no longo prazo).

Mensalmente, a receita financeira relativa ao período é reconhecida no resultado, proporcionalmente ao tempo transcorrido e utilizando-se a taxa de juros imputada.

Considerando-se as informações apresentadas, a parcela da receita financeira reconhecida no resultado, em fevereiro de 2016, é de aproximadamente:

a) R$ 303,15. b) R$ 312,50. c) R$ 345,89. d) R$ 400,00.

19. Exame de Suficiência CFC - Bacharel em Ciências Contábeis – 01/2016. Uma Sociedade Empresária realizou as seguintes transações em janeiro de 2016:

- Aquisição de mercadorias para revenda, para pagamento em 20.2.2016, por R$ 180.000,00. Nesse valor estão incluídos: ICMS recuperável no valor de R$ 21.600,00; PIS recuperável no valor de R$ 2.970,00; e Cofins recuperável no valor de R$ 13.680,00.

- Venda, à vista, de 50% das mercadorias adquiridas por R$ 160.000,00, com entrega imediata. Tributos sobre a venda: ICMS de R$ 19.200,00; PIS de R$ 2.640,00; e Cofins de R$ 12.160,00.

O Estoque de Mercadorias para Revenda no início do mês era igual a zero. O resultado das transações dessa Sociedade Empresária, em janeiro de 2016, gerou um Lucro Bruto de:

a) R$ 89.125,00. b) R$ 70.000,00. c) R$ 55.125,00. d) R$ 36.000,00.

20. Exame de Suficiência CFC - Bacharel em Ciências Contábeis – 01/2016. Uma Sociedade Empresária possui um único estabelecimento comercial. Em 31.1.2016, apresentou os seguintes saldos no seu balancete mensal referentes a registros de ICMS incidentes sobre compras e sobre vendas:

Conta	Saldo	Natureza do Saldo
ICMS a Recuperar	R$15.000,00	Devedor
ICMS a Recolher	R$10.000.00	Credor

De acordo com as informações apresentadas, é **CORRETO** afirmar que o registro contábil a ser efetuado para apuração do ICMS é:

a) Débito: ICMS a Recolher R$ 15.000,00
Crédito: ICMS a Recuperar R$ 15.000,00

b) Débito: ICMS a Recolher R$ 10.000,00
Crédito: Caixa R$ 10.000,00

c) Débito: ICMS a Recolher R$ 5.000,00
Crédito: Caixa R$ 5.000,00

d) Débito: ICMS a Recolher R$ 10.000,00
Crédito: ICMS a Recuperar R$ 10.000,00

21. **Exame de Suficiência CFC - Bacharel em Ciências Contábeis – 01/2016.** Uma Sociedade Empresária apresentava para a Mercadoria A, a seguinte Ficha de Controle de Estoques, referente ao período de 1° a 28 de janeiro de 2016:

Ficha de Controle de Estoque da Mercadoria A

Data	Histórico	Entradas			Saídas			Saldo		
		Qtd. (unid)	Custo Unitário (R$)	Total (R$)	Qtd. (unid)	Custo Unitário (R$)	Total (R$)	Qtd. (unid)	Custo Unitário (R$)	Total (R$)
1°.1	Saldo inicial							20	150,00	3.000,00
7.1	Aquisição	200	161,00	32.200,00				220	160,00	35.200,00
14.1	Venda				120	160,00	19.200,00	100	160,00	16.000,00
20.1	Aquisição	500	166,00	83.000,00				600	165,00	99.000,00
26.1	Venda				100	165,00	16.500,00	500	165,00	82.500,00
28.1	Aquisição	200	168,50	33.700,00				700	166,00	116.200,00

A Sociedade Empresária utiliza a Média Ponderada Móvel como critério de mensuração de estoques. No dia 30 de janeiro, um cliente devolveu 10 unidades da Mercadoria A que haviam sido vendidas no dia 26 de janeiro de 2016. Com base nos dados informados e desconsiderando-se a incidência de impostos, as unidades devolvidas serão acrescidas ao Estoque de Mercadorias ao custo unitário de:

a) R$ 150,00. b) R$ 165,00. c) R$ 166,00. d) R$ 168,50.

22. **Exame de Suficiência CFC - Bacharel em Ciências Contábeis – 01/2016.** Em fevereiro de 2016, uma Sociedade Empresária apresentava os seguintes dados a respeito de suas operações com mercadorias.

Data	Operações
2.2.16	Estoque inicial de mercadorias: 80 unidades ao custo unitário de R$20,00.
10.2.16	Compra de mercadorias: 170 unidades ao preço total de R$6.000,00, nesse valor incluído o ICMS recuperável de 15%.
20.2.16	Venda de mercadorias: 200 unidades pelo preço total de R$8.000,00, com incidência de ICMS de 15%.
28.2.16	Compra de mercadorias: 50 unidades ao preço total de R$3.000,00, nesse valor incluído o ICMS recuperável de 15%

A empresa utiliza Registro de Inventário Permanente. O estoque de mercadorias é avaliado pela Média Ponderada Móvel. Com base nos dados informados, o valor do Custo das Mercadorias Vendidas no período é de:

a) R$ 1.340,00. b) R$ 2.290,00. c) R$ 3.890,00. d) R$ 5.360,00.

23. **Exame de Suficiência CFC - Bacharel em Ciências Contábeis – 01/2016.** Uma Sociedade Empresária comercial realizou aquisição de mercadorias para revenda. Em seus registros constam os seguintes dados relacionados aos itens adquiridos:

Descrição	Valor
Fretes sobre a compra das mercadorias	R$400,00
Gastos com divulgação	R$ 100,00
Gastos estimados necessários para se concretizar a venda	R$300,00
Preco de venda	R$1.600.00
Tributos adicionais decorrentes da aquisição das mercadorias, não recuperáveis e não incluídos no valor de aquisição	R$200,00
Tributos recuperáveis incluídos no valor de aquisição das mercadorias	R$170,00
Valor de aquisição das mercadorias	R$1.000,00

De acordo com o CPC 16 (R1) – Estoques, o custo de aquisição dessas mercadorias é de:

a) R$ 1.300,00. b) R$ 1.430,00. c) R$ 1.530,00. d) R$ 1.600,00.

24. **Exame de Suficiência CFC - Bacharel em Ciências Contábeis – 01/2016.** De acordo com o CPC 16 (R1) – Estoques, julgue os itens quanto à inclusão no custo dos estoques e, em seguida, assinale a alternativa **CORRETA**.

I. Despesas administrativas que não contribuem para trazer o estoque ao seu local e condição atuais.
II. Despesas de comercialização, incluindo a venda e a entrega dos bens e serviços aos clientes.
III. O preço de compra, os impostos de importação e outros tributos não recuperáveis.
IV. Os custos de transporte, seguro, manuseio e outros diretamente atribuíveis à aquisição de produtos acabados, materiais e serviços.
V. Valor anormal de desperdício de materiais, mão de obra ou outros insumos de produção.

NÃO estão incluídos no custo dos estoques, porém são reconhecidos no resultado do período os itens:

a) II, IV e V, apenas. b) II, III e IV, apenas.

c) I, III e IV, apenas. d) I, II e V, apenas.

25. **Exame de Suficiência CFC - Bacharel em Ciências Contábeis – 02/2015.** Uma Sociedade Comercial informa que o seu ciclo operacional é, em média, de 50 dias; o prazo médio de rotação de estoque é de 20 dias; o prazo médio de recebimento é de 30 dias; e o prazo médio de pagamento dos fornecedores é de 15 dias.

Com base nos dados apresentados, assinale a opção **CORRETA**.

a) Como o ciclo operacional da empresa é, em média, de 50 dias, e o prazo médio de recebimento é de 30 dias, a empresa permanece, em média, 20 dias sem cobertura de fontes operacionais.

b) Como o ciclo operacional da empresa é, em média, de 50 dias, o prazo médio de recebimento é de 30 dias, e o prazo de pagamento de fornecedores é de 15 dias, a empresa permanece, em média, 5 dias sem cobertura de fontes operacionais.

c) Como o prazo de rotação de estoque conjugado com o de recebimento das vendas ocorrerá, em média, 35 dias depois do prazo médio de pagamento dos fornecedores, a empresa permanece, em média, 35 dias sem cobertura de fontes operacionais.

d) Como o prazo de rotação de estoque conjugado com o de recebimento das vendas ocorrerá, em média, em 30 dias, e o prazo médio de pagamento de fornecedores é de 15 dias, a empresa permanece, em média, 15 dias sem cobertura de fontes operacionais.

26. Exame de Suficiência CFC - Bacharel em Ciências Contábeis – 02/2015. Uma Sociedade Empresária apresenta os seguintes dados:

Custo de Aquisição dos produtos	R$ 10,00
ICMS sobre a venda	18,00%
PIS sobre a venda	0.65%
Cofins sobre a venda	3,00%
Comissão sobre as vendas	5,00%
Margem líquida desejada	40,00%

Com base nos dados informados, o preço de venda mínimo do produto deve ser de, aproximadamente:

a) R$ 13,63. b) R$ 18,18. c) R$ 26,08. d) R$ 29,99.

27. Exame de Suficiência CFC - Bacharel em Ciências Contábeis – 01/2015. Uma indústria compra matéria-prima a prazo. Após o recebimento da matéria-prima, a indústria a armazena, em média, por 7 (sete) dias, antes de encaminhá-la para a área de produção, onde ficará 4 (quatro) dias em processo.

Após a conclusão da manufatura, a indústria mantém o produto acabado em estoque por um tempo médio de 21 dias, antes de vendê-lo. As vendas são efetuadas com prazo médio de recebimento de 35 dias. O pagamento ao fornecedor se dá em 17 dias após a compra da matéria-prima.

Acerca da situação acima, o Ciclo Financeiro é de:

a) 17 dias. b) 29 dias. c) 50 dias. d) 56 dias.

6.14 – Exercícios Propostos

1. De acordo com os dados de cada item a seguir, estruture as fichas de estoque em consonância com os três principais critérios (PEPS, UEPS e MPM).

a) **03.01.2016**. Compra à vista de 250 unidades de mercadorias pelo valor total de R$ 11.250,00 (impostos recuperáveis sobre compras = 25%).

04.01.2016. Pagamento de frete referente à compra do dia anterior no valor total de R$ 250,00 (impostos recuperáveis sobre o frete = 25%).

12.01.2016. Aquisição de 150 unidades de mercadorias pelo valor unitário de R$ 48,00 com pagamento à vista (impostos recuperáveis sobre compras = 25%).

15.01.2016. Venda de 200 unidades de mercadorias pelo valor total de R$ 16.000,00, a prazo de 5 dias (efeito do ajuste a valor presente considerado irrelevante e impostos incidentes sobre vendas = 25%).

20.01.2016. Recebimento em devolução de 10 unidades de mercadorias referente à venda do dia 15.01.2016.

28.01.2016. Venda de 190 unidades de mercadorias através de recebimento à vista no valor total de R$ 15.580,00 (impostos incidentes sobre vendas = 25%).

b) **31.12.2016**. Saldo de 100 unidades de mercadorias em estoque no valor total de R$ 4.875,00.

06.01.2017. Compra a prazo de 240 unidades de mercadorias pelo valor total de R$ 16.800,00 (efeito do ajuste a valor presente considerado irrelevante e impostos recuperáveis sobre compras = 25%).

08.01.2017. Devolução de 10 unidades de mercadorias referente à compra do dia 06.01.2017.

12.01.2017. Venda de 140 unidades de mercadorias pelo valor total de R$ 13.300,00, a prazo (efeito do ajuste a valor presente considerado irrelevante e impostos incidentes sobre vendas = 25%).

20.01.2017. Recebimento em devolução de 5 unidades de mercadorias referente à venda do dia 12.01.2016.

29.01.2017. Venda de 185 unidades de mercadorias pelo valor total de R$ 18.500,00, à vista (impostos incidentes sobre vendas = 25%).

c) **02.03.2017**. Compra de 150 unidades de mercadorias para pagamento em 22.03.2017 no valor de R$ 7.800,00. Caso o pagamento fosse no ato seria de R$ 7.500,00 (impostos recuperáveis sobre compras = 25%).

04.03.2017. Compra de 100 unidades de mercadorias para pagamento em 12.03.2017 no valor de R$ 5.600,00. Caso o pagamento fosse no ato seria de R$ 5.500,00 (impostos recuperáveis sobre compras = 25%).

05.03.2017. Venda de 170 unidades de mercadorias com recebimento para 29.03.2017 no valor de R$ 14.000,00. Caso o recebimento fosse à vista seria de R$ 13.600,00 (impostos incidentes sobre venda = 25%).

07.03.2017. Compra de 100 unidades de mercadorias para pagamento em 21.03.2017 no valor de R$ 6.200,00. O valor de compra para pagamento à vista seria de R$ 6.000,00 (impostos recuperáveis sobre compras = 25%).

10.03.2017. Venda de 170 unidades de mercadorias com recebimento para 31.03.2017 no valor de R$ 15.600,00. O valor de venda para recebimento à vista seria de R$ 15.300,00 (impostos incidentes sobre vendas = 25%).

2. Realizar os lançamentos contábeis pertinentes, estruturando e evidenciando a DRE e o Balanço Patrimonial finais.

a) **A sociedade empresarial Cia. Cearense, inicia as atividades em 31.12.2017 com subscrição de capital no valor de R$ 250.000,00 e integralização efetuada pelos acionistas no valor de R$ 210.000,00, em dinheiro, depositado em conta corrente bancária.**

01.01.2018. Compra de um imóvel para utilização como sede da empresa no valor de R$ 80.000,00, com pagamento à vista através da emissão de cheque bancário. Compra de dois veículos para utilização pela área comercial da empresa, através de financiamento bancário em 12 prestações iguais, mensais e consecutivas de R$ 5.000,00, a primeira vencendo em 30 dias (juros da transação de 1,0% ao mês). Contratação de seguro para cobertura dos veículos adquiridos na data, com vigência de 12 meses, sendo que o pagamento foi integral no valor de R$ 2.652,00 através de transferência bancária.

03.01.2018. Compra de 500 unidades de mercadorias para revenda no valor de R$ 60.000,00, a prazo de 15 dias (efeito do ajuste a valor presente da obrigação considerado irrelevante e impostos recuperáveis sobre a compra = 25%).

04.01.2018. Pagamento de frete referente à compra do dia anterior no valor total de R$ 1.000,00 (impostos recuperáveis sobre o frete = 25%).

06.01.2018. Compra de 200 unidades de mercadorias para revenda pelo valor total de R$ 25.755,63, com vencimento em 60 dias (juros embutidos na transação de 1,5% ao mês). Impostos recuperáveis sobre a compra = 25%.

07.01.2018. Compra de material de escritório que será consumido metade no próprio mês e a outra metade no mês seguinte, no valor total de R$ 400,00, com pagamento através da emissão de um cheque bancário.

10.01.2018. Venda de 400 unidades de mercadorias para recebimento em 31.01.2018 no valor total de R$ 64.560,00, sendo R$ 560,00, referente a juros já embutidos no valor total. Impostos incidentes sobre a venda = 25%.

13.01.2018. Contratação de um profissional para realizar a manutenção hidráulica do imóvel da empresa, sendo que o serviço será prestado com término previsto em 31.01.2018, quando então será liquidado, no valor total de R$ 2.300,00.

14.01.2018. Pagamento de gastos com combustível dos veículos no valor total de R$ 723,00, através de transferência bancária.

18.01.2018. Pagamento da compra de mercadorias realizada em 03.01.2018, através de transferência bancária.

19.01.2018. Compra de participação acionária permanente na sociedade Petrolina S.A., considerada participação em coligada, no valor total de R$ 40.000,00, com pagamento à vista através de transferência bancária.

20.01.2018. Pagamento no valor de R$ 1.320,00, através da emissão de cheque bancário, referente a honorários de um contador, devidos pela prestação de serviços de consultoria no mês.

22.01.2018. Integralização de capital em dinheiro, depositado em conta corrente bancária, efetuada pelos proprietários no valor de R$ 30.000,00.

23.01.2018. Compra de 100 unidades de mercadorias no valor total de R$ 12.800,00 com pagamento à vista através da emissão de cheque bancário. Impostos recuperáveis sobre a compra = 25%.

25.01.2018. Venda de 250 unidades de mercadorias pelo valor total de R$ 41.250,00, com recebimento para 30.01.2018 (efeito do ajuste a valor presente do crédito a receber considerado irrelevante). Impostos incidentes sobre a venda = 25%.

29.01.2018. Recebimento de adiantamento proveniente de cliente no valor de R$ 13.000,00, através de transferência bancária, para a entrega de mercadorias no próximo mês.

30.01.2018. Recebimento da venda efetuada no dia 25.01.2018, através de transferência bancária.

31.01.2018. Pagamento da primeira prestação referente à compra de veículos do dia 01.01.2018. Reconhecimento da despesa de seguros incorrida no mês. Reconhecimento da depreciação dos veículos no valor de R$ 420,00. Reconhecimento da depreciação do imóvel da empresa no valor de R$ 270,00. Recebimento da venda do dia 10.01.2018. Reconhecimento da despesa de salários dos funcionários do setor administrativo referente ao mês de janeiro no valor de R$ 12.840,00 e despesa de salários dos funcionários do setor comercial no valor de R$ 16.730,00 que serão pagos no 5º dia útil do próximo mês. Reconhecimento das despesas e receitas financeiras referentes aos juros incorridos no mês, provenientes das compras e vendas a prazo.

Observação: Calcular Imposto de Renda e Contribuição Social sobre o Lucro Líquido utilizando alíquota de 34%. Caso a empresa apresente prejuízo, considerar que esse prejuízo fiscal será compensado por meio de lucros gerados em períodos futuros (a empresa espera que irá gerar lucro nos próximos períodos). Considerar que não existem diferenças entre o lucro contábil e o lucro tributável (lucro real) e que o período de apuração é mensal. Controle de estoque pelo método MPM.

b) **31.12.2016. A sociedade empresarial, Cia. Brasilândia, apresenta os seguintes saldos no balanço patrimonial: Bancos conta movimento = R$ 40.000,00; Aplicações financeiras de liquidez imediata = R$ 25.000,00; Créditos a receber de clientes = R$ 45.000,00; Mercadorias = R$ 28.000,00 (500 unidades); Veículos = R$ 52.000,00; Depreciação acumulada veículos = R$ 20.000,00; Fornecedores = R$ 48.000,00; Salários e encargos sociais a pagar = R$ 12.000,00; Capital subscrito = R$ 120.000,00; Capital a integralizar = R$ 10.000,00.**

01.01.2017. A análise qualitativa da carteira de clientes indica que, em relação aos créditos existentes, existe o risco de não recebimento no montante de 4% dos haveres. Dessa forma, a empresa decide realizar o reconhecimento da perda estimada.

04.01.2017. A empresa liquida uma dívida com determinado fornecedor no valor nominal de R$ 14.000,00, com a emissão de cheque bancário. Porém, a dívida está sendo paga com atraso, portanto, incidiu a cobrança de juros no valor de R$ 375,00.

05.01.2017. Compra de 250 unidades de mercadorias para revenda no valor de R$ 17.000,00, a prazo de 5 dias (efeito do ajuste a valor presente da obrigação considerado irrelevante e impostos recuperáveis sobre a compra = 20%).

06.01.2017. Pagamento dos salários referentes ao mês anterior, no montante que consta no passivo circulante, através de transferência bancária.

08.01.2017. Venda de 650 unidades de mercadorias no valor total de R$ 63.700,00, à vista, por meio de depósito bancário. Impostos incidentes sobre a venda = 20%.

10.01.2017. Pagamento no valor total de R$ 17.000,00 através de transferência bancária. Valor referente à compra do dia 05.01.2017.

15.01.2017. Compra de 200 unidades de mercadorias no valor total de R$ 15.000,00, com pagamento à vista através da emissão de cheque bancário. Impostos recuperáveis sobre a compra = 20%.

16.01.2017. Efetivação de aplicação financeira bancária no valor total de R$ 13.000,00 para resgate em 60 dias.

20.01.2017. Venda de 280 unidades de mercadorias pelo valor total de R$ 26.600,00, com recebimento para 02.02.2017 (efeito do ajuste a valor presente do crédito a receber considerado irrelevante e impostos incidentes sobre a venda = 20%).

22.01.2017. Reconhecimento de despesa com honorários de advogado que prestou serviços no próprio mês para a empresa no valor de R$ 6.500,00, com pagamento agendado para 05.02.2017, através de transferência bancária, conforme o contrato de prestação de serviços assinado pelas partes. (efeito do ajuste a valor presente da obrigação considerado irrelevante).

25.01.2017. Pagamento de gastos com manutenção preventiva dos veículos utilizados pela área comercial no valor total de R$ 3.525,00, através da emissão de cheque bancário.

28.01.2017. Pagamento de gastos com combustível dos veículos da área administrativa no valor total de R$ 1.240,00, através de transferência bancária.

31.01.2018. Pagamento de aluguel referente ao imóvel onde está instalada a empresa no valor total de R$ 10.000,00, através de transferência bancária. Reconhecimento da depreciação de janeiro, referente aos veículos no valor de R$ 500,00. Reconhecimento da despesa de salários dos funcionários do setor administrativo referente ao mês de janeiro no valor de R$ 4.800,00 e despesa de salários dos funcionários da área comercial no valor de R$ 7.200,00 que serão pagos no 5º dia útil do próximo mês. Reconhecimento do rendimento da aplicação financeira no valor de R$ 380,00, referente ao período de aplicação no mês de janeiro.

Observação: Calcular Imposto de Renda e Contribuição Social sobre o Lucro Líquido utilizando alíquota de 34%. Caso a empresa apresente prejuízo, considerar que esse prejuízo fiscal será compensado por meio de lucros gerados em períodos futuros (a empresa espera que irá gerar lucro nos próximos períodos). Considerar que não existem diferenças entre o lucro contábil e o lucro tributável (lucro real) e que o período de apuração é mensal. Controle de estoque pelo método PEPS.

3. Calcular os índices de atividade tendo como base as demonstrações contábeis dos itens a seguir.

a)

ESMERALDA S.A.

Balanços Patrimoniais para os exercícios findos em 31 de dezembro de 2017, 2016 e 2015 (em milhares de reais)

	2017	2016	2015		2017	2016	2015
ATIVO	515.647	488.828	443.347	PASSIVO	314.757	298.919	280.347
CIRCULANTE	255.015	265.755	228.720	CIRCULANTE	255.313	222.419	179.890
Caixa e equivalentes de caixa	**37.000**	**122.455**	**55.200**	Empréstimos e financiamentos a pagar	98.700	66.400	63.100
Bancos conta movimento	25.000	104.455	31.200	Fornecedores	67.540	59.900	53.210
Aplicações financeiras	12.000	18.000	24.000	Salários e encargos sociais a pagar	19.800	14.320	12.860
Créditos a receber de clientes	**150.415**	**51.500**	**51.400**	Impostos sobre vendas a recolher	38.000	29.535	20.050
Créditos a receber de clientes	162.415	60.000	55.000	Dividendos a pagar	10.981	26.910	21.000
Perda estimada com créd. liq. duvidosa	(12.000)	(8.500)	(3.600)	Imposto de renda e contrib. soc. a pagar	20.292	25.354	9.670
Estoques	**65.000**	**90.000**	**120.000**				
Mercadorias para revenda	65.000	90.000	120.000	NÃO CIRCULANTE	59.444	76.500	100.457
Despesas antecipadas	**2.600**	**1.800**	**2.120**	Empréstimos e financiamentos a pagar	59.444	76.500	100.457
Prêmios de seguros a apropriar	2.600	1.800	2.120				
NÃO CIRCULANTE	260.632	223.073	214.627				
Realizável a Longo Prazo	**6.782**	**4.300**	**3.980**	PATRIMÔNIO LÍQUIDO	200.890	189.909	163.000
Créditos a receber de diretores	6.782	4.300	3.980	Capital social	120.000	120.000	120.000
Investimentos	**87.540**	**84.800**	**83.400**	Reservas de lucros	84.890	73.909	47.000
Participações em coligadas	34.670	52.100	56.700	Reserva legal	24.000	24.000	24.000
Participações em outras empresas	29.870	18.700	18.700	Reserva de retenção de lucro	60.890	49.909	23.000
Propriedades para investimento	23.000	14.000	8.000	Ações em tesouraria	(4.000)	(4.000)	(4.000)
Imobilizado	**164.400**	**132.300**	**125.366**				
Imóveis de uso	122.300	110.900	98.000				
Deprec. acumul. imóveis de uso	(23.000)	(17.000)	(7.244)				
Veículos	87.600	54.000	45.600				
Deprec. acumul. veículos	(34.500)	(26.800)	(22.000)				
Computadores e periféricos	13.400	12.300	11.870				
Deprec. acumul. comput. e periféricos	(1.400)	(1.100)	(860)				
Intangível	**1.910**	**1.673**	**1.881**				
Software	2.800	2.460	2.580				
Amortiz. acumul. software	(890)	(787)	(699)				
TOTAL DO ATIVO =	515.647	488.828	443.347	TOTAL DO PASSIVO + PL =	515.647	488.828	443.347

ESMERALDA S.A.

Demonstrações dos Resultados para os exercícios findos em 31 de dezembro de 2017 e 2016 (em milhares de reais)

	2017	2016
Receita Operacional Líquida	**657.432**	**760.545**
Custo das Mercadorias Vendidas	(458.798)	(528.700)
Lucro Bruto	**198.634**	**231.845**
Receitas (Despesas) Operacionais	**(151.117)**	**(151.769)**
Vendas	(45.350)	(40.080)
Gerais e Administrativas	(65.480)	(87.670)
Depreciação e amortização	(14.103)	(14.884)
Resultado da equivalência patrimonial	(17.430)	(4.600)
Outras receitas (despesas) operacionais líquidas	(8.754)	(4.535)
Lucro Operacional Antes do Resultado Financeiro	**47.517**	**80.076**
Receitas Financeiras	3.660	6.230
Despesas Financeiras	(8.923)	(7.133)
Resultado antes do Imposto de Renda e Contribuição	**42.254**	**79.173**
Imposto de renda e contribuição social sobre o lucro	(20.292)	(25.354)
Lucro Líquido do Exercício	**21.962**	**53.819**
Lucro por ação (em R$) =	1,10	2,69

COMPRAS LÍQUIDAS + IMPOSTOS RECUPERÁVEIS	2016	2017
CMV	528.700	458.798
(+) Estoque Final	90.000	65.000
(-) Estoque Inicial	(120.000)	(90.000)
(=) Compras Líquidas	498.700	433.798
(+) Impostos Recuperáveis	124.675	108.450
(=) Compras Líquidas + Impostos Recuperáveis	623.375	542.248
RECEITA LÍQUIDA + IMPOSTOS SOBRE VENDAS	**2016**	**2017**
Receita Líquida	760.545	657.432
(+) Impostos sobre Vendas	190.136	164.358
(=) Receita Líquida + Impostos sobre Vendas	950.681	821.790

b)

BRILHANTINA S.A.

Balanços Patrimoniais para os exercícios findos em 31 de dezembro de 2017, 2016 e 2015 (em milhares de reais)

	2017	2016	2015		2017	2016	2015
ATIVO	**503.722**	**443.764**	**451.510**	PASSIVO	**380.026**	**324.033**	**345.510**
CIRCULANTE	**182.714**	**136.478**	**143.142**	**CIRCULANTE**	**258.517**	**256.188**	**234.620**
Caixa e equivalentes de caixa	**27.600**	**41.570**	**59.120**	Empréstimos e financiamentos a pagar	89.300	63.490	58.340
Bancos conta movimento	15.000	22.000	23.500	Fornecedores	97.800	112.823	114.980
Aplicações financeiras	12.600	19.570	35.620	Salários e encargos sociais a pagar	21.089	13.600	12.900
Créditos a receber de clientes	**64.281**	**60.251**	**51.888**	Impostos sobre vendas a recolher	43.001	41.695	25.300
Créditos a receber de clientes	69.870	65.490	56.400	Dividendos a pagar	3.964	13.731	12.870
Perda estimada com créd. liq. duvidosa	(5.589)	(5.239)	(4.512)	Imposto de renda e contrib. soc. a pagar	3.363	10.849	10.230
Estoques	**90.833**	**34.657**	**32.134**				
Mercadorias para revenda	90.833	34.657	32.134	**NÃO CIRCULANTE**	**121.509**	**67.845**	**110.890**
				Empréstimos e financiamentos a pagar	121.509	67.845	110.890
NÃO CIRCULANTE	**321.008**	**307.286**	**308.368**				
Realizável a Longo Prazo	**21.300**	**10.450**	**9.500**				
Créditos a receber de diretores	21.300	10.450	9.500				
Investimentos	**74.890**	**62.260**	**54.420**	**PATRIMÔNIO LÍQUIDO**	**123.696**	**119.731**	**106.000**
Participações em coligadas	31.200	29.800	23.400	Capital social	80.000	80.000	80.000
Participações em outras empresas	20.790	20.790	20.790	Reservas de lucros	43.696	39.731	26.000
Propriedades para investimento	22.900	11.670	10.230	Reserva legal	16.000	16.000	16.000
Imobilizado	**224.178**	**234.256**	**243.488**	Reserva de retenção de lucro	27.696	23.731	10.000
Imóveis de uso	240.450	222.870	210.900				
Deprec. acumul. imóveis de uso	(57.708)	(44.574)	(33.744)				
Veículos	99.340	87.600	76.540				
Deprec. acumul. veículos	(59.604)	(35.040)	(15.308)				
Computadores e periféricos	6.800	6.800	6.800				
Deprec. acumul. comput. e periféricos	(5.100)	(3.400)	(1.700)				
Intangível	**640**	**320**	**960**				
Software	1.600	1.600	1.600				
Amortiz. acumul. software	(960)	(1.280)	(640)				
TOTAL DO ATIVO =	**503.722**	**443.764**	**451.510**	TOTAL DO PASSIVO + PL =	**503.722**	**443.764**	**451.510**

BRILHANTINA S.A.		
Demonstrações dos Resultados para os exercícios findos em 31 de dezembro de 2017 e 2016 (em milhares de reais)		
	2017	**2016**
Receita Operacional Líquida	**498.765**	**567.890**
Custo das Mercadorias Vendidas	(344.147)	(352.091)
Lucro Bruto	**154.618**	**215.799**
Receitas (Despesas) Operacionais	**(134.369)**	**(171.904)**
Vendas	(37.845)	(50.278)
Gerais e Administrativas	(56.456)	(90.889)
Depreciação e amortização	(39.078)	(32.902)
Resultado da equivalência patrimonial	1.400	6.400
Outras receitas (despesas) operacionais líquidas	(2.390)	(4.235)
Lucro Operacional Antes do Resultado Financeiro	**20.249**	**43.895**
Receitas Financeiras	2.123	3.765
Despesas Financeiras	(11.080)	(9.349)
Resultado antes do Imposto de Renda e Contribuição	**11.292**	**38.311**
Imposto de renda e contribuição social sobre o lucro	(3.363)	(10.849)
Lucro Líquido do Exercício	**7.929**	**27.462**
Lucro por ação (em R$) =	0,40	1,37

COMPRAS LÍQUIDAS + IMPOSTOS RECUPERÁVEIS	2016	2017
CMV	352.091	344.147
(+) Estoque Final	34.657	90.833
(-) Estoque Inicial	(32.134)	(34.657)
(=) Compras Líquidas	354.614	400.323
(+) Impostos Recuperáveis	88.654	100.081
(=) Compras Líquidas + Impostos Recuperáveis	443.268	500.404
RECEITA LÍQUIDA + IMPOSTOS SOBRE VENDAS	**2016**	**2017**
Receita Líquida	567.890	498.765
(+) Impostos sobre Vendas	141.973	124.691
(=) Receita Líquida + Impostos sobre Vendas	709.863	623.456

c)

CIA. SOLAR

Balanços Patrimoniais para os exercícios findos em 31 de dezembro de 2017, 2016 e 2015 (em milhares de reais)

	2017	2016	2015
ATIVO	**417.284**	**405.960**	**443.191**
CIRCULANTE	**235.806**	**222.726**	**201.996**
Caixa e equivalentes de caixa	**71.999**	**63.894**	**58.620**
Bancos conta movimento	25.467	24.237	22.230
Aplicações financeiras	46.532	39.657	36.390
Créditos a receber de clientes	**83.957**	**77.602**	**75.242**
Créditos a receber de clientes	88.679	82.239	79.400
Perda estimada com créd. liq. duvidosa	(4.722)	(4.637)	(4.158)
Estoques	**79.850**	**81.230**	**68.134**
Mercadorias para revenda	79.850	81.230	68.134
NÃO CIRCULANTE	**181.478**	**183.234**	**241.195**
Realizável a Longo Prazo	**9.750**	**8.790**	**8.230**
Créditos a receber de diretores	9.750	8.790	8.230
Investimentos	**47.800**	**43.600**	**97.199**
Participações em outras empresas	13.800	13.800	71.609
Propriedades para investimento	34.000	29.800	25.590
Imobilizado	**123.928**	**130.844**	**135.766**
Imóveis de uso	120.800	110.380	96.350
Deprec. acumul. imóveis de uso	(28.992)	(22.076)	(15.416)
Veículos	80.300	70.900	68.540
Deprec. acumul. veículos	(48.180)	(28.360)	(13.708)
TOTAL DO ATIVO =	**417.284**	**405.960**	**443.191**

	2017	2016	2015
PASSIVO	**260.996**	**316.038**	**366.191**
CIRCULANTE	**214.420**	**264.438**	**270.591**
Empréstimos e financiamentos a pagar	19.879	92.470	98.210
Fornecedores	32.567	48.768	66.180
Salários e encargos sociais a pagar	15.560	17.650	19.430
Impostos sobre vendas a recolher	19.885	19.919	44.238
Dividendos a pagar	60.945	55.523	19.876
Imposto de renda e contrib. soc. a pagar	65.584	30.108	22.657
NÃO CIRCULANTE	**46.576**	**51.600**	**95.600**
Empréstimos e financiamentos a pagar	46.576	51.600	95.600
PATRIMÔNIO LÍQUIDO	**156.288**	**89.922**	**77.000**
Capital social	140.000	80.000	70.000
Reservas de lucros	16.288	9.922	7.000
Reserva legal	16.288	9.922	7.000
TOTAL DO PASSIVO + PL =	**417.284**	**405.960**	**443.191**

CIA. SOLAR		
Demonstrações dos Resultados para os exercícios findos em 31 de dezembro de 2017 e 2016 (em milhares de reais)		
	2017	**2016**
Receita Operacional Líquida	**890.768**	**786.900**
Custo das Mercadorias Vendidas	(498.700)	(512.809)
Lucro Bruto	**392.068**	**274.091**
Receitas (Despesas) Operacionais	**(195.080)**	**(180.327)**
Vendas	(76.888)	(69.870)
Gerais e Administrativas	(87.566)	(84.569)
Depreciação e amortização	(26.736)	(21.312)
Outras receitas (despesas) operacionais líquidas	(3.890)	(4.576)
Lucro Operacional Antes do Resultado Financeiro	**196.988**	**93.764**
Receitas Financeiras	5.467	3.245
Despesas Financeiras	(9.560)	(8.456)
Resultado antes do Imposto de Renda e Contribuição	**192.895**	**88.553**
Imposto de renda e contribuição social sobre o lucro	(65.584)	(30.108)
Lucro Líquido do Exercício	**127.311**	**58.445**
Lucro por ação (em R$) =	6,37	2,92

COMPRAS LÍQUIDAS + IMPOSTOS RECUPERÁVEIS	2016	2017
CMV	512.809	498.700
(+) Estoque Final	81.230	79.850
(-) Estoque Inicial	(68.134)	(81.230)
(=) Compras Líquidas	525.905	497.320
(+) Impostos Recuperáveis	131.476	124.330
(=) Compras Líquidas + Impostos Recuperáveis	657.381	621.650
RECEITA LÍQUIDA + IMPOSTOS SOBRE VENDAS	**2016**	**2017**
Receita Líquida	786.900	890.768
(+) Impostos sobre Vendas	196.725	222.692
(=) Receita Líquida + Impostos sobre Vendas	983.625	1.113.460

Respostas dos Testes de Exames de Suficiência do CFC

CAP. 01
1) c
2) d
3) a
4) b
5) d
6) d
7) c
8) c
9) b
10) a
11) a
12) a
13) a
14) b
15) d
16) a
17) d

CAP. 02
1) d
2) c
3) d
4) d
5) b
6) a
7) b
8) d
9) d
10) c
11) a
12) c
13) d
14) b
15) c
16) b
17) b
18) b

CAP. 03
1) c
2) d
3) c
4) d
5) c
6) b
7) c
8) a
9) a
10) a
11) b
12) a
13) a
14) b
15) c

CAP. 04
1) c
2) d
3) c
4) a
5) d
6) c
7) b
8) a
9) c
10) b
11) a
12) b
13) d
14) a
15) d
16) d
17) b
18) d
19) d
20) c
21) a
22) a
23) c
24) b
25) b
26) a
27) d
28) c

CAP. 05
1) c
2) c
3) b
4) d
5) a
6) a
7) a
8) d
9) d
10) b
11) a
12) a
13) c
14) b
15) c
16) b
17) a
18) c

CAP. 06
1) c
2) c
3) c
4) b
5) b
6) b
7) a
8) a
9) b
10) a
11) c
12) b
13) c
14) a
15) a
16) b
17) d
18) a
19) c
20) d
21) b
22) d
23) b
24) d
25) c
26) d
27) c

Referências Bibliográficas

BARKER, R. Introdução à contabilidade. São Paulo: Saraiva, 2012.

BRASIL. Decreto nº 3000, de 26 de março de 1999. Regulamenta a tributação, fiscalização, arrecadação e administração do Imposto sobre a Renda e Proventos de Qualquer Natureza.

_______ Lei nº 10.406, de 10 de janeiro de 2002. Institui o Código Civil.

_______ Lei nº 6.404, de 15 de dezembro de 1976. Dispõe sobre as sociedades por ações. Atualizada pelas Leis nºs 10.303/2001, 11.638/2007 e 11.941/2009.

BREALEY, R.A., MYERS, S.C., ALLEN, F. Princípios de finanças corporativas. 10ª ed. Porto Alegre: AMGH, 2013.

BUFFETT, M., CLARK, D. Warren Buffett e a análise de balanços. Rio de Janeiro: Sextante, 2010.

CATTY, J. P. Ifrs: guia de aplicação do valor justo. Porto Alegre: Bookman, 2013.

CFC. Resolução nº 1.330, de 18 de março de 2011. Aprova a ITG 2000 – Escrituração contábil.

COMITÊ DE PRONUNCIAMENTOS CONTÁBEIS. A busca da convergência da contabilidade aos padrões internacionais, 2008.

_______Interpretação Técnica ICPC 08 (R1). Contabilização da proposta de pagamento de dividendos.

_______Interpretação Técnica ICPC 10. Interpretação sobre a aplicação inicial ao ativo imobilizado e à propriedade para investimento dos pronunciamentos técnicos CPCs 27, 28, 37 e 43.

_______Orientação Técnica OCPC 07. Evidenciação na divulgação dos relatórios contábil-financeiros de propósito geral.

_______Pronunciamento Técnico CPC 00 (R1). Estrutura conceitual para elaboração e divulgação de relatório contábil financeiro. Correlação às Normas Internacionais de Contabilidade – *The Conceptual Framework for Financial Reporting.*

_______Pronunciamento Técnico CPC 01 (R1). Redução ao valor recuperável de ativos. Correlação às Normas Internacionais de Contabilidade – IAS 36.

_______Pronunciamento Técnico CPC 02 (R2). Efeitos das mudanças nas taxas de câmbio e conversão de demonstrações contábeis. Correlação às Normas Internacionais de Contabilidade – IAS 21.

_______Pronunciamento Técnico CPC 03 (R2). Demonstração dos fluxos de caixa. Correlação às Normas Internacionais de Contabilidade – IAS 7.

_______Pronunciamento Técnico CPC 04 (R1). Ativo intangível. Correlação às Normas Internacionais de Contabilidade – IAS 38.

_______Pronunciamento Técnico CPC 06 (R2). Operações de arrendamento mercantil. Correlação às Normas Internacionais de Contabilidade – IFRS 16.

_______Pronunciamento Técnico CPC 07 (R1). Subvenção e assistência governamentais. Correlação às Normas Internacionais de Contabilidade – IAS 20.

_______Pronunciamento Técnico CPC 08 (R1). Custos de transação e prêmios na emissão de títulos e valores mobiliários. Correlação às Normas Internacionais de Contabilidade – IAS 32, itens IN6, IN14, 11, 33, 34, 35, 37, 38 e IAS 39, itens 9, 43, 47.

_______Pronunciamento Técnico CPC 09. Demonstração do valor adicionado.

_______Pronunciamento Técnico CPC 10 (R1). Pagamento baseado em ações. Correlação às Normas Internacionais de Contabilidade – IFRS 2.

_______Pronunciamento Técnico CPC 11. Contratos de seguro. Correlação às Normas Internacionais de Contabilidade – IFRS 4.

_______Pronunciamento Técnico CPC 12 (R1). Ajuste a valor presente.

_______Pronunciamento Técnico CPC 15 (R1). Combinação de negócios. Correlação às Normas Internacionais de Contabilidade – IFRS 3.

_______Pronunciamento Técnico CPC 16 (R1). Estoques. Correlação às Normas Internacionais de Contabilidade – IAS 2.

_______Pronunciamento Técnico CPC 18 (R2). Investimento em coligada, em controlada e em empreendimento controlado em conjunto. Correlação às Normas Internacionais de Contabilidade – IAS 28.

_______Pronunciamento Técnico CPC 20 (R1). Custos de empréstimos. Correlação às Normas Internacionais de Contabilidade – IAS 23.

_______Pronunciamento Técnico CPC 22. Informações por segmento. Correlação às Normas Internacionais de Contabilidade – IFRS 8.

_______Pronunciamento Técnico CPC 23. Políticas contábeis, mudança de estimativa e retificação de erro. Correlação às Normas Internacionais de Contabilidade – IAS 8.

_______Pronunciamento Técnico CPC 24. Evento Subsequente. Correlação às Normas Internacionais de Contabilidade – IAS 10.

_______Pronunciamento Técnico CPC 25. Provisões, passivos contingentes e ativos contingentes. Correlação às Normas Internacionais de Contabilidade – IAS 37.

_______Pronunciamento Técnico CPC 26 (R1). Apresentação das demonstrações contábeis. Correlação às Normas Internacionais de Contabilidade – IAS 1.

_______Pronunciamento Técnico CPC 27. Ativo imobilizado. Correlação às Normas Internacionais de Contabilidade – IAS 16.

_______Pronunciamento Técnico CPC 28. Propriedade para investimento. Correlação às Normas Internacionais de Contabilidade – IAS 40.

_______Pronunciamento Técnico CPC 31. Ativo não circulante mantido para venda e operação descontinuada. Correlação às Normas Internacionais de Contabilidade – IFRS 5.

_______Pronunciamento Técnico CPC 32. Tributos sobre o lucro. Correlação às Normas Internacionais de Contabilidade – IAS 12.

_______Pronunciamento Técnico CPC 33 (R1). Benefícios a empregados. Correlação às Normas Internacionais de Contabilidade – IAS 19.

_______Pronunciamento Técnico CPC 35 (R2). Demonstrações separadas. Correlação às Normas Internacionais de Contabilidade – IAS 27.

_______Pronunciamento Técnico CPC 36 (R3). Demonstrações consolidadas. Correlação às Normas Internacionais de Contabilidade – IFRS 10.

_______Pronunciamento Técnico CPC 46. Mensuração do valor justo. Correlação às Normas Internacionais de Contabilidade – IFRS 13.

_______Pronunciamento Técnico CPC 47. Receita de contrato com cliente. Correlação às Normas Internacionais de Contabilidade – IFRS 15.

_______Pronunciamento Técnico CPC 48. Instrumentos financeiros. Correlação às Normas Internacionais de Contabilidade – IFRS 9.

CVM. Instrução nº 59, de 22 de dezembro de 1986. Dispõe sobre a obrigatoriedade de elaboração e publicação da demonstração das mutações do patrimônio líquido pelas companhias abertas.

FLORES, E., BRAUNBECK, G., CARVALHO, N. (organizadores). Teoria da contabilidade financeira: fundamentos e aplicações. São Paulo: Atlas, 2018.

HENDRIKSEN, E. S., BREDA, M. F. V. Teoria da contabilidade. São Paulo: Atlas, 2012.

HEWLETT–PACKARD COMPANY. HP 12c calculadora financeira: manual do usuário. San Diego: HP Company, 2004.

HIGGINS, R. C. Análise para administração financeira. 10ª ed. Porto Alegre: Bookman, 2014.

IUDÍCIBUS, S. Teoria da contabilidade. 10ª ed. São Paulo: Atlas, 2010.

KAM, V. Accounting theory. New York: John Woley, 1990.

KPMG. Ifrs 2012: interpretação e aplicação. Porto Alegre: Bookman, 2013.

LOPES, A. B., MARTINS, E. Teoria da contabilidade: uma nova abordagem. São Paulo: Atlas, 2012.

GELBCKE, E.R., SANTOS, A., IUDÍCIBUS, S., MARTINS, E. Manual de contabilidade societária: aplicável a todas as sociedades de acordo com as normas internacionais e do cpc. 3ª ed. São Paulo: Atlas, 2018.

NIYAMA, J. K. (org). Teoria avançada da contabilidade. São Paulo: Atlas, 2014.

PENMAN, S. H. Análise de demonstrações financeiras e security valuation. Rio de Janeiro: Elsevier, 2013.

ROBERT, B. Dividendo mínimo obrigatório nas sociedades por ações brasileiras: apuração, declaração e pagamento. São Paulo: Quartier Latin, 2011.

STICKNEY, C. P., WEIL, R. L. Contabilidade financeira: introdução aos conceitos, métodos e aplicações. São Paulo: Cengage Learning, 2014.

SUNDER, Shyam. Teoria da contabilidade e do controle. São Paulo: Atlas, 2014.

YAMAMOTO, M. M., PACCEZ, J. D., MALACRIDA, M. J. C. Fundamentos da contabilidade: a nova contabilidade no contexto global. São Paulo: Saraiva, 2011.

Anotações

Anotações

Impressão e acabamento
Gráfica da Editora Ciência Moderna Ltda.
Tel: (21) 2201 - 6662